古典文獻研究輯刊

二十編

潘美月・杜潔祥 主編

第 12 冊

《漢書・律曆志》研究

夏國強 著

國家圖書館出版品預行編目資料

《漢書‧律曆志》研究／夏國強 著 -- 初版 -- 新北市：花木蘭
文化出版社，2015〔民104〕
目 2+228 面；19×26 公分
（古典文獻研究輯刊 二十編：第 12 冊）
ISBN 978-986-404-093-3（精裝）
1. 漢書 2. 研究考訂
011.08   103027403

古典文獻研究輯刊
二十編　第十二冊　　　　　　ISBN：978-986-404-093-3

《漢書‧律曆志》研究

作　　者　夏國強
主　　編　潘美月　杜潔祥
總 編 輯　杜潔祥
副總編輯　楊嘉樂
編　　輯　許郁翎
企劃出版　北京大學文化資源研究中心
出　　版　花木蘭文化出版社
社　　長　高小娟
聯絡地址　235 新北市中和區中安街七二號十三樓
　　　　　電話：02-2923-1455／傳眞：02-2923-1452
網　　址　http://www.huamulan.tw 信箱 hml810518@gmail.com
印　　刷　普羅文化出版廣告事業
初　　版　2015 年 3 月
定　　價　二十編 24 冊（精裝）台幣 42,000 元

《漢書·律曆志》研究

夏國強　著

作者簡介

夏國強，出生於 1976 年 8 月，文學博士。現於新疆師範大學文學院及西域文史研究中心擔任教研工作，主要從事歷史文獻語言、西域文獻及傳統文化研究。在《光明日報》、《孔孟學報》、《東亞文獻研究》、《中國史研究》、《西域研究》、《中國社會科學報》等學術報刊發表考釋類文章十餘篇。參編《漢書今注》、《常用漢字辨析》，《國學讀本》等書籍，整理並注譯《老子》及《莊子》內七篇。

提　　要

　　前代學者對《漢書・律曆志》的研究主要集中在兩個方面，一是詞句註釋；二是算法研究。兩類研究各有側重，相對獨立，未能有機結合。又欠缺對《漢書・律曆志》的思想價值的深入討論，不能了解漢人天文曆法觀基礎上形成的宇宙觀是西漢政治思想的基石。本研究在綜合前賢成果的基礎上，對《律曆志》中所體現的漢代宇宙認識觀及其生成原因加以研討，彰明《漢書・律曆志》的內在體系以及文本中所表現的兩漢哲學思想的自然科學內涵。主要內容包括三部分：

　　一、揭示《漢書・律曆志》的宇宙論的思想來源：《律曆志》思想核心秉承於《易》，宇宙發生及結構圖示是從《淮南子》、《呂氏春秋》、《史記》的相關記錄而來。但《律曆志》的思想體系的結構更完整，也更具有科學性，是一種建立在宇宙觀測基礎上的宇宙認識觀。其核心觀點「三統」論是通過太陽視運動軌道來解釋萬物的運行法則，禮樂制度、度量法則、四季劃分，農事安排、曆法編制也都以此為根本。

　　二、分析西漢思想史上的重大問題「三統論」形成的客觀原因，分析《漢書・律曆志》的算法，討論其產生的自然科學、人文社會原因（如太陽回歸年歲差、星體運行恒星週期和會合週期、歲星週期、三正理論、八十一分法等），驗證該系統以及相對於今天的科技水平而言所存在的問題，並考證西漢及其以前所使用的曆法系統與「三統曆」之間關係；五星數據記錄與歲星紀年問題。以上問題的研討是解釋「三統論」影響的關鍵所在，這些算法所昭示的不僅僅是曆法演算中的數字關係，而是漢代宇宙觀自然科學基礎的表現。

　　三、《漢書・律曆志》校記：以四個宋本、一個元本、清武英殿本和中華書局本對《漢書・律曆志》進行校勘，結合算法系統，從文字音韻訓詁的角度，對其中的一些條目及有爭論的問題做了考訂。

目

次

第一章　緒　言

　　《漢書》是我國最早的紀傳體斷代史書。記載於其中的《十志》，反映了西漢社會生活概貌。這種以專題形式來描寫歷史發展階段中的科學、經濟、文化全貌的體例源自司馬遷《史記》中的《八書》，但《漢書》所記比《史記》更為全面，其形式也成為後代史書典制體的典範。

　　作為《十志》起首的《律曆志》，牽涉到當時社會的根本問題，即農業生產，如劉咸炘說：「班氏《律曆》居首，重授時也，黃鐘為萬事根本。」〔註1〕在農業社會中，敬順天時，發展生產是社會的首要任務。因此，《漢書·律曆志》中所記錄的就是漢人對自然規律的認識以及實際掌握的水平。相較於它之前《淮南子·天文》、《史記·律書》、《史記·曆書》、《史記·天官書》中的記錄來說，《漢書·律曆志》所記載的劉歆《三統曆譜》的資料更加全面，近乎於西漢天文數術知識的大總結。其他著作中零散的資料在這裡得到了有序的歸納。

　　雖然這種歸納在漢代不是《漢書·律曆志》的首創，但以「三統五行」的思想概括先秦至西漢的天文觀測及數算成果，搭建一個體系嚴密的天道範本，在政治和文化上起到引導作用，卻是《漢書·律曆志》的獨特價值。班固稱劉歆這套系統「言之最詳」（955頁）〔註2〕，且「推法密要」（997頁），才選用其法，加以轉述。這也反映出東漢時人對劉歆曆法思想仍有推許，也是其時代價值的體現。

〔註1〕　施之勉《漢書集釋》，台北：三民書局，2003年。第2093頁。
〔註2〕　《漢書·律曆志》，北京：中華書局，1962年。括弧內標注的頁碼無特別說明的，均為《漢書·律曆志》頁碼。

第一節 《漢書·律曆志》研究概況

《漢書·律曆志》的研究常常與《漢書》的整體研究一起進行，歷代不絕，可以粗略分爲四個階段：

一、漢唐時期的字詞訓詁

現行《漢書》版本所採用的注解由唐代顏師古集合其以前二十三家注解，加以己意匯釋而成，是《漢書·律曆志》字詞訓詁的主要依據。除了訓釋詞語外，也通過詞語意義詮釋名物形制：

《律曆志》在描述量具形制的時候提到：「其法用銅，方尺而圓其外，旁有庣焉。」鄭氏注：「庣音條桑之條，庣，過也。算方一尺，所受一斛，過九氂五豪，然後成斛。今尚方有王莽時銅斛，制盡與此同。」師古注：「庣，不滿之處也，音吐彫反。」（967～968 頁）

鄭氏注文中提到的「王莽時銅斛」，即「新莽嘉量」，現藏於台北故宮博物院。實物見下圖〔註3〕：

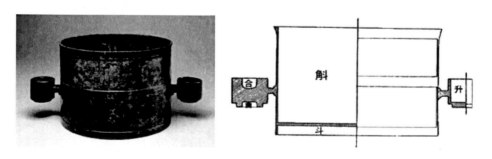

器具上有關於「龠、合、升、斗、斛」五量形制描述的銘文，其中關於「龠」形制的描述如下：「律嘉量斛，方尺而圓其外，庣旁九氂五毫，冥百六十二寸，深尺，積千六百二十寸，容十斗。」

「律」即黃鐘之律。黃鐘律管恰好容 1200 粒黍，等同於龠的容量 810 立方分（0.81 立方寸）。以此爲基準，兩龠爲一合，十合爲升，十升爲斗，十斗爲斛，共計 1620 立方寸。「嘉量」指標準量器。「方寸而圓其外」，是通過圓內接正方形的邊長來規定圓的大小。「庣旁」是指從內接正方形角頂到圓周的一段距離。

〔註3〕 銅斛圖片來源於：http://baike.baidu.com/view/1043452.htm。

「冪」同冪，指圓面積。嘉量銘文說「冪百六十二寸」，即圓柱體橫截面積為 162 平方寸，當龠深一尺（10 寸）時，容積恰為 1620 立方寸（162×10＝1620）。

而正方形邊長為一尺（10 寸）時，其外接圓直徑為 $10\sqrt{2}$ 寸，圓面積約為 157 平方寸（約 157.23），即「冪百五十七分」，比要求的「冪百六十二分」少了 5 平方寸。為了符合形制，要在正方形對角線兩端各加上九氂五毫（0.095 寸），擴展其直徑為 14.33 寸（$10\sqrt{2}$＋0.095×2），使用歆率計算（π＝3.1457）〔註 4〕，圓面積約為 162 平方寸（約 161.49）。這樣和「斛」的橫截面積就能相合。

即如下圖所示：

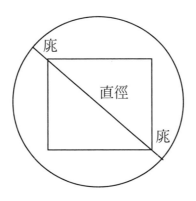

鄭氏和顏師古所釋「庣」為過（超過內接正方形之處）和不滿之處（內接正方形不能填滿外接圓之處），就是指補足截面積不滿的部份，是頗為正確的。

這一時期的研究重點在詞語訓解上，重點在於解釋字詞的語音語義，有些地方會標明與語義相關的來源。其缺憾在於，解釋詞語的過程中較少涉及社會文化背景或語言環境，還停留在讀懂字句的層面上。而《律曆志》中的問題較為專業，不同於一般的寫實型歷史記錄，有時需要站在對一段文字甚至整個《律曆志》系統的角度來考察字詞。註家忽略這一問題，反而會造成詞語的誤讀。

《律曆志上》有云：「九六，陰陽夫婦子母之道也。」孟康注：「異類為

〔註 4〕　今天我們所指的「歆律」為根據這一量器的記錄推算而出的，並非文獻明確記載，故存在誤差。參見鄧大海《李儼與中國古代圓周率》，《中國科技史料》2001 年 22 卷第 2 期。第 99～100 頁。

子母，謂黃鐘生林鐘也。同類爲夫婦，謂黃鐘以大呂爲妻也。」又云「律娶妻，而呂生子」。如淳注：「黃鐘生林鐘，林鐘生太族」（980～981頁）

孟康以後文「呂生子」之「呂」爲陰呂「大呂」，認爲「律娶妻，呂生子」是陽律「黃鐘」娶陰呂「大呂」，「大呂」又生陽律「夷則」。陽律「黃鐘」生陰呂「林鐘」爲陰陽異類，所以爲母子關係。陽律「黃鐘」和陰呂「大呂」在音律上長度最接近（黃鐘長9寸，大呂長8.428寸，爲黃鐘的半音）〔註5〕，在音階上相綴屬，可比爲夫妻關係。而「林鐘」與「黃鐘」差距較大，又是黃鐘減損而出，比爲母子關係。

這樣的解釋孤立來看，可以成立。可是放到《漢書‧律曆志》所載六律六呂「三分損益法」系統中來看，卻有不準確的地方。依照孟康的解釋，「黃鐘」爲夫，「大呂」爲妻，「林鐘」爲子。而「黃鐘」生「林種」就變成父子關係，與「子母」之道存在矛盾。因此，片面看待這一問題是得不出確解的。

《律曆志》有著自己的理論體系，要把聲律上的陰陽相生和《易》算中的陰陽關係一體看待：陽律「黃鐘」生陰呂「林鐘」，陰呂「林鐘」生陽律「太族」。「黃鐘」長九寸，「林鐘」長六寸，對應乾卦的初九和坤卦的初六。（詳見第二章第二節的「鐘律循環」部份）象徵「天地」，陰呂「林鐘」的陽律「黃鐘」才能生育萬物，因此生陽律「太族」。

「黃鐘」娶「林鐘」爲夫妻，林鐘生太族爲母子，更能彌合兩個系統。如淳雖覺得不妥，但也未能將兩者結合起來看待，只是列舉了聲律中陰陽轉換的關係，權作註腳。

孟康沒有考慮字詞意義的選用需要和文獻整體邏輯保持一致，誤讀「陰陽相生」，認爲「黃鐘」生「林鐘」，不可以爲夫婦，卻忽略了陰不得陽不可育養的時代樸素哲學觀；又把「陰呂」和「大呂」混爲一談，難免造成失誤。錢大昕《三統術衍》云：「孟說非也。黃鐘陽，林鐘陰，陽初九，陰初六，夫妻之正。如孟說，乃以黃鐘爲母，林鐘爲子，失之遠矣。」所說正是。

二、宋代的版本校勘研究

宋代版本印刷技術的發達，使得《漢書》在傳播過程中出現了眾多版本，由於受到刊刻印刷水平的影響，不論是採用何種複製方式，錯訛脫漏都在所

〔註5〕 王怡《三分損益法──中國古代最早確定樂音數學規律的方法》，《山西大同大學學報（自然科學版）》，2007年1期。第91頁。

難免。爲了恢復《漢書》原貌，宋人就開始對《漢書》進行校勘和修訂。《漢書補注·敘例》即云：「宋明以來，校正板本之功爲多。」又云：「嗣又有宋景文公合十六家校本，至寧宗慶元中建安劉之問又取宋校本更別用十四家本參校，又採入蕭該《音義》，司馬貞《索隱》，孫巨源《經緟集學官考異》，章衡《編年通載》，楊侃《兩漢博文》，《漢書刊誤》，《楚漢春秋》，史義宗本《西京雜記》，朱子文《辨正》，孔武仲《筆記》，三劉《刊誤》，《紀年通譜》，刻之爲建安本。」〔註6〕

我們今天看到的宋本中，南宋坊本體系（慶元劉元起家塾刻本，南宋蔡琪家塾刻本，元白鷺洲書院刻本）中仍然保留了宋祁校語和三劉《刊誤》，其中不乏校對精良，修改合理的條目。

《律曆志上》云：「參閏法爲周至」（983 頁）。南宋三本作「參分閏法爲周至」下有宋祁校語：「『參分』當作衍『分』」。

作爲計算過程，我們暫且不考慮語言的因素，僅看兩個概念之間的數字關係。漢人對日月運行週期的認識爲：19 年約等於 235 個月。而每年只有 12 個月，19 年合計 228 個月。兩者有 7 個月的差距，因此在 19 年中需要設置 7 個閏月來彌補，每年平均 235/19 月，即 $12\frac{7}{19}$。〔註7〕7 是每年的閏分。在《漢書·律曆志》中除法運算中「除數」通常用「法」來表示。19 在這裡被成稱爲「閏法」，也就是求每年閏分的除數。

周至也是《三統曆》計算常量之一，《三統曆》分一統爲 81 章，每一章 19 年，每三章爲一個周至，即 57 年，用來代表天地人三統各據一章，迭爲統首。（詳見第三章第三節）

《漢書·律曆志下》對這兩個概念都有說明：「閏法十九，因爲章歲。……周至五十七，參閏法，得周至。」（991～992 頁）。周至是閏法的三倍。如用「參分閏法」來計算，則閏法爲周至的三倍，既不符合整個系統的演算規則，也和後文的說明不相吻合。宋祁校語指出這個錯誤，認爲「分」爲衍文，是符合文獻內部邏輯的。

由於《律曆志》系統龐大，數字關係複雜，不是每種數字關係都顯而易見。版本考證多依據早期版本，如果早期版本有失誤，錯誤處的數字關係又較爲隱晦，校勘者難免偏重版本而忽視計算關係。導致失誤。

〔註6〕 王先謙《漢書補注》，北京：中華書局，1983 年。第 1 頁。
〔註7〕 $12\frac{7}{9}$ 表示 12 又 7/19 月，以下形式皆仿此。

《律曆志下》關於《三統曆》八十一章的首日干支皆有排列，其中「仲統」（天統）第五十二章章首為辛亥日：「五十二，辛亥。」（1010 頁）下有宋祁校語云：「改作辛巳」。現藏北京圖書館的北宋刻遞修本也作「辛巳」。王元啓《漢書律曆志正譌》云：「依法推算，五十二章大餘四十七，小餘三十三，中統從甲子日起，數至辛亥，正得四十七日。⋯⋯宋蓋誤推。」朱一新《漢書管見》卷二亦云：「己酉後二為辛亥（己酉為辛亥前兩日—引者注），作辛巳者，誤矣。」

八十一章的首日干支有其固有的順序和排列方式。按照每年 562120/81 日的方式往下排列，第五十二年的首日前一共走過了 51 年，合計 $51 \times 562120/81$ $= 353927^{33}/_{81}$ 日。干支數以 60 干支為循環，$353927 \div 60 = 5898 \cdots\cdots 47$，即比 60 干支多出 47 日。使用附錄中「一甲子數次表」，從甲子開始數，第 47 位干支為庚戌，可以知道第五十二年首日的干支為辛亥。宋祁不明白這個計算原則，只根據版本來判斷，要修改「辛亥」為「辛巳」，就不可盲從了。

三、清代對《律曆志》的全面研究

清代是訓詁學的高峰時期，訓詁理論和實踐都有長足進步，而科學技術的發展也較漢唐宋為優。《律曆志》中的數算問題對於清代訓詁學者而言，已經不是艱深的問題。研究者們將數算方法和詞句訓詁結合起來，往往可以發揮己見，解決疑難。研究情況可略述如下：

（一）研究形式

1. 筆記條目式

清人研究《漢書》，多以箚記的形式處理其中難以解決的問題，《漢書‧律曆志》也融在其中。如錢大昕《廿二史考異》、王念孫《讀書雜誌》、朱一新《漢書管見》、劉光蕡《前漢書校勘箚記》、周壽昌《漢書注校補》、沈欽韓《漢書疏證》、齊召南《漢書考證》都有專章討論《律曆志》的疑難問題。

2. 專題研究式

鄰國日本在江戶時代就已經開始針對《漢書‧律曆志》進行專門性研究，如岡本況齋有《漢書律曆志圖志解》〔註8〕，1974 年日本還出版了熊田忠亮、

〔註8〕 朱政惠《海外學者對中國史學的研究及其思考》，《史林》2006 年第 4 期，第 179 頁。

藪內清《漢書律曆志の研究》。而在清代，我國的《漢書‧律曆志》專題研究也達到了一個高峰。其主要內容，可以分為兩類：

一是專對《律曆志》訂補的，從字詞到算法皆有涉及，如王元啓《漢書律曆志正譌》、周正權《漢書律曆志補注訂誤》等。

二是針對《律曆志》所載算法進行研究的。《漢書‧律曆志上》自「夫曆春秋者，天時也」（979 頁）起為班固轉述劉歆《三統曆譜》的部份，其後涉及到了日月運行週期、五星運行週期等數據。而《律曆志下》就是這一部份內容的具體推演過程。清人命名為「三統術」，如錢大昕《三統術衍》、陳澧《三統術詳說》、李銳《漢三統術》等。此外，還有為之作補充的著述，如成蓉鏡《三統術補衍》（據《律曆志》所載曆法計算方法推算自太初元年始，76 年的朔旦冬至日），董祐誠《三統術衍補》（推太初元年五星位置以證上元年數）等。

同時，在古曆法研究專題中，《漢書‧律曆志》的研究也是必要組成。成蓉鏡《漢太初改曆考》對太初改曆的起源經過有所考訂，並列出太初元年至元和元年年首日干支、餘分，冬至日干支、餘分、年閏分、歲星所在、太歲紀年年表。汪曰楨《歷代長術輯要》中漢代曆法朔閏表及所附《古今推步諸術考》的「鄧平術」、「三統術」部份也多引證《漢書‧律曆志》內容。

值得一提的是，清人王先謙編撰的《漢書補注》中的《律曆志》注解部分大量採用了清人的研究成果，不煩瑣細，彙集龐雜。尤其對於《律曆志下》的數算部份，援引錢大昕《三統術衍》，李銳《漢三統術》最詳。即如他在《漢書補注‧敘例》所提：「《律曆》、《天文》，顏監無注。國朝錢、李諸儒洞貫劉術，更迭推衍三統，以明天文。」彌補了自漢宋以來對《律曆志》研究的不足。

（二）研究特點

清人的考證和漢唐注文、宋人校語相比，闡述仔細，資料豐富，引證有據，無疑加深了對《律曆志》研究的深度和廣度，大致有以下特點。

1. 名物考訂的系統性

《律曆志》以律起曆，對於度量衡制度都有記載。這些記錄都是計量發展、聲律設定、曆法推演史的重要組成部份，對後代相關研究有一定影響，並具有參照作用。經過長時間的發展，清代有了總結這些問題的條件，所以針對具體問題，清人進行了大量的補充。如前文所提到的量具有「庣」的問

題，周壽昌《漢書注校補》補充說：

「《隋志》載斛銘曰：『律嘉量斛，方尺而圜其外，庣旁九氂五毫，冪百六十二寸，深尺，積一千六百二十寸，容十斗。』祖沖之以圜率考之，此斛當徑一尺四寸三分六氂一豪九秒三忽，庣旁一分九豪。劉歆庣旁少一氂四豪有奇。歆術不精之所致也。蔡元定曰：『斛銘文云方尺者，所以起數也。圜其外者，循四角而規圜之，其徑當一尺四寸有奇也。庣旁九氂五豪者，徑一尺四寸有奇之數，猶未足也。冪百六十二寸，方尺冪百寸，圜其外，每旁約十五寸，合六十寸，庣其旁約二寸也。深尺，積一千六百二十者，以十而登也。漢志止言旁有庣焉，不言九氂五豪，祖沖之所算云少一氂四豪有奇，是也。律之圜徑，古無明文，向非因量之積分，則黃鐘之龠亦無由可得其實矣。』李光地曰『案方圜相函之算，內方冪百者，外圜應得五十七有奇，猶未滿六十。庣其旁得四寸有奇，然後合於百六十二之數。蔡氏之算約略之辭也。壽昌又考《隋志》云：魏陳留王景元四年，劉徽注《九章‧商功》曰：『當今大司農斛，圜徑一尺三寸五分五氂，深一尺，積一千四百四十一寸十分之三。王莽銅斛於今尺為深九寸五分五氂，徑一尺三寸六分八氂七豪，以徽術計之，於今斛為容九斗七升四合有奇。』此魏斛大而尺長，王莽斛小而尺短也。據此即鄭注所云王莽銅斛，亦徵鄭氏為三國魏人。」〔註9〕

周壽昌的注文對嘉量的形制做了更為仔細的考訂，徵引了古代算學家的各種看法：

祖沖之算：由於採用的圜周率不同（今人據新莽嘉量的形制推算劉歆所用的圜周率為 3.1457，而祖沖之圜周率為 3.1415926），祖沖之測算出的庣旁和銘文記載不同。

斛截面積 162 平方寸，$162 \div 3.1415926 \approx 51.56620244 \approx (7.18096)^2$，得直徑 7.18096（半徑）$\times 2 = 14.36192$ 寸，即「一尺四寸三分六氂一豪九秒三忽」。

$7.18096 - 0.109$（庣旁一分九豪）$= 7.07196$。「嘉量」所記錄的庣長度為 0.095，兩者相差 $0.109 - 0.095 = 0.014$（一氂四豪）。7.07196（半徑）$\times 2 \approx 14.14$。以 14.14 作為正方形的對角線長度，根據勾股定理（$a^2 + b^2 = c^2$，已知正方形對角線長度為 c，求正方形邊長 a，a＝b，故公式變形為 $2a^2 = c^2$，$a^2 = c^2 \div 2$ 代入數字：$14.14^2 \div 2 \approx 100$，100 開平方為 10）求得其邊長為 10 寸（方

尺）。

　　蔡元定算：蔡元定認同祖沖之所算，以爲劉歆的算法不夠精密。他大略做了計算：總圓面積 162 平方寸，扣除邊長爲 1 尺（10 寸）的正方形面積爲 100 平方寸，還剩下四邊面積各約 15 平方寸，合起來爲 60 平方寸。最後剩下的部份爲庑旁產生的面積 2 平方寸。

　　李光地算：李光地雖然同意蔡元定的看法，但是認爲其計算過於粗略，即邊長爲 1 尺的正方形外接圓面積爲 157 平方寸有零，和 162 平方寸相差 4 平方寸有零，這個才是庑旁總數。

　　除此之外，周壽昌還提到劉徽計算魏時所用的銅斛容積，儘管魏銅斛在數字上小於王莽銅斛（1441.3 立方寸，王莽銅斛爲 1620 立方寸），但是容積卻大於王莽銅斛。這是時代不同，所應用的度量衡計量基準的差別所造成的。

　　通過這些引證，我們大致可以知道，新莽銅斛的實際測量和文獻記錄的誤差由兩個原因造成：一是在客觀物體的認識上，計算精度得到提高，即圓周率的測定的不同。二是在制度上，由於時代不同而造成的計量上的差異。清人的這些補充，彙集資料，廓清脈絡，爲後來的研究者增廣了視角，使問題脫離靜態的平面認知，而進入動態的多維瞭解之中。

　　2. 訓詁方法的科學性

　　清代學者吸取了兩千年來的語言文字學領域豐富的研究成果和經驗，將更爲科學的方法應用到訓詁實踐中，如構建字義和字音之間關係的「因聲求義」法的普遍使用，憑藉語音之間的關係建立語源和詞義系統的研究。在態度上，採用無徵不信的求實觀。〔註 10〕這些進步對於《律曆志》的研究和考證有促進作用。

　　《漢書‧律曆志》云：「振美於辰」。王念孫《讀書雜誌‧漢書第四》「振美」條云：「美當爲羨字之誤也。《淮南‧主術篇》：羨者止於度，而不足者逮於用。《文選‧陸雲爲顧彥先贈婦詩》：佳麗良可羨，今本羨字並誤作美。羨之言延也，三月陽氣方盛，句萌奮發，萬物莫不振起而延長，故曰『振美於辰』。《周官‧典瑞》：『璧羨』鄭仲師曰：『羨，長也。』《考工記》：『玉人璧羨』康成曰：『羨猶延。』張衡《東京賦》：『乃羨公侯卿士』薛綜曰：『羨，延也。』《周官‧冢人》注曰：『隧，羨道也。』隱元年《左傳》注作『延道』。」是羨爲延長之義也。太元元數，辰戌丑未。范望曰：『辰，取其延長。』是辰亦延長之義也。釋名曰：『辰，伸也。

〔註10〕周大璞《訓詁學初稿》，武漢：武漢大學出版社，2002 年。第 410～412 頁。

物皆伸舒而出也。』伸亦延長之義，振羨二字俱是辰字之訓。孳萌於子，引達於寅，冒茆於卯，咢布於午，昧薆於未，申堅於申，留孰於酉，該閡於亥。皆以兩字共釋一字。若作振美，則非其指矣。《月令》正義引作美，亦後人以誤本漢志改之。《續漢志·律曆志》、《史記·律書》索引引此並作『振羨於辰』。」〔註11〕

「振美於辰」出自《漢書·律曆志》：「故孳萌於子，紐牙於丑，引達於寅，冒茆於卯，振美於辰，已盛於巳，咢布於午，昧薆於未，申堅於申，留孰於酉，畢入於戌，該閡於亥。」（964頁）這段文字是用十二辰來對應十二個月萬物的生長過程。據王念孫所說，其文例為「兩字并釋一字」。如「孳萌於子」，「孳」和「萌」都是萌生的意思。其中「孳」是「子」的聲訓（有聲音關聯，古韻同在之部）〔註12〕、「萌」是「子」的義訓。

「振美於辰」句也按照這個原則來處理，「振、辰」上古音同屬文部，故為聲訓。《釋名》以「伸」釋「辰」，「辰」屬文部，「伸」屬真部，真文旁轉。「辰、伸」也有意義上的聯繫，因此「振」有延長的意義。

三月植物開始破土而出，就有延長枝葉之態。「美」作為「辰」的義訓，當具有延長的意義。這個意義從何而來呢？王念孫舉《淮南子》、《文選》的例子來證明「美」和「羨」字有譌用的現象。而「羨」、「延」古音皆屬元部，所以「羨」也有延長的意思，並且兩字在文獻中也有互用的現象，如王所舉《周官·冢人》和《左傳·隱公元年》互用之例。

根據這些論證，我們就不難理解《續漢書》和《史記索引·律書》引用這句話作「振羨於辰」的依據。通過眾多的文獻旁證，加以「因聲求義」的科學原則，才能得出較為可信的結論，清人務實求信的研究可見一斑。

3. 版本校勘的理據性

陳垣《校勘學釋例》提到「理校法」說：「段玉裁曰：『校書之難，非照本改字不譌不漏之難，定其是非之難。』所謂理校法也。遇無古本可據，或數本互異，而無所適從之時，則須用此法。此法須通識為之，否則鹵莽滅裂，以不誤為誤，而糾紛愈甚矣。」〔註13〕

清人在對《律曆志》的校勘上，常常牽涉到數學計算問題，而這些數據大多是《律曆志》算法系統的有機組成部份。因此，對於其中的正誤不能僅

〔註11〕 王念孫《讀書雜誌》，南京：江蘇古籍出版社，1985年。第211頁。
〔註12〕 唐作藩《上古音手冊》，南京：江蘇人民出版社，1982年。第179～180頁。
〔註13〕 陳垣《校勘學釋例》，北京：中華書局，1959年。第148頁。

憑版本來作判斷，有時需要通貫全書要旨，突破文本局限，運用邏輯推導，才能得出合理的結論。

　　錢大昕《廿二史考異·漢書二》「律曆志下」的「斗二十六」條云：「此下當有三百八十五分六字。賈逵云：太初曆斗二十六度三百八十五分。姜岌云：三統以一千五百三十九分之三百八十五爲斗分，蓋周天以牽牛起算，終於南斗二十六度，所有零分，歸於斗度之末，故曰斗分。此斗分當是分注，後人傳寫失之。」〔註14〕就有一定的道理。

　　戰國秦漢時期測定的一年的長度爲 365.25 日，依照太陽每天在天空中走一度的原則，把黃道帶附近的二十八宿劃分爲 365.25 度，爲一周天。《漢書·律曆志》原文中記載了這一劃分：

　　　「角十二。亢九。氐十五。房五。心五。尾十八。箕十一。

　　　東七十五度。

　　　斗二十六。牛八。女十二。虛十。危十七。營室十六。壁九。

　　　北九十八度。

　　　奎十六。婁十二。胃十四。昴十一。畢十六。觜二。參九。

　　　西八十度。

　　　井三十三。鬼四。柳十五。星七。張十八。翼十八。軫十七。

　　　南百一十二度。」（1006～1007 頁）

　　據此計算，東西南北四方的總度數只有 365 度（75＋98＋80＋112＝365），並不符合周天度數。《漢書·律曆志》中規定每月的長度爲：「一月之日二十九日八十一分日之四十三」，即 $29^{43}/_{81}$。日月運行的週期爲 19 年 7 閏，也就是 19 年共 235 個月，每年的月數爲 235/19 月，日數爲 $235/19 \times 29^{43}/_{81}$ ＝$235 \times 2392/1539$＝$365^{385}/_{1539}$ 日≈365.25 日。因此，此處的周天總度數當有三百八十五分的餘分。日月從牽牛初度（牛宿）開始運行，因此把餘分歸併到到上一宿斗宿，以方便計算。

（三）清人研究中的一些問題

1. 忽略文獻語言表達邏輯

雖然清人研究非常重視文獻證據及邏輯推導，但是有時在對比和徵引相

〔註14〕錢大昕《廿二史考異》，《續修四庫全書》第 454 冊，上海：上海古籍出版社，2002 年。第 79 頁。

關文獻時，忽略了引用文獻和所考證文獻的內容各自的體系，而混爲一談。

　　《漢書‧律曆志》：「三統合於一元，故因元一而九三之以爲法十一三之以爲實。實如法得一。黃鐘初九，律之首，陽之變也。因而六之，以九爲法，得林鐘初六，呂之首，陰之變也。皆參天兩地之法也。」（980頁）

　　王念孫《讀書雜志‧漢書第四》「初六」條云：「案：『林鍾』下更有『林鍾』二字，『林鍾初六』與『黃鍾初九』對文，而今本脫之，則文義不完，當依《周官‧大師》疏引補。」〔註15〕

　　今檢核北宋遞修本、南宋慶元本、南宋蔡琪本、元白鷺洲本、元大德本、明汲古閣本、清武英殿本（各版本詳細情況，參見第四章校補部份），都不重「林鐘」二字。

　　「黃鐘」與「初九」爲同位語，「林鐘」與「初六」爲同位語。這裡所說的是「黃鐘初九」演變爲「林鐘初六」。文義完整，並不需要重複「林鐘」兩字。

　　王念孫所對比的《周禮‧春官‧大師》原文爲：「大師掌六律六同以合陰陽之聲。」鄭玄注：「黃鍾初九也，下生林鍾之初六，林鍾又上生大蔟之九二……」賈公彥疏：「鄭知有陰陽六體法者，見《律曆志》，云：『黃鍾初九，律之首，陽之變也，因而六之，以九爲法，得林鍾。林鍾初六，呂之首，陰之變也。皆三天（兩——引者補）地之法也。」鄭注在「林鍾之初六」下重複的「林鍾」，是「又上生大蔟之九二」的主語，在表述上爲免混淆，必須添加。在《律曆志》中，並無「林鐘初六上生大蔟九二」之文，只說明「林鐘」是「黃鐘」所生，在句中充當賓語，不需要重複。而賈疏疏解鄭注，所以也重「林鐘」。所引雖是《律曆志》，但是古人引書常多意引，《漢書》本文邏輯既然通暢，就不可據以改之。

2. 忽略文獻作者意圖

　　《漢書‧律曆志》的研究涉及數算較多，數學計算常常會有多種解法一個答案的情況。作爲解題，自然可以並行。但是作爲文獻記錄的考證，我們必須理解作者意圖，採用原作者所使用的計算方法來進行計算。清代的研究者在數算上頗有研究，往往也會忽略承載作者想法的語言內容而僅憑計算來下結論，顯然不可盡據。下面舉一例以說明：

〔註15〕王念孫《讀書雜誌》，第215頁。

　　《漢書・律曆志》：「四分月法，以其一乘章月，是爲中法。參閏法爲周至，以乘月法，以減中法而約之。則（六）〔七〕扐之數，爲一月之閏法，其餘七分。」（983頁）

　　中華書局1962年本出校勘記云：「則（六）〔七〕扐之數，錢大昕說『六』當作『七』。」清人對這段文字的算法頗有分歧，現敘錄如下：

　　錢大昕《三統術衍》云：「以周至乘月法得十三萬六千三百四十四，以減中法，餘四千一百八十六。如通法而一，得七分。……四千一百八十六乃中多於朔之數，而爲一月之閏法審矣。按：六扐當作七扐，置四千一百八十六數，以通法除之，得七分，而通法即一扐之數。」自注「二千三百九十二者，再扐兩之之數。則五百九十八者，一扐之數也。」〔註16〕

　　陳澧《三統術詳說》則云：「十四萬零五百三十與十三萬六千三百四十四可以爲月與中相求之率，然其數猶繁，又以兩數轉相減，餘五百九十八，而約之。故曰以減中法而約之也。以五百九十八除十四萬零五百三十得二百三十五爲中之定率，又以除十三萬六千三百四十四得二百二十八爲一月之定率。中多於月者七，故曰其餘七分也。云六扐之數爲一月之閏法，錢氏云當作七扐，非也。上文云歸奇象閏十九，以再扐兩之，是三十八也。六倍之，則爲二百二十八也。」〔註17〕

　　王元啓《漢書律曆志正譌》又云：「按：『一月』字誤，當作『一章』。又按：參閏法得五十七爲周至，以乘月法得十三萬六千三百四十四，以減中法十四萬，懸五百三十，餘四千一百八十六，以五百九十八爲約法約之，則十四萬懸五百三十之四千一百八十六，即二百三十五分之七也。故曰『一章之閏法，其餘七分。』又按：五百九十八者，即四分月法之通法，二百三十五者，即一章之月數。」又云：「『六扐之數』未詳，今定五字爲衍文。」〔註18〕

　　根據漢代的天文觀測，19個回歸年和235個朔望月日數相等，平均一年爲12又7/19個月，以一年12個月計算，每月長度爲1又7/228月。所以

〔註16〕錢大昕《三統術衍》卷一，《嘉定錢大昕全集》第8冊，南京：江蘇古籍出版社，1997年。第23～24頁。

〔註17〕陳澧《三統術詳說》卷一，《叢書集成續編》第79冊，臺北：新文豐出版公司，1988年。第461～462頁。

〔註18〕王元啓，《漢書律曆志正譌》，（《史記兩漢書三史補編》第1冊，北京：北京圖書館出版社，2005年。第392頁。

7/228 就是每個月所多餘的日數，7 為閏分。這個結果是《律曆志》中本次計算的目的。

錢大昕、陳澧、王元啓對於《律曆志》這段文字的理解不同，但其計算所達到的目的基本一致，且各有其算法。而根據《律曆志》的表述，還可得出一種不同的算法。現將四種「六扐」之數算法列表對比如下：

235（章月）×2392/4（四分月法）＝140350（中法）

19（閏法）×3＝57（周至）

57×2392＝136344

140350－136344＝4186（以減中法）

《律曆志》：4186/19（約之，之爲閏法）

2392（再扐爲月法）×3＝7176（六扐）

（4186÷19）÷7176＝7/228

（則六扐之數，爲一月之閏法，其餘 7 分）

錢：　4186（七扐）÷598（通法）＝7（7 分）

598（一扐）×2＝1196（再扐）

1196×2＝2392（再扐兩之）

陳：　140350÷598＝235　　136344/598＝228

235－228＝7，7/228（以六扐爲閏法，其餘 7 分）－a

19×2＝38（再扐兩之爲一扐）

38×6＝228（六扐）

王：　4186÷598（通法）＝7

140530÷598＝235（章月）

4186/140530＝7/235

（「之」爲中法，以閏分和中法相約，爲一章之閏法）

比較可知，四種算法都可得到「其餘七分」的結論，各有其數字推算過程。其分歧在於兩點：

其一：以減中法而約之

《律曆志》原算：根據文獻記錄，「約之」指和閏法 19 相約，本句計算的起點即是「閏法」，可以概括爲：三倍閏法，乘以月法，減去中法，再除以閏法。「之」上承「閏法」而來，指代有據，符合語言記錄。

陳澧算：陳算不能表現「以減中法」這一過程，用「然其數猶繁，又以兩數轉相減」帶過。「約之」爲和通法598（中法和136344的公約數）相約，從原文的語言表述中，得不到支持。

錢大昕算、王元啓算：錢算、王算遵循「以減中法」之說，所得餘數4186爲七扐之數，與598相約，得數爲7。比陳算更接近語言記錄，但錢算須修改「六扐」爲「七扐」。

其二：六扐之數，為一月之閏法

文獻語言算：《律曆志》提到「扐」共有兩處，一是「因以再扐兩之」得月法之實。二是「六扐之數」，得一月閏法。「六扐」算法的來源在第一處。現援引如下：

> 是故元始有象一也，春秋二也，三統三也，四時四也，合而爲十，成五體。以五乘十，大衍之數也，而道據其一，其餘四十九，所當用也，故著以爲數。以象兩兩之，又以象三三之，又以象四四之，又歸奇象閏十九，及所據一加之，因以再扐兩之，是爲月法之實。

一扐的計算爲〔（1＋2＋3＋4）×5-1〕，×2×3×4＋19＋1＝1196。由於一變由兩扐組成，所以還要再計算一次，是爲「因以再扐」而「兩之」，得到1196×2＝2392（月法之實）。這種表述和上文「以象兩」而「兩之」等句子在語言組織上是一致的，計算方式也相同。

因此，根據文獻語言，六扐之數當爲7176，「法」爲除數，將減去中法而和閏法相約的數字再除以六扐之數，就得到餘數爲7的結果。六扐作爲除數參與運算，是符合「一月之閏法」表述的。

錢大昕算：錢算以「再扐兩之」爲乘4，其數爲4784，和月法之實2392不合。同時以4186爲「一月之閏法」，也不符合語義。所謂「一月之閏法」，指求一月閏分所用的法數。在古代數學中，「法」和「實」常常並用，「法」一般表示對「實」的處理原則，如用於除法運算，則除數爲法，被除數爲實，《律曆志》中例子很多，在此不贅。據此解釋4186÷598＝7這個算式，4186是被除數，爲實，不得爲「閏法」。而且7是整數，非餘數，也不符合「其餘七分」之說。

陳澧算：陳算以「歸奇於扐象閏十九」爲一扐之數，再扐爲38，又乘以6，已是六次再扐之數，和「六扐」不能取得意義上的一致。

　　王元啓算：王算需要修改「一月」爲「一章」，以 7/235 月爲「一章之閏法」，而一章的閏法爲 7（19 年 7 閏），兩者並不相合，同時和實際計算需要的結果 7/228 也不相同。因此，王算不能解釋「六扐」之數，直接定爲衍文刪去，顯然更不符合語言記錄的實際情況。

　　依據文獻語言推算的「六扐」算法，顯然更符合作者原意。在考核《律曆志》的計算過程時，需要照顧到語言意義和數字計算兩方面，以免顧此失彼，謬略未周。

四、《漢書‧律曆志》的現代研究

　　現代科學技術水平的發展和進步，讓《律曆志》中所載的天文觀測有了精確的數據參照，使我們可以從更科學的角度來解釋《律曆志》中的文獻記錄。

　　《漢書‧律曆志》中存在大量的天文計算問題，專業性很強。清人在對其進行研究時，除了納入整個《漢書》研究體系之外，就針對其中的具體問題，作專題研究。到了現代，隨著科技的發展，這種專題研究的精確度有了很大的提高，如劉操南《曆算求索》收入「《漢書‧律曆志》算釋考辨」專題，劉洪濤《古代曆法計算法》有「首用公式法計算曆法的三統曆」一章，李廣申《論〈三統曆〉交食週期》等，都將現代天文學和數學知識應用到《律曆志》的研究中，多有創見，主要有以下兩個特點：

（一）驗證文獻記錄的可靠性

　　有了現代科學的基礎，研究者突破了此前迷信和盲從的觀念。從技術和思想上都可以更全面地分析《漢書‧律曆志》的記錄。

　　《漢書‧律曆志‧世經》：「上元至伐桀之歲，十四萬一千四百八十歲，歲在大火房五度。故傳曰：『大火，閼伯之星也，實紀商人。』」

　　劉歆根據太初元年的木星（歲）所在的位置，加上對木星運行的週期觀測（1728 年運行 145 周，約合 11.92 年運行一周天），推算出上元點，並且根據「木星在大火宿」這一觀測記錄來推測伐桀這一歷史事件，以證明其曆法的可靠性。

　　根據《律曆志》所載「歲術」（詳見本文第三章第五節），計算如下：

　　　　141480÷1728＝81……1512

$$1512 \times 145 / 144 = 1522（積次）\cdots\cdots 72（次餘）$$

$$1522 \div 12 = 126 \cdots\cdots 10（定次）。10 + 1 = 11，第 11 次。$$

$$30 \times 72 / 144 = 15 度。$$

檢核本文附錄「星次度數表」，第 11 次 15 度爲大火次房 5 度。

劉操南《曆算求索》中「《漢書・律曆志》算釋考辨卷四」說：

> 「三統曆循算說明成湯伐桀之歲，歲在大火，房 5 度。根據是《左傳》上說『大火閼伯之星也，實紀商人。』以《左傳》佐證：『歲在大火房五度』，看似鑿之有據，卻是大成問題。
>
> 　　一是根據三統曆歲星恒星週期 11.92 計算，伐桀之歲歲星在大火、房 5 度。劉歆未曉三統曆數據未密，誤差顯著。今測爲 11.86。若循今測密測 11.86 計算，則實際天象這年歲星不在大火、房五度。這個天象缺乏歷史依據，當是出於虛構。
>
> 　　二是商人祀大火，見於《左傳》。這大火與《書》：『日永星火』，和《詩》：『七月流火』，同爲恒星二十八宿的心宿。商人用以觀測火的出、納和南中，以利農作。遂以爲祀，故稱商星。這和歲星恰在大火是兩碼事。『大火閼伯之星也，實紀商人。』與『伐桀之歲』，也不搭介，劉歆把它混爲一談，自然屬於附會。
>
> 　　三是『歲在大火，房五度』夏時是否已將周天分爲十二次，而廿八宿已成體系，且有距星分度？那時天文學的水平遠遠還沒達到這個程度。劉歆言之鑿鑿，自然不符合歷史情況。」〔註19〕

我們可以依據現代科學的研究成果分辨歷史記錄中哪些出於人爲，哪些是眞實的情況。對於古代史的研究是有積極意義的。

（二）通過系統的計算來進行文本校勘

《漢書・律曆志》牽涉到的計算很多，而且各種數據之間互有聯繫，是一個完整的體系。因此只依靠傳統的校勘手段，容易造成疏漏。現代研究中，採用西方數學計算方法，先將《律曆志》系統數據化。可以根據計算結果來推定現在流傳版本中一些字句的正誤。

《漢書・律曆志・紀術》：「推至日，以中法乘中元餘，盈元法得一，名曰積日，不盈者名曰小餘。小餘盈二千五百九十七以上，中大，數除積數如

〔註19〕劉操南《古代天文曆法釋正》，杭州：浙江大學出版社，2009 年。第 231～232頁。

法，算外，則多至日也。」

　　五星（金、木、水、火、土）在天空中運行，只要不和太陽重合，我們都可以用肉眼進行觀測。那麼五星從離開太陽光芒籠罩範圍到被太陽光芒所籠罩，然後再次脫離太陽光芒的的這段時間，稱爲會合週期。這段文字是通過推算中氣日干支的方法，求知五星本次會合週期出現在哪一個中氣的範圍之內（詳見第三章第六節推算方法第 4 條）。文字中牽涉很多《律曆志》計算量，如中法、中元餘、元法、積日、小餘。如果不從整個計算系統出發，是無法詮釋清楚這個計算過程的，也就不能正確理解這段話的意思。

　　劉洪濤《古代曆法計算法》中利用數學公式對《漢書·律曆志下》算法進行系統地處理：「（2.32）式中所用參數『中元餘』是不足 1 元的中氣數，由計算中元餘的公式（2.25）可見，它是由『定見復數』求得的，所以是行星末見以前到元首之間的中氣數，……末見可能在 1 年 12 個中氣中的任何 1 個之內，不限定多至，所以《律曆志》那句話中的「多」字是衍文。」〔註20〕由此可知，這裡的「推至日」指的並不僅僅是多至日，而是以「多至日」爲代表的十二中氣。那麼後面的「多至日」應當是在版本流布的過程中，傳抄者誤解了「至日」的概念而衍「多」字。

　　在本文所涉及的《漢書·律曆志》各個版本中，都作「多至日」。即便我們對於前文「推至日」的「至日」和「多至日」概念是否一致有所懷疑，也無法找出有力的證據。而通過對整體運算系統的考察，以計算出來的結果作爲證據，就能給出一個更接近文獻記錄本身的結論。如果僅僅從版本比對，或者語言邏輯的角度出發，是不能得出這一校正結果的。

　　《漢書·律曆法》的研究不僅體現在對其記錄本身的考釋和訂正，同時，作爲中國天文學史的一部份，它也被融入了整個天文學史的研究之中。如陳遵嬀《中國天文學史》「中國歷代天文學簡介」的「秦漢天文學」部份，「歷代曆法」的「太初曆—三統曆」部份對於《漢書·律曆志》都有相對詳細的介紹。作爲中國古代曆法的重要著作，《漢書·律曆志》還常和《史記》所記載的「曆術甲子篇」及古代曆法沿革的研究聯繫在一起，如饒尚寬師《古曆論稿》中「太初改曆初探」、「劉歆《三統曆》評議」部份及張聞玉《古代天文曆法講座》中「太初改曆」、「八十一分法」及「劉歆的三統曆」部份，劉

〔註20〕劉洪濤《古代曆法計算法》，天津：南開大學出版社，2003 年。第 43 頁。

次沉《史記〈甲子篇〉曆譜及其與〈太初曆〉的比較》，斯琴畢力格《太初改曆考》、《太初曆再研究》，宮本徹《太初改曆及其背景》等。此外，對於《漢書·律曆志》所反映的思想內容，吳全蘭《論劉歆的宇宙觀》、方丹《劉歆思想與〈白虎通義〉思想之比較》、劉穎《漢代律曆研究》等人的研究有所涉及。這些研究擴展了《漢書·律曆志》的研究空間，將它放在中國曆法變革、思想流傳的整體背景中，使得研究更爲全面。

隨著社會的進一步發展，《漢書·律曆志》的研究也會進入一個新的時期，我們應該以發展的眼光，客觀的態度來看待先民們的科學技術水平以及在此基礎上構建的思想體系，更好地完善《漢書·律曆志》的研究。

第二節　《漢書·律曆志》系統研究的必要性

《漢書·律曆志》研究的第一、二階段較爲重視字詞訓詁和校勘，第三階段在對算法精研的基礎上做了很多修訂校補的工作。而第四階段則側重於《律曆志》記錄所體現的史學價值和對其算學系統的科學研究。

四個階段的研究各有側重，同時也各有偏頗。針對詞句的研究往往忽略計算事實，常多附會之辭。如「一龠容千二百黍，重十二銖，兩之爲兩。二十四銖爲兩。十六兩爲斤，三十斤爲鈞，四鈞爲石。忖爲十八，《易》十有八變之象也。」孟康曰「忖，度也，度其義有十八也。黃鐘、龠、銖、兩、斤、鈞、石凡七，與下十一象爲十八也。」張晏曰：「象《易》三揲蓍而成一爻，十八變具六爻而成卦。」（969～970頁）

實際計算如下：

　　一兩爲 24 銖

　　一斤爲 24×16＝384 銖

　　一鈞爲 30×384＝11520 銖

　　一石爲 4×11520＝46080 銖

46080÷18＝2560，即一石之數可以分爲 18 等分，來對應《易》算的十八變之象。而孟康強要附會爲十八種具象來解釋，實無必要。（詳見第四章「二十條」）

而專於算法研究，則有時會忽略文獻語言記錄本來的意義，這一點我們在「清人研究中的一些問題」中討論「六扐」時已經說明，劉操南《曆算求

索》中也採用了錢大昕的算法,以「七扐」爲算〔註21〕。劉洪濤《古代曆法
計算法》中,僅僅對算法公式進行解析,而於語言文字涉足甚少,《世經》部
份也作了省略處理。

同時,《漢書‧律曆志》的研究偏重於單個問題的討論。即便是算法專題,
也脫離不了逐段逐算的注解式研究。沒有對《漢書‧律曆志》的整體內容加
以分析和詮釋。所以,相對於《漢書‧律曆志》總體來說,目前的研究都顯
得有些零散,也造成了《律曆志》在思想史和曆法史研究上的一些不足,並
不利於我們對於《律曆志》完整和系統的認識,對於《漢書》研究來說,也
是一個遺憾。

因此,有必要站在前人研究的基礎上,對《律曆志》進行綜合研究。這
包括三個方面:

一是分析《漢書‧律曆志》建立在天文觀測及計算系統基礎上的思想內
容,《律曆志》所包含的思想,是和當時的宇宙認識有關的。「曆法」作爲農
事的重要參照,即天地之道的體現,反映出漢人對宏微觀世界的認識和掌握
程度,也是其思想的客觀現實外殼。結合《律曆志》中的記錄加以發掘,可
以窺見其思想的細節,展現概貌。

二是對《漢書‧律曆志》的算法系統進行詮釋。瞭解其產生的主客觀原
因,並且對其發展的脈絡,內部的結構作一個宏觀的分析。以此爲基礎,系
統討論諸如殷曆和《三統曆》的異同,歲星和太歲的關係等問題。

三是通校中華再造善本之北宋刻遞修本、南宋慶元元年建安劉元起家塾
刻本、南宋嘉定戊辰蔡琪家塾刻本、南宋嘉定十七年白鷺洲書院刻本、元大
德九年太平路儒學刻明成化正德遞修本以及上海同文書局影印清乾隆武英殿
本六本,與中華書局 1962 年點校本相比勘,解釋目前《漢書‧律曆志》校勘
中的一些細意,以俟方家之教。

通過對《漢書‧律曆志》的研究,能夠對漢代宇宙觀測及曆算水平有一
個具象的認知,並爲研究漢代宇宙觀提供一種途徑,更好地實現歷史學、社
會學等方面的價值。

〔註21〕劉操南《曆算求索》杭州:浙江大學出版社,2000 年。第 134 頁。

第二章 《漢書‧律曆志》宇宙觀

　　如何認識宇宙的發生和構成，一直是人類積極探討的問題。中國古代的思想家對此也各有闡釋，面對的客觀世界雖然一致，但詮釋的角度並不相同。其原始發生，大致有《老子》的「道生論」、《易傳》的「太極論」、陰陽學家的「五德終始論」等。西漢時期對這些思想有所繼承和發揮。生活在西漢末期的劉歆，博通經史，在前人基礎上，形成了獨有的太極元氣宇宙數字觀。由於劉歆著作大多亡佚，班固在《漢書‧律曆志》中保存了他的《三統曆譜》，我們藉此可以窺見到劉歆宇宙發生論的大致面貌。

第一節 《漢書‧律曆志》宇宙觀源流

　　劉歆十分推崇《易》學。《漢書‧藝文志》在《易》類諸書後取劉歆《輯略》云：「《易》曰：『宓戲氏仰觀象於天，……於是始作八卦，以通神明之德，以類萬物之情。』至於殷、周之際，紂在上位，逆天暴物，文王以諸侯順命而行道，天人之占可得而效，於是重《易》六爻，作上下篇。孔氏為之《彖》、《象》、《繫辭》、《文言》、《序卦》之屬十篇。故曰《易》道深矣，人更三聖，世歷三古。」又稱六藝之原為《易》。〔註1〕《漢書‧藝文志》、《漢書‧律曆志》更是常引《易傳》，有所比附。因此，《律曆志》的宇宙認識觀和《易》有著源流關係：

一、《易傳》宇宙論與《律曆志》宇宙論的關係

　　《易‧繫辭上》云：「《易》有太極，是生兩儀，兩儀生四象，四象生八

〔註1〕《漢書‧藝文志》，北京：中華書局，1962 年。第 1704 頁，第 1723 頁。

卦，八卦定吉凶，吉凶生大業。」〔註2〕這一宇宙發生圖示也稱述於《漢書‧律曆志》中：「太極中央元氣……經元一以統始，《易》太極之首也。春秋二以目歲，《易》兩儀之中也。於春每月書王，《易》三極之統也。於四時雖亡事必書時月，《易》四象之節也。時月以建分至啓閉之分，《易》八卦之位也。象事成敗，《易》吉凶之效也。朝聘會盟，《易》大業之本也。故《易》與《春秋》，天人之道也。」（981頁），將《易》與《春秋》紀事構建聯繫，作爲曆法推演的理論基礎和論證依據。

除卻理論上的引據，《漢書‧律曆志》中「三統」宇宙觀的推演體系也與《易傳》相關。朱熹《周易本義》描述了前文所引「太極生兩儀」體系的算法：「一每生二，自然之理也。易者，陰陽之變，大極者，其理也。兩儀者，始於一畫以分陰陽。四象者，次爲二畫以分太少。八卦者，次爲三畫而三才之象。始備此數。」陰陽兩數，放入一畫的位置，組合數最多爲兩種，非陰即陽；放入兩畫的位置，組合數最多爲四，出現太陽、少陽、太陰、少陰。再加上一畫，以陰陽兩數放入三畫位置的組合，爲八種，是爲八卦，象徵天地人互爲輔成的狀況。「八卦」歷三劃而成，是太極的具象。《漢書‧律曆志》中所提到「太極元氣，函三爲一」，（964頁）就是「八卦」的演進過程。將每個「函三爲一」擴大，放之於四時之中，就是天道的運行之數，其算法爲：「始於一而三之，三三積之。歷十二辰之數，十有七萬七千一百四十七，而五數備矣。」（956頁）將《易》分陰陽，三劃（天地人三才）而成八卦的二進制體系 $1 -> 2^1 -> 2^2（4）-> 2^3$ 作爲第一層面，細分太極分元氣函三統（天地人）爲第二層面，歷十二辰而成天數的三進制體系：$1->3^1->3^2……->3^{11}$。這種擴大，顯然是衍生於《易傳》數術系統。

二、《易》算與《律曆志》算法系統的關係

《漢書‧律曆志》開篇即云「備數」，其算用竹，算法「以《易》大衍之數五十，其用四十九，成陽六爻，得周流六虛之象也。」（956頁）源自《易‧繫辭上》：「大衍之數五十，其用四十有九。分而爲二以象兩；掛一以象三；揲之以四，以象四時；歸奇於扐以象閏；五歲再閏，故再扐而後掛。」

八卦的計算，每一卦分爲六爻，每一爻又有三變，計算過程如下：

〔註2〕　《周易兼義》卷八，明嘉靖中福建刊刻本。下《繫辭上》見卷七，《說卦》、《序卦》見卷九。

50 去 1 爲 49 根，任意分成兩組，從其中一組中再去掉一根。每組依次四根四根撥出，直到餘數小於等於 4。餘數爲 1、2、3、4 中的一個，去掉餘數，這就完成了第一變。

剩下的蓍草再分成兩組，依照同樣的方法計算，就是第二變。第三變依此類推。最後剩餘的結果只有四種，分別是 4 的 6、7、8、9 倍，對應太陰（四六二十四）、少陽（四七二十八）、少陰（四八三十二）、太陽（四九三十六）。

西漢之前的天文觀測就已經在測定太陽、月亮以及黃道上諸恆星的相對位置：每個朔望月中，太陽、月亮（始點和終點）都運行在北斗所指（斗建）的天空中的分區。如子月，北斗斗柄指向星紀（斗十二度至婺女七度，天空一周共劃分爲 12 個星區）。太陽一月視運動（即地球繞日）接近一個星次的距離（從星紀之中運行到玄枵之中），月亮是地球的衛星，所以在繞地球一周之後（歷 12 星區），還要隨同地球走一個星次的距離，因此其視運動速度是太陽視運動速度的 13 倍多，也會從星紀之中到玄枵之中。這樣日月辰三者在一月內都發生一次交會，通過對月亮、地球在黃道十二星區的相對位置的觀察就能爲「三統」的演算提供現實依據。

雖然天文觀測的數據和《易》算並無實際關係，但「三變爲一爻」的計算模式、八卦的圖示和「日月辰」三者相交卻構建了數字上的聯繫。爲了鞏固這一聯繫，《律曆志》用「月法之實」（《律曆志》所設，即每個朔望月天數和每日分數的公倍數：$29\frac{43}{81} \times 81 = 2392$）這一概念來表示「三辰之會」：「如日法得一，則一月之日數也，而三辰之會交矣，是以能生吉凶。」（983 頁），並將「月法之實」的推算附會於《易》算：「是故元始有象一也，春秋二也，三統三也，四時四也，合而爲十，成五體。以五乘十，大衍之數也，而道據其一，其餘四十九，所當用也，故蓍以爲數。以象兩兩之，又以象三三之，又以象四四之，又歸奇象閏十九，及所據一加之，因以再扐兩之，是爲月法之實。」（983 頁）

此外，計量單位的設定上也能反映這一特點：「一龠容千二百黍，重十二銖，兩之爲兩。二十四銖爲兩。十六兩爲斤。三十斤爲鈞。四鈞爲石。忖爲十八，《易》十有八變之象也。」（969 頁）即指四均重 46800 銖，可以等分成十八份，以對應十八變而成一卦。

這種純粹的數字比附爲《律曆志》提供了合法性，也爲《律曆志》建立在曆法基礎上的《世經》政治演變提供了時代依據。這些比附都在昭示「天

人同一」的法度，表現在計數、聲律、度量衡、天體運行這些法則上，將宏觀的《易》算擴大爲宇宙循環的準則，使其精密化和準確化，而曆法推演則成爲通過天道指導人事的技術手段，從客觀角度來詮釋人類主觀世界的變化進程，建立了一套自足的「科學」論證系統，使其難以駁斥，以致影響深遠。

基於這個認識，我們來探討《漢書・律曆志》宇宙論的模式及觀點。

第二節　《漢書・律曆志》宇宙觀的構成途徑

天道推演的方式，概括來說，可以分成兩種，一是具象，即實際的操作，如六十四卦的演算。二是抽象，爲理論的演繹，如《淮南子・天文》：「天地未形，馮馮翼翼，洞洞灟灟，故曰太始。道始於虛霩，虛霩生宇宙，宇宙生氣，氣有漢垠。清陽者薄靡而爲天，重濁者凝滯而爲地。」〔註3〕劉歆的論點，用數字演算爲綱，以有法度性質的物象作爲類比，結合兩者之說，試圖站在更客觀的角度來闡明問題。

一、構建數字關係

《漢書・律曆志》引劉歆之言，起首即說「一曰備數」。數作爲天道推演的基本要素，《易》算就已使用。班固云：「自伏羲畫八卦，由數起，至黃帝、堯、舜而大備，三代稽古，法度章焉。」（955 頁）如何將八卦推演之法和天施、地化、人事結合起來，仍要從數入手：

> 數者，一、十、百、千、萬也，所以算數事物，順性命之理也。
> 書曰：「先其算命。」本起於黃鐘之數，始於一而三之，三三積之，
> 歷十二辰之數，十有七萬七千一百四十七，而五數備矣。（956 頁）

就定義來看，數的使用起於鐘律音階設定的需求：其變化是一化爲三，歷十二辰化生「一十百千萬」五個數位單位，用來描摹萬物的情狀，掌握變化的規律，從而順天定命，人得以效法。這樣一來，天體運行（天）、萬物屬性及生長（地）都可以用數算（人之法度）來推演。這種思想，貫穿在全文之中，可大致整理如下：

十二律的設定是天地之間陰陽氣息正常運行的反映。《說文・彳部》：「律，

〔註3〕《淮南鴻烈解》，文淵閣四庫全書本 848 冊，上海：上海古籍出版社，1987 年。下同。

均布也。從彳聿聲。」律就是常法，也就是一定的比率。天地變化有序，登降運行各有定法。理想狀態下，這些變化是均衡的。因此，劉歆在律度量衡的製造上選用銅器，取其恒常不變，能爲準則。「銅爲物之至精，不爲燥濕寒暑變其節，不爲風雨暴露改其形，介然有常。」（972 頁）恒定的氣流通過長短不一的律管，得到穩定的音階。所謂：「至治之世，天地之氣合以生風；天地之風氣正，十二律定。」（959 頁）

有了一定的模式，就要設定起始點。十二律以黃鐘爲本。「及黃鐘爲宮，則太族、姑洗、林鐘、南呂皆以正聲應，無有忽微，不復與它律爲役者，同心一統之義也。」（962 頁）由於數的計算要從一開始，黃鐘爲陽律之首，其長度爲九，所象爲一。「陽氣伏於地下，始著爲一，萬物萌動，鐘於太陰，故黃鐘爲天統，律長九寸。九者，所以究極中和，爲萬物元也。」（961 頁）並且「黃鐘：黃者，中之色，君之服也；鐘者，種也。」（959 頁）故此，黃鐘象始、象中，象萬物元（種），是太極元氣的具象。

「太極元氣，函三爲一。極，中也。元，始也。行於十二辰，始動於子。參之於丑，得三……又參之於亥，得十七萬七千一百四十七」（964 頁）律法演變的規律、數算齊備的過程其實都是太極元氣的演變進程，也就是萬物生長育化的數字表現。

相對於其他的宇宙萬物生成論來說，《漢書・律曆志》所構建的框架不僅僅是思想上的繼承和比附，同時也要具體到數字的推演。它的模型，既不同於抽象描述的直接定義，又和《易傳》有所區別。可以說，《律曆志》爲天地人三統建立了立體數字關係，並延伸擴大，將天地萬物的變化都包含進去，使其達到統一，其關係圖如下：

線性關係：《老子・四十二章》：道生一，一生二，二生三，三生萬物。

$$0-1-2-3-\infty（無限）$$

《易傳》：易有太極，是生兩儀，兩儀生四象，四象生八卦，八卦定吉凶，吉凶生大業。　1-2-4-8-64（有限）

立體關係：

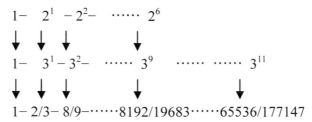

從線性關係來看：一種是有始無終，即宇宙化生萬物，萬物之變化無窮無盡；另一種是有始有終，即萬物演化不超過六十四卦的範疇，吉凶的徵兆都可以借此觀察，以定人事的大業。而立體關係則搭建了兩重結構：

（一）縱橫拓展

《易》算中，八卦是一個 3 位 2 進制體系，六十四卦為 6 位 2 進制體系，六十四卦是八卦的細分，反映更多的現象。《律曆志》使用的模式，不僅僅是位數的增加，由八卦的 3 位、六十四卦的 6 位，橫向擴展為 11 位。同時也從 2 進制縱向擴展到 3 進制。即 $1-3^1-3^2-\cdots\cdots-3^{11}$。

三元系統的使用，不僅將記數法由陰陽兩數增加為天地人三統。且總數達到 177147，五數（個十百千萬）俱全，讓無限的萬物變化有了具象的數字體系，同時強調了數字算數萬物的能力。《易》的有限變化和道的無限發展得以結合。縱橫兩向拓展把自然事物從一維單向演進變成了二維互為支撐，演進為鐘律設定之法，分母以 3 為公比，分子以 2、4 為變化。即「1 →2/3→8/9→16/27→64/81→128/243→512/729→1024/2187→4096/6561→8192/19683→32768/59049→65536/177147」（即《史記・律書》之「生鐘分」，見下文）。

這種模式也成為卦符系統變化的趨勢。如宋代張行簡《易變通》使用四元卦符，就是一種 4 位四進制記數，總數為 4^4（256）。從縱向拓展了三元系統（由三進制變為四進制），而且有橫向變化：「若八七六五亦準此一二三四重，為二百五十六變更相唱和，則天得二百五十六之二百五十六，成六萬五千五百三十六。」4^4 自倍之後，產生一個 8 位四進制系統，總數為 4^8（256×256＝65536），[註4] 同樣象徵萬物之數。

〔註4〕 曲安京主編《中國科學技術史綱・數學卷》，瀋陽：遼寧教育出版社，2000
年。第 360 頁。

（二）結構類比

在縱橫拓展的模式中，《律曆志》把《易傳》宇宙論、《易》算、律法、曆法融成一爐，以太極元氣論爲中心，上承《易》，中比律法，下接天體運行。創造了相對完整的數字體系。

1. 上承於《易》

《律曆志》算法系統仿擬八卦的 2 進制，採用了 3 進制，其演算過程基本和《易》算相對應：

《易‧繫辭上》云：「大衍之數五十，其用四十有九。分而爲二以象兩；掛一以象三；揲之以四，以象四時；歸奇於扐以象閏；五歲再閏，故再扐而後掛。……是故，四營而成《易》，十有八變而成卦，八卦而小成。引而伸之，觸類而長之，天下之能事畢矣。」

易《算》的卦位系統從 1 位二進制開始，即陰陽，兩個數排列在一個位置上：2^1。此後自倍兩次（$2\times2\times2$）變成爲 3 位二進制：2^3，爲「八卦而小成」。此後 2^3 自倍（陰陽）：2^6，變成六十四卦。是爲「引而伸之」，王弼謂之：「伸之六十四卦」〔註5〕《律曆志》對應此說，述三辰五星之會云：「八之，爲八千六百四十，而八卦小成。引而信之，又八之，爲六萬九千一百二十，天地再之，爲十三萬八千二百四十，然後大成。」（985 頁）朱熹《易學啓蒙‧原卦畫第二》釋「四象生八卦」亦曰：「於是六十四卦之名立，而易道大成矣。」故「六十四卦」爲「大成」。

《律曆志》的系統從 1 位三進制開始，即三統，三個數字排列在一個位置上：3^1。此後自倍兩次（$3\times3\times3$）變成爲 3 位三進制：3^3，對應 2^3 而爲小成。此後 3^3 自倍三次（三統），得到 3^9。得數 19683，達到萬物之數，對應六十四卦爲「大成」。故此，以 3^9 爲「成之數」。《漢書‧律曆志》云：「以成之數忖該之積，如法爲一寸，則黃鐘之長也。」（965 頁）黃鐘長 9 寸，3^{11} 爲歷經十二辰之數（$1\times3\times3\times\cdots\cdots3$，合計爲乘 11 個 3），故名該之積。寸通「忖」，爲分割之意，則成之數爲 $3^{11}\div9=3^9$。（詳見第四章十三條（二）「如法爲一寸」）

2. 中起於律

《律曆志》將「律」與「曆」統一起來，彰明禮樂和諧於自然的觀點，通過聲律的高低變化來反映陰陽轉化，直至天地日月運行。

〔註5〕　《周易兼義》第七卷。明嘉靖中福建刊本，《繫辭上》第九章。

　　聲律的推算從黃鐘律開始，分爲六律六呂，依據一定的比率陰陽互轉。陽律聲音較低緩，陰呂聲音較高清。十二律的轉化比率記載在《史記‧律書》之中：「生鐘分：子一分。丑三分二。寅九分八。卯二十七分十六。辰八十一分六十四。巳二百四十三分一百二十八。午七百二十九分五百一十二。未二千一百八十七分一千二十四。申六千五百六十一分四千九十六。酉一萬九千六百八十三分八千一百九十二。戌五萬九千四十九分三萬二千七百六十八。亥十七萬七千一百四十七分六萬五千五百三十六。」〔註6〕

　　算解如下：子律（黃鐘）爲 1 分，則丑呂（林鐘）爲子律的 2/3，寅律（太簇）爲子律的 8/9，依次類推。分母以從天之數始（子律 1），以 3 爲比率（三統），每個數都是三的倍數。分子從地之數始（丑呂 2），以 2、4 交錯相乘（陰陽四時），每個數是兩的倍數。即是「《易》曰：『參天兩地而倚數。』」（963頁）一卦六爻，《易‧說卦》云：「是以立天之道，曰陰與陽；立地之道，曰柔與剛；立人之道，曰仁與義。兼三才而兩之，故易六畫而成卦。」陰陽周遊三統而成卦。故生鐘律之法秉承於《易》，以起三統之義。〔註7〕

　　以黃鐘長九寸代入，則子律黃鐘爲陽，爲天；陽九而變陰，爲未呂，未的對數爲丑，故爲地，稱爲「林鐘未之衝丑爲地正。」（962頁）陰六而復陽，得寅律爲人。即：「黃鐘初九，律之首，陽之變也。因而六之，以九爲法，得林鐘初六，呂之首，陰之變也。」（980頁）

　　據此分析聲律和「三統」之間的對應關係：

　　陽變爲陰：陽數爲 1（天），陰數爲 2（地），陰陽相合爲 3（三統）。所謂「天之數始於一……故置一得三，又二十五分之六」，其式爲 2/3，取象爲陰陽相生，稱爲「三分損一」。上下同時乘以 3，得 6/9，即爲九六相生（黃鐘九寸生林鐘六寸），稱爲「下生六而損之」。

　　陰轉爲陽：陰數爲 2，置 1 爲 2，兩個陰數爲 4。所謂「地之數始於二……故置一得二。」（965頁）其式爲 4/3。取象爲三統四時，稱爲「三分益一」。上下同時乘以 3，得 12/9，爲黃鐘十二律以九寸爲起始。稱爲「上生六而倍之。」（980頁）

　　兩個數相乘：（2×4）/（3×3），即爲「參三統」、「兩四時」之數。是三

〔註6〕　《史記‧律書》，北京：中華書局，1959年。第1250頁。

〔註7〕　《易‧繫辭下》云「古者庖犧氏之王天下也……於是始作八卦。」《世本‧作篇》云：「伶倫造律呂」，其爲黃帝史官。故律法之制定或晚於《易》的八卦圖式。

統運行四時（十二辰）的循環，得數爲人正（寅律）。

十二律的循環過程爲：「（黃鐘）參分損一，下生林鐘。參分林鐘益一，上生太族。參分太族損一，下生南呂。參分南呂益一，上生姑洗。參分姑洗損一，下生應鐘。參分應鐘益一，上生蕤賓。參分蕤賓損一，下生大呂。參分大呂益一，上生夷則。參分夷則損一，下生夾鐘。參分夾鐘益一，上生亡射。參分亡射損一，下生中呂。」（965 頁）以黃鐘、林鐘、太族爲一個階段（即一損一益），共四個階段完成。四個階段之間的連接爲爲一損、一益、一損。是兩陽（陽變陰爲損）一陰（陰變陽爲益），爲天地人之徵，合三統運行四時之數。〔註 8〕

3. 下啟曆法

天地人三統合爲一體，在人事上「三代各據一統，明三統常合，而迭爲首。」（984 頁）在曆法上「孟仲季迭用事爲統首。」（985 頁）因此，三統是一個完整的循環。就十二辰而言，「子爲天正，丑爲地正，寅爲人正。」（參見 962 頁）

其數字演進爲：1（天正）、3^1（地正）、3^2（人正）。三正的長度皆爲成之數 3^9：

以天正爲 1，成萬物之數 3^9；

以地正爲 1，成萬物之數 $3 \times 3^9 = 3^{10}$；

以人正爲 1，成萬物之數爲 $3^2 \times 3^9 = 3^{11}$。

即以天正爲端始，第一輪爲 3^9，第二輪爲 3^{10}，第三輪爲 3^{11}。完成整個循環，再次從天正開始。3^{11} 爲周歷十二辰之數，稱爲「該之積」。

這一排列即是《三統曆》一元 4617 年的排列方式。即：天正甲子日始（1539 年），地正甲辰日接續甲子（1539 年），人正甲申日接續甲辰（1539 年）。每年 $365^{385}/_{1539}$ 日，4617 年合計 1686360 日，是 60 的整數倍，有 28106 個甲子，回復天正甲子日。（詳見第三章三統曆表）

3.1 鐘律起曆

《漢書‧律曆志》云：「故以成之數忖該之積，如法爲一寸，則黃鐘之長也。」（956 頁）孟康注：「成之數者，謂黃鐘之法數。該積，爲黃鐘變生十二辰積實之數也。忖，除也。言以法數除積得九寸，即黃鐘之長也。言該者，

〔註 8〕 值得注意的是，如需得到律管的正確數據，則要對三分損益法略作調整。其模式應修改爲「9×2/3×4/3×2/3×4/3×2/3×4/3×4/3×2/3×4/3×2/3×4/3」。

該眾律之數也。」以成之數爲法（除數），該之積爲實（被除數）。兩者相除爲一寸，寸通「忖」，即一次分割的行爲。所餘之數爲九，是三統的核心（1×3×3），所謂「黃鐘之長」。以黃鐘爲起首，變生12律，就是「三統」的大循環，和太極元氣（元）之長相等，也就是以下這個過程：「三統合於一元，故因元一而九三之以爲法，十一三之以爲實。實如法得一。」（980頁）

$$3統→ 一元 → 9 → 3^{11}÷3^9＝9 → 黃鐘之長。$$

黃鐘之長爲律管變化的起始，以黃鐘下生林鐘（2/3），林鐘上生太族（4/3）之數爲基本循環，各有其曆法象徵：

黃鐘之實：天之數（1、3、5、7、9）之和爲25，置1爲$3^6/_{25}$，總數爲81（黃鐘長度9寸自倍之數）。81乘以天地中數之和（5＋5＝10），爲810分；「一黍之廣，度之九十分，黃鐘之長，一爲一分」（969頁），810分即810黍，爲黃鐘管內可容黍數。將黃鐘管完全展開，得到其側面積（黃鐘長9寸，周長9分），即9×90，可以排列810粒黍。90＝9×10，是天之終數（1～10的序列中最大奇數）和地之終數（1～10的序列中最大偶數）之積，兩者之和爲19，所謂「并終數爲十九，《易》窮則變，故爲閏法。」（983頁）9×19＝171，171×9＝1539，即八十一章，每章19年，總數1539年。所謂「律容一龠，積八十一寸，則一日之分也。與長相終。律長九寸，百七十一分而終復。」（975頁）

林鐘之實：地之數（2、4、6、8、10）之和爲30，置1爲2，總和爲60。乘以地中數6（林鐘長6寸，周長6分），得到側面積360平方分，爲一年360天的長度。

太族之實：太族爲8寸，爲陽律，故自倍爲64，乘以天地中數之和（5＋5＝10），得側面積640（太族長8寸，周長8分），對應六十四卦，以應太族之長，亦爲「成之數」。〔註9〕

由黃鐘始，太族結束。形成天地人三正循環，每一正的年數爲黃鐘之實1539年，三正共行4617年，「三復爲甲子。」（975頁）

3.2 曆算的具體反映

據此類比，可以延展出《三統曆》三辰之會和三辰五星之會的數據。

3.2.1 三辰之會

《漢書・律曆志》云：「日合於天統，月合於地統，斗合於人統。」（985

〔註9〕 黃鐘、林鐘、太族之實參見《漢書・律曆志》963頁。

頁）黃鐘爲天正，黃鐘生林鐘，林鐘爲地正，林鐘生太族，太族爲人正，三正分別對應日月斗，斗在天地之中，上承天，下接地，所以爲人（詳見本章第三節「天地人三中的聯繫」部份）。因此，求日月斗的交會，就是求陰陽交會，是日月相交之數。日月軌道 135 個月相交 23 次，爲朔望之會（不滿 135 月則有食分剩餘）。日月運行週期 19 年日數相等，爲 235 個月（不滿 235 個月，則有日分和月分剩餘）。如果使兩者統一，其週期必須是 135 和 235 的公倍數：

235/5＝47，爲會數。47×135＝6345，是 135 和 235 的公倍數。即 47 次 6345 月相會則日分、月分及食分俱盡。此爲第一個循環，爲天正「成之數」。

9×6345＝57105（月），以人正 9 爲始，完成人正「成之數」，是 4617 年的月數。（一年爲 235/19 月，以 57105 除之，得 4617）

3.2.2　三辰五星之會

三辰之會爲 4617 年，三辰五星之會爲 23639040 年，是其 5120 倍。數從三微起，三微即爲三統：「三微之統即著，而五行自青始」，且「三五相包而生」。故「三微而成著，三著而成象。」算從 3×3＝9 始。9 爲黃鐘之長，故變化從鐘律之法，二四爲變。即 2×9＝18（18 變爲一卦），4×18＝72（每變爲結果爲四種），稱爲「十八變成卦，四營成易」。等於「參三統兩四時」的乘積，爲生鐘律（8/9）比率的分子分母的乘積：（3×3）×（2×4）＝72。

律法以「三分損益」：故此 3×72＝216（乾之策）；2×72＝144（坤之策）。「九六相生」：9×72＝648（陽九九之），6×72＝432（陰六六之）。兩者之和爲 648＋432＝1080。72 爲一卦的所有結果數，以太陽數（9）乘則爲乾策之數，太陰數（6）乘則爲坤策之數，兩者之和爲乾坤各一卦算策之數。

八倍之爲八卦小成。再「引而信之」，又八倍之。和所得黃鐘、林鐘、太族之實等同，需乘以天地之數（1＋1＝2），故兩倍之，1080×8×8×2＝138240，即五星會終之數。五星重新回到起始點的週期分別爲：木星 1728 年；金星 3456 年；土星 4320 年；火星 13824 年；水星 9216 年。五星公倍數爲 138240 年，爲大成之數。

因爲所求爲三辰五星之會，故需要和日月會同週期 19 年相會，是爲「觸類而長之」。138240×19＝2626560，是天正「成之數」。

與三統會，即以地正 3 爲始，完成地正「成之數」。即 3×2626560＝7879680。

復於太極上元，即以人正 9 爲始，完成人正「成之數」。即 9×2626560＝23639040。〔註10〕

3.2.3　鐘律循環

《漢書・律曆志》云：「其法以律起曆」（975 頁），律法是存在著一個循環過程的：《律曆志》「三分損益法」運算如下表：

十二律生成表一

律名	長度	三分	益/損一分	律名	長度	三分	益/損一分
黃鐘	9	3	9－3＝6（林鐘）	蕤賓	6.321	2.107	6.321－2.107＝4.214（大呂）
林鐘	6	2	6＋2＝8（太族）	大呂	4.214	1.405	4.214＋1.405＝5.619（夷則）
太族	8	2.667	8－2.667＝5.333（南呂）	夷則	5.619	1.873	5.619－1.873＝3.746（夾鐘）
南呂	5.333	1.778	5.333＋1.778＝7.111（姑洗）	夾鐘	3.746	1.249	3.746＋1.249＝4.995（亡射）
姑洗	7.111	2.37	7.111－2.37＝4.741（應鐘）	亡射	4.995	1.665	4.995－1.665＝3.33（中呂）
應鐘	4.741	1.58	4.741＋1.58＝6.321（蕤賓）	中呂	3.33		

而《淮南子・天文》云：「黃鐘爲宮，宮者，音之君也。故黃鐘位子，其數八十一，主十一月。下生林鐘。林鐘之數五十四，主六月，上生太族。太族之數七十二，主正月，下生南呂。南呂之數四十八，主八月，上生姑洗。姑洗之數六十四，主三月，下生應鐘。應鐘之數四十二，主十月，上生蕤賓，蕤賓之數五十七，主五月，上生大呂。大呂之數七十六，主十二月，下生夷則。夷則之數五十一，主七月。上生夾鐘。夾鐘之數六十八，主二月，下生無射。無射之數四十五，主九月，上生仲呂。仲呂之數六十，主四月，極不生。」

《史記・律書》亦云：「律數：九九八十一爲宮。三分去一，五十四以爲徵。三分益一，七十二以爲商。三分去一，四十八以爲羽。三分益一，六十四以爲角。」

又云：「黃鐘長八寸七分一，宮。大呂長七寸五分三分（一）〔二〕。太族長七寸（七）〔十〕分二，角。夾鐘長六寸（一）〔七〕分三分一。姑洗長六

〔註10〕三辰會和三辰五星會的具體描述參見《漢書・律曆志》983～985 頁。

寸（七）〔十〕分四，羽。仲呂長五寸九分三分二，徵。蕤賓長五寸六分三分（一）〔二〕。林鐘長五寸（七）〔十〕分四，角。夷則長五寸（四分）三分二，商。南呂長四寸（七）〔十〕分八，徵。無射長四寸四分三分二。應鐘長四寸二分三分二，羽。」〔註11〕

　　《淮南子》、《史記》以黃鐘長爲 81 開始，其算法和《漢書‧律曆志》一致：「以下生者倍其實，三其法。以上生者，四其實，三其法。」〔註12〕即陽生陰，兩倍陽律除以三（乘以 2/3）；陰生陽，四倍陰律除以三（乘以 4/3）。故 81（宮）×2/3＝54（徵）。54×4/3＝72（角）。但《淮南子》和《史記》的運算結果卻和《漢書》有異。

鐘律名	《漢書‧律曆志》	《史記‧律書》	《淮南子‧天文》
大呂	4.214	7.532	7.6
夾鐘	3.746	6.731	6.8
中呂	3.33	5.932	6.0

　　因此，這裡的「上下」所表示的意思並不完全相同。《史》、《漢》、《淮南子》在描述「生鐘律」之法時，所用的「上生」是陰呂變陽律，「下生」爲陽律變陰呂，如司馬貞《史記索引》所引：「蔡邕曰『陽生陰爲下生，陰生陽爲上生』」，強調陽上陰下，互爲轉變。而具體運算的時候，《史記》、《淮南子》對於這兩個概念的應用與「生鐘律」法不同：「上生」爲律管變長，「下生」爲律管變短，是從音階的高低來判別的。《呂氏春秋‧季夏紀》就說的比較明確：「黃鐘生林鐘，……三分所生，益之一分以上生。三分所生，去其一分以下生。黃鐘、大呂、太蔟、夾鐘、姑洗、仲呂、蕤賓爲上，林鐘、夷則、南呂、無射、應鐘爲下。」〔註13〕

　　如何解釋這一問題，還要回到聲律本身來談。在音律系統中，最末的音階需要回覆到下一個八度的開始，才能構成一個循環。因此，鐘律的實際變化，當如《史記》、《淮南子》所錄，蕤賓生大呂不是三分損一，而是三分益一。這樣才能構成還原黃鐘聲律的機制。其表如下：

〔註11〕《史記‧律書》，第 1249 頁。《淮南子‧天文》：「故律曆之數，天地之道也。下生者倍，以三除之；上生者四，以三除之。」和《史記》同。

〔註12〕《史記‧律書》，第 1251 頁。

〔註13〕《呂氏春秋》，文淵閣四庫全書本 848 冊，上海：上海古籍出版社，1987 年。下同。

十二律生成表二

9	× 2/3	× 4/3	× 2/3	× 4/3	× 2/3	× 4/3	× 4/3	× 2/3	× 4/3	× 2/3	× 4/3	× 4/3
黃鐘	林鐘	太簇	南呂	姑洗	應鐘	蕤賓	大呂	夷則	夾鐘	亡射	中呂	黃鐘

中呂生黃鐘之數之律分為：524288/531441＝0.9865。接近於 1，基本恢復黃鐘之律。〔註14〕而就《漢書‧律曆志》的陰陽相生之法來說，其結構可作如下變化：

十二律生成表三：

9	× 2/3	× 4/3	× 2/3	× 4/3	× 2/3	× 4/3	×（2×2/3）	×（1/2×4/3）	×（2×2/3）	×（1/2×4/3）	×（2×2/3）	× 4/3
黃鐘	林鐘	太簇	南呂	姑洗	應鐘	蕤賓	大呂	夷則	夾鐘	亡射	中呂	黃鐘

相對應在曆法中，也有這樣一個循環的過程：

三辰之會終數 4617 年的日數為 60 的整數倍，干支由甲子恢復為甲子，即合於斗建（十二辰）。即為「九會而復原，黃鐘初九之數也」（983 頁），完成三統的循環，回到黃鐘初九。

三辰五星的運算：需要用總週期去除鐘律生萬物：九六相生；去除三統相會之數（日月斗相會週期）；兩者相乘，即「九章歲而六之為法」（986 頁）。19×9×6＝1026，這樣可以回復初始之數。

以三辰五星相會年數 23639040（三統週期 4617 年和五星大週期 138240 的公倍數，23639040÷4617＝5120，23639040÷138240＝171）除 1026，得到 23040，23040÷2＝11520，為「陰陽各一萬一千五百二十」，以當萬物，回復為陰陽。

故此，《律曆志》所載的《三統曆》數字系統為天體運行提供了具象的數算結構。使得人法天地之道有跡可循，也更為實際。現將這些數字關係列表如下：

《易傳》	《易》算	三統	三統曆（三辰會）	三統曆（三辰五星會）	律 法	以律起曆
太極 1	大衍之數 50，去其 1。	太極元氣 1	元始 1 （1+2+3+4+5）×5 ＝50（大衍之數）；50-1 ＝49（去其一）	太極上元 1	黃鐘 1＝9	黃鐘 1＝9

〔註14〕恢復黃鐘之律，只能無限近似。漢代京房用三分損益法從仲呂繼續下變生得 60 律。宋元嘉中，太史錢樂之得 360 律，始終不能恢復黃鐘長度。

兩儀 2	49分兩處，扣除一根。	天地人 3	49×2＝98（春秋）；98×3＝294（三統）	3×3＝9（三微而成著，三著而成象）	（3×3）×（2×4）＝72（參三統兩四時之數）	9×2/3＝6（下生）
四象 22	四四分之；歸奇於扐；三變爲四種卦爻。		294×4＝1176（四時）；1176＋19＋1＝1196（歸奇於扐，閏法）；1196×2＝2392（再扐爲月法之實）；（2392/81）×235＝19×365385/1539（19年等於235個朔望月）；9＋10＝19（閏法）。	2×9＝18（二象十有八變而成卦）4×18＝72（四營而成易） 3×72＝216（乾之策）2×72＝144（坤之策）；9×72＝648（陽九九之）6×72＝432（陰六六之）；（9×72）＋（6×72）＝648＋432＝1080（陰陽各一卦）；		6×4/3＝8（上生）
八卦 23	3爻一卦	3^3	3×9＋2×10＝47（會數）3×25＋2×30＝135（朔望之會）	8×1080＝8640（八之，八卦小成）	9×19＝171；6×171＝1026。	9×6/9＝6（下生）6×12/9＝8（上生）
六十四卦 24	6爻一卦	3^9成之數	47×135＝6345（會月，天正甲子）	8×8640＝69120（引而信之，又八之）；2×69120＝138240（天地再之，五星會終，然後大成）；19×138240＝2626560（觸類而長之，五星和日月會）。	23639040（太極上元）/1026＝23040（萬物之數）；23040/2＝11520（陰陽各萬物之數）。	9×9＝81（日分）；9×171＝1539（天正，一統之數）
		$3^{10}＝3\times3^9$	3×6345（地正甲辰始6345月）	3×2626560＝7879860（與三統會）		2×1539（地正1539年）
		$3^{11}＝9\times3^9$該之積	9×6345＝57105＝4617×235/19（一元，人正甲申始6345月）	9×2626560＝23639040（復於太極上元）		3×1539＝4617（一元，人正1539年）

二、類比衍生

上古世界裡，先民對宇宙的認知是混沌而模糊的，由於缺乏科學的設備，肉眼觀測是人類瞭解自然的最初行爲。《易・繫辭下》：「古者庖犧氏之王天下也，仰則觀象於天，俯則觀法於地，觀鳥獸之文與地之宜，近取諸身，遠取諸物，於是始作八卦，以通神明之德，以類萬物之情。」所說的就是這樣一個問題。由於自然條件的限制，人類在不能進入太空，巡遊八方的現實情況下，只能通過類比的辦法來完成對宇宙自然的探測。

這種探測的原始目的在於生存。自然力的強大使人類意識到，只有順其

規律，才能成活。《易・繫辭上》：「《易》與天地準，故能彌綸天地之道。仰以觀於天文，俯以察於地理，是故知幽明之故。原始反終，故知死生之說。……與天地相似，故不違。」現代科學告訴我們，天體－地球－生物系統的演化具有自相似性，即部分與整體之間，廣泛存在著的放大對稱（dilatation symmetry）。〔註15〕這種相似性爲宇宙自然模式提供了實際驗證。《史記・孟子荀卿列傳》描述陰陽家鄒衍說：「其語閎大不經，必先驗小物，推而大之，至於無垠。」鄒衍所用的辦法就是類比。

　　《漢書・律曆志》的理論秉源於《易》，《易》的六十四卦所描述的各種現象，比喻萬物情狀。如《易・說卦》各章就以八卦比爲自然物質、自然現象、人倫、地理方位、動物等，並闡述其關係。《易・說卦》詳細列舉了這些象徵。如「乾爲天、爲圜、爲君、爲父、爲玉、爲金、爲寒、爲冰、爲大赤、爲良馬、爲老馬，爲瘠馬、爲駁馬、爲木果。」

　　《律曆志》同樣用三統及其演進方式來比擬事物，《易》算的陰陽變化加上三統之數，化生五星（3＋2＝5），對應五行。又以陰陽運行於三統之中爲八卦（2^3），對應萬物。同時以三統爲起始點，三三步進，生十二律對應天空的星區、十二月及二十四節氣。以二、三、五、八、十二爲層次，頗有次序：

　　　　「三統」即是「三正」。統是綱紀之端，故爲起始。來源於《易》。
　　《易・説卦》：「昔者聖人之作易也，將以順性命之理。是以立天之道，曰陰與陽；立地之道，曰柔與剛；立人之道，曰仁與義。」《律曆志》以之比附天地人三正，云「三統者，天施、地化、人事之紀也。」（961頁）

　　天地人順應「性命之理」，用以對應爲陽氣、陰氣和陰陽合氣。具象到律呂、八卦，也是如此：

　　　　黃鐘九寸，太陽之數，是陽律之首；林鐘六寸，太陰之數，爲陰呂之首。在八卦的排列之上，黃鐘爲乾卦第一爻，爲初九，林鐘爲坤卦第一爻，爲初六。黃鐘下生林鐘爲陽變陰，故爲夫婦，以示陽氣施種，和陰氣（土壤水分）結合，是爲「立天之道」；陰氣接受陽氣之化（風雲雨露），懷育物種，使之強大，是爲「立地之道」，也就是「乾知太始，坤作成物」。林鐘上生太族爲陰變陽，而太族爲

〔註15〕彭玉鯨《天體、地球、生物的一種自相似律——對數螺線》，《吉林地質》1999年第3期。

乾卦第二爻，所以和林鐘爲母子，以示陰陽合氣，物種生長的客觀
條件都已齊備，可以按照天地育成的規律來使各種物種有序成長，
以「令事物各得其理」，是爲「立人之道」。（961 頁）

這些變化，在天空中有日月星辰相昭示，在地面上有萬物生成爲摹形。
故曰「在天成象，在地成形」。而黃鐘、林鐘、太族相生的規律，亦可比附人
事，以構成天地人的物象類比。

（一）天 象

以天象而論，依照黃鐘、林鐘、太族的相生原則生成十二律之數，和天
空中的十二星區數相同，即「五星起其初，日月起其中，凡十二次。」（984
頁）可對應爲十二辰。天爲子，地爲丑，人爲寅，以確立曆法的三正。

1. 三 辰

相對於天體而言：陽爲天爲日；陰爲地爲月；北斗的指向可判斷日月的
位置，是人類推算天體運行規律的方法。則是「故三辰之合於三統也，日合
於天統，月合於地統，斗合於人統」。

2. 日有五色

在音律上，黃鐘爲宮，則太族、姑洗、林鐘、南呂爲五音之正。（962 頁）
《淮南子‧天文》云：「黃鐘爲宮，太蔟爲商，姑洗爲角，林鐘爲徵，南呂爲
羽。」十二律每律皆可以爲宮聲，爲「當其月自宮」（962 頁），下生五音，以
化生六十律。即《淮南子‧天文》所云：「一律而生五音，十二律而爲六十音，
因而六之，六六三十六，故三百六十音以當一歲之日。」因此，日作爲天統，
其象黃鐘，自然也就包含五色的變化：

> 天統之正，始施於子半，日萌色赤。地統受之於丑初，日肇化
> 而黃，至丑半，日牙化而白。人統受之於寅初，日孽成而黑，至寅
> 半，日生成而青。（984～985 頁）

關於日和五色的聯繫，何休認爲是由於合朔時間不同，造成對應物象的
顏色有異。《春秋公羊傳‧隱公元年》：「王正月也」何休注：「夏以斗建寅之
月爲正，平旦爲朔，法物見色尙黑；殷以斗建丑之月爲正，雞鳴爲朔，法物
牙色尙白；周以斗建子之月爲正，夜半爲朔，法物萌色尙赤。」〔註 16〕

日月每月相會的時間爲合朔，取《太初曆》每月的日數爲 $29\frac{43}{81}$ 計算，

〔註 16〕《十三經注疏‧春秋公羊傳》，北京：中華書局，1980 年。第 2196 頁。

如第一月合朔在夜半子時（0 點），第二月合朔則在中午（43/81×24≈12.74，約 12 點 44 分），第三月合朔在丑時（5/81×24≈1.48，約 1 點 29 分）。

0點	1點	2點	3點	4點	5點	6點	7點	8點	9點
子半	丑初	丑半	寅初	寅半	卯初	卯半	辰初	辰半	巳初
10點	11點	12點	13點	14點	15點	16點	17點	18點	19點
巳半	午初	午半	未初	未半	申初	申半	酉初	酉半	戌初
20點	21點	22點	23點						
戌半	亥初	亥半	子初						

第二月合朔的時間爲接近未時，未月爲林鐘之月，爲地統，可對應子半約 0 點 44 分的位置。第三月在丑時 1 點 29 分。雖然三個月的排列未如何休所說夜半、雞鳴、平旦，但總體趨勢一致。這種趨勢所遞進的不僅是十二時，也和四季十二月有關，即：子月（冬季）、丑月（未月，夏季轉秋季），寅月（春季）。

四季太陽距地球遠近不同，因此產生的輻射能量不一致。現代物理學告訴我們，太陽可見光光譜波長比較長的，能量較小。七色光譜的波長如下：

感覺爲紅色：770～622nm；橙色：622～597nm；黃色：597～577nm；綠色：577～492nm；青藍色：492～455nm；紫色：455～390nm。

子月到寅月，太陽距離地球越來越近，故其輻射能量逐步增強，它的感覺顏色呈現紅—黃—青的趨勢。黃色混合藍色爲白色，青色和黑色接近，因此產生了五色的區分，也就是四季天色的循環：紅－黃（白）－青（黑）－黃（白）－紅。

所以一年四季太陽與地球距離不同，日出的時間會有所不同，其觀測時太陽光芒反射出的天光也有異。

除此之外，四季太陽出入的方位也不相同，《淮南子·天文》云：「日多至，日出東南維，入西南維。至春、秋分，日出東中，入西中。夏至，出東北維，入西北維，至則正南。」

天統以子月爲始，冬至日太陽直射南回歸線，是北半球白天最短，夜晚最長的一天。此時地球距離太陽最遠，天色爲赤紅色，日出方位東南，入西南，也對應五色中的赤色。

地統以丑月爲始，《律曆志》云：「其於三正也，黃鐘子爲天正，林鐘未之衝丑爲地正，太族寅爲人正。三正正始，是以地正適其始紐於陽東北丑位。」

林鐘位置西南，在夏末，正對丑位東北，天色由黃轉白。日出方位東北，入西北。地統紐芽於東北，對應中央黃色，西北對應白色。

人統以寅月爲始，成於申月，天色由黑轉青。春分（卯月）之後，太陽距離地球越來越近，呈黑色，夏至（午月）之後，太陽開始遠離地球，呈現青色。日出方位由北往東移動，北對應黑色，東對應青色。

3. 五　星

三律各自爲宮，化爲五聲，日又有五色，五大行星和地球一樣做繞日運動，因此三辰和五星又構建了聯繫：「登降三統之首，周還五行之道也。故三五相包而生。」（984 頁）五星合於五行，代表了事物的五種屬性。即「水合於辰星，火合於熒惑，金合於太白，木合於歲星，土合於塡星。」五行的生克關係，又構成了五星的運行規律。《律曆志下·統母》〔註17〕描述五星運行的會合週期和恒星週期，即五星和太陽重合的週期及五星回復到起始恒星點的週期。這些週期，《律曆志》採用五行勝克之法和乾坤策數來比擬。

其方法爲：「天以一生水，地以二生火，天以三生木，地以四生金，天以五生土。五勝相乘，以生小周，以乘乾坤之策，而成大周。」（985 頁）即說天地生五行之數：水數 1，火數 2，木數 3，金數 4，土數 5。

「木金相乘爲十二，是爲歲星小周。」即木金之數相乘，$3 \times 4 = 12$。木星約 11.86 年繞天球一周。根據五行勝克之法，金克木，故木借金而成小周。「小周乘〰策，爲千七百二十八，是爲歲星歲數。」12×144（〰策，即坤策，太陰之數乘以六爻可得，即一個坤卦，$24 \times 6 = 144$）$= 1728$，是木星和太陽同時回復運行起點的大週期，即木星會合週期和恒星週期的公倍數。（詳見第三章第三節）

「金火相乘爲八，又以火乘之爲十六而小復。」即金火之數相乘，$4 \times 2 = 8$。金星距離太陽較地球爲近，故其運行速度較快，週期爲 224.7 天，約 7 個多月。五行勝克，火克金，故金借火而成。漢人測晨見爲約 9 個月，夕見約 7 個月，其均數爲 8。從地球來看，金星在日之西面，爲晨見，在日之東面，爲夕見。所以綜其兩見爲兩周，以火數 2 乘之，得 16，是爲小復。「小復乘乾策，爲三千四百五十六，是爲太白歲數。」16×216（乾策，太陽之數乘以六爻可得，即一個乾卦。$36 \times 6 = 216$。）$= 3456$，是金星會合週期和恒星週期

〔註17〕統母：中華書局 1962 年本取李銳說，認爲是「紀母」之誤。而現存所有版本皆作「統母」，故仍遵用「統母」，詳說見第四章校補。

的公倍數。

「土木相乘而合經緯爲三十，是爲鎮星小周。」即土木之數相乘，5×3＝15。木星歲過一次，可定日行（如同斗建），故爲經；土星年歷一宿（即鎮此宿，也叫鎮星），可定恒星，爲緯。倍之爲三十。土星的運行週期約爲 29.5年。據五行勝克之法，木克土，土借木而成小周。「小周乘巛策，爲四千三百二十，是爲鎮星歲數。」30×144＝4320，是土星會合週期和恒星週期的公倍數。

「火經特成，故二歲而過初，三十二過初爲六十四歲而小周。」火星獨成，即火數 2。火星運行週期爲 1.8795 年，所以二年就經過其起點。「小周乘乾策，則太陽大周，爲萬三千八百二十四歲，是爲熒惑歲數。」64×216＝13824，是火星會合週期和恒星週期的公倍數。

「水經特成，故一歲而及初，六十四及初而小復。」水星獨成，即水數 1。水星運行週期爲 87.969 日，加上隨日視運動的度數，約在一次的範圍之類（30 度，一度一日），即 115 日左右出現一次。漢人測定 9216 年 29041 見，29041/9216＝3.1511，即平均每年 3 見而接近起點。「小復乘巛策，則太陰大周，爲九千二百一十六歲，是爲辰星歲數。」64×144＝9216，是水星會合週期和恒星週期的公倍數。〔註 18〕

（二）地　形

在天，「三統」循環包括了三辰五星的運行過程。在地，「三統」則可以涵括物種的整個生長過程。

> 天施復於子，地化自丑畢於辰，人生自寅成於申。故曆數三統，
> 天以甲子，地以甲辰，人以甲申。」如淳注：「地以十二月生萬物，
> 三月乃畢。人功自正月至七月乃畢。（984～985 頁）

「三統」之制，甲子、甲辰、甲申遞次爲一統 1539 年的首日。甲子爲天，故運行十二月復得；甲辰爲地，時長爲一季（三個月，丑、寅、卯），是四季作物蓄息的代表；天地之間爲人，故其長度爲六個月（寅、卯、辰、巳、午、未）。三者之長構成公比爲 2 的等比數列（3：6：12），照應日行規律（兩至兩分白天長度之比也是等比數列），構成循環（說詳見下文觀點部份）。並且以此來對應萬物生長的三個時期：孕育期、成長期和育種期。

〔註 18〕五星小週數據，參見《漢書‧律曆志》992～997 頁。

子爲黃鐘，施種於土壤之中，合於地下水象。冬季藏伏，對物種進行孕育，這是孕育期；丑爲大呂，是孕育之初，萬物吸收養分。到辰律姑洗，陽氣洗物，使之純淨，即物象特徵明顯，進入夏季成長期。這是土壤使物種成長成熟的過程。寅爲太族，物種彙聚雨水土壤的養分，直至申律夷則，物種育種成功，進入秋季，種子將復入地下，重新開始循環。這是物種長出地面到收穫的過程，人力可以加以輔助。

故此，甲子孕育；甲辰爲成長；甲申爲成熟。周行往復而不止。《律曆志》中用十二律比擬物種十二月的演化過程，就是「地形」的具體表現：

> 「黃鐘……故陽氣施種於黃泉，孳萌萬物，爲六氣元也。……始於子，在十一月。大呂：呂，旅也，言陰大，旅助黃鐘（宮）〔宣〕氣而牙物也。位於丑，在十二月。太族：族，奏也，言陽氣大，奏地而達物也。位於寅，在正月。夾鐘，言陰夾助太族宣四方之氣而出種物也。位於卯，在二月。姑洗：洗，絜也，言陽氣洗物辜絜之也。位於辰，在三月。中呂，言微陰始起未成，著於其中旅助姑洗宣氣齊物也。位於巳，在四月。蕤賓：蕤，繼也，賓，導也，言陽始導陰氣使繼養物也。位於午，在五月。林鐘：林，君也，言陰氣受任，助蕤賓君主種物使長大楙盛也。位於未，在六月。夷則：則，法也，言陽氣正法度而使陰氣夷當傷之物也。位於申，在七月。南呂：南，任也，言陰氣旅助夷則任成萬物也。位於酉，在八月。亡射：射，厭也，言陽氣究物而使陰氣畢剝落之，終而復始，亡厭已也。位於戌，在九月。應鐘，言陰氣應亡射，該藏萬物而雜陽閡種也。位於亥，在十月。」（959～960 頁）

（三）人 事

1. 三正之象

《漢書・律曆志》云：「元典曆始曰元，傳曰：『元，善之長也。』共養三德爲善。又曰：『元。體之長也。』合三體而爲之原，故曰元。於春三月，每月書王，元之三統也。」

曆法之始爲元，有始點就可以推算曆紀，頒朔置閏，使農業政事符合季節變換，符合天地之道。以元作始，以正直、剛克、柔克三德爲善，來善養萬物。三德如天地人三體，合爲一元，使萬物生長，並按照三統的循環來完成萬物養育生成的過程。

漢人認爲，春秋改換建正（詳見第三章第二節「三正論」部份），是爲了符合天道的三統循環而爲之的。因此，以黃鐘、林鐘、太族三律爲子、丑、寅三正。而陰陽律呂的變化規律爲「律娶妻，而呂生子」（981 頁），故比附爲「陰陽夫婦母子之道也」。（980 頁）

2. 五音之象

2.1 五行、五常、五事

「三正」自爲宮聲，可以產生不同的五音。五音和「五行」、「五常」、「五事」又能對應。故云：「角爲木，五常爲仁，五事爲貌。商爲金爲義爲言，徵爲火爲禮爲視，羽爲水爲智爲聽，宮爲土爲信爲思。以君臣民事物言之，則宮爲君，商爲臣，角爲民，徵爲事，羽爲物。」（958 頁）

2.2 五數

理想的「至治之世」，天地風氣正，故所得之音也正，是萬物演變發展的正道。〔註 19〕黃鐘爲宮聲，其音最正。所以描摹萬物的面積、容積和重量的數字單位，以及曆法的基本數據，都從黃鐘的形制而來。

面積單位（度）之長起源於黃鐘長度的九十分之一；容積單位（量）起源於黃鐘管的容積，一千二百黍爲一龠；重量單位（衡）起於黃鐘管容一千二百黍的重量，爲十二銖；曆法單位起源於黃鐘的內壁面積，黃鐘長九寸，圍九分，每黍的長寬各爲一分，可排列 810 黍，總長度爲 81 寸，和《太初曆》每日 81 分（太陽每日視運動繞天球一周，一天分成八十一份，也叫終天之數）相對應。

黃鐘正音，則五聲和諧，天地之數皆爲五：數字單位取五數（個十百千萬）；面積單位取五數（分寸尺丈引）；容積單位取五數（龠合升斗斛）；重量單位取五數（銖兩斤均石）。

在生活中，計量物體的主要手段是秤杆和秤砣（衡權）、圓規方尺（規矩）以及水平直角儀（繩）五種用具。使用「度量衡」三種單位，來描述物體的物理性質，對人類使用萬物進行控制，制定標準，故云「五則」。即「五則揆物，有輕重圓方平直陰陽之義。」（971 頁）

2.3 五方四時

黃鐘色黃，故爲土，爲中央。即「宮，中也，居中央，暢四方。」故又

〔註 19〕參見《漢書・律曆志》959 頁。

比於「五方」。四方各據一個季節，中央四季皆據，則可比爲「四季」。「四時」各有其特性，又可以附於「五則」（權衡矩規繩），因五聲之道而和「五常五事」建立關係，互相配合。

> 「以陰陽言之，大陰者，北方。北，伏也，陽氣伏於下，於時爲冬。冬，終也，物終臧，乃可稱。水潤下。知者謀，謀者重，故爲權也。大陽者，南方。南，任也，陽氣任養物，於時爲夏。夏，假也，物假大，乃宣平。火炎上。禮者齊，齊者平，故爲衡也。少陰者，西方。西，遷也，陰氣遷落物，於時爲秋。秋，戮也，物戮斂，乃成孰。金從革，改更也。義者成，成者方，故爲矩也。少陽者，東方。東，動也，陽氣動物，於時爲春。春，蠢也，物蠢生，乃動運。木曲直。仁者生，生者圜，故爲規也。中央者，陰陽之內，四方之中，經緯通達，乃能端直，於時爲四季。土稼嗇蕃息。信者誠，誠者直，故爲繩也。」（971 頁）

3. 八卦之象

《律曆志》云：「人者，繼天順地，序氣成物，統八卦，調八風，理八政，正八節，諧八音，舞八佾，監八方，被八荒，以終天地之功，故八八六十四。」（963 頁）太族圍八分，長八寸，是黃鐘由陽而陰，再由陰轉陽的結果，故爲人正，人法天則地，推測萬物情狀，《律曆志》爲其取象八卦。

《淮南子‧天文》云「物以三成，音以五立，三與五如八，故卵生者八竅。律之初生也，寫鳳之音，故音以八生。」天地人三統各中一律，每律爲宮聲，又各成五音。兩者相結合爲八，而黃鐘、林鐘、太簇三律的間隔也是爲八（按照 12 律的位置，黃鐘第 1，林鐘第 7，太族第 3，間隔均爲 8），和鳳凰八竅相合，符合音律和諧之道，《律曆志》稱之爲：「自黃鐘始而左旋，八八爲伍」。（965 頁）可見，三正五音十二律中暗合了八的意象。

八卦象徵廣泛：自然物侯的八風（八方來風或八種季候風，可主水旱災害）、八節（四季的初始及繁盛之時）、八音（八種自然物質所發出的聲音）；地理方位的八方（八個方位）、八荒（八方極遠之地）；人事制度的八政（國家施政的八個方面）、八佾（天子用的樂舞方隊，縱橫皆八人，共六十四人）。人功就是遵照自然規律，對天地人的具體情況進行調整和管理，使萬物依照陰陽之氣的變化次序而得以順利成長。

4. 十二辰之象

三統由子正起始，至寅正結束，其週期爲 9，每周爲成之數 3^9。故此，以子起數，歷十二辰之數成就萬物，並得以往復循環。這樣，十二就是人事制定的大數。《律曆志》引《春秋左傳‧哀公七年》云：「制禮，上物不過十二，天之大數也。」〔註 20〕因此，在數算的過程中，以 1 開始，用 3 爲公比，擴大 11 次，天地之道就完備了，人就能夠仿效使用。故云：「十一而天地之道畢，言終而復始」。（981 頁）

掌握自然和人之間的關係和規律，就可以領導人民，順天定命。就是說：「后以裁成天地之道，輔相天地之宜，以左右民。」（《易‧泰卦‧象辭》）這裡的天地之道，所指的應當是農作物成長的各種因素。農業社會中，農作物的種植是國家的根本，也是生存的必要條件。西漢強大的社會經濟來自於發達的農業。劉歆重視萬物育成，以此爲據，上推天體運行規律，下行農作物的生長時節，推定曆法，可以順應節氣，發展農業，是具有現實意義的。

《漢書‧律曆志》物象類比表

	天		地		人
	日		月		斗
天象	子半	丑初	丑半	寅初	寅半
	赤	黃	白	黑	青
	火星	土星	金星	水星	木星
	星紀 玄枵 諏訾 降婁		大梁 實沈 鶉首 鶉尾		壽星 大火 析木

	黃鐘				林鐘				太族			
	子				丑				寅			
地形	子	丑	寅	卯	辰	巳	午	未	申	酉	戌	亥
	黃鐘	大呂	太族	夾鐘	姑洗	中呂	蕤賓	林鐘	夷則	南呂	亡射	應鐘
	十二	十一	正月	二月	三月	四月	五月	六月	七月	八月	九月	十月

〔註 20〕此句中華書局本斷句爲「制禮上物，不過十二，天之大數也。」這裡指依照周制之禮法，祭祀上供用物不能超過十二，當從楊伯峻《春秋左傳注》標點，北京：中華書局，1981。1641 頁。

人事	夫		婦（母）	子	
	土	火	金	水	木
	宮	徵	商	羽	角
	信	禮	義	智	仁
	思	視	言	聰	貌
	個	十	百	千	萬
	分 寸 尺 丈 引	龠 合 升 斗 斛	銖 兩 斤 均 石		
	繩	衡	矩	權	規
	中央	南	西	北	東
	中央四季	夏	秋	冬	春
	八卦				
	八風 八節	八音	八方 八荒	八政	八佾

第三節　《漢書‧律曆志》宇宙觀要義

劉歆上秉於《易》，以「三才」爲「三統」，來說明天地之道；下用春秋，順天時而定命；形成他認識觀的主要脈絡。

《易‧序卦》排列了六十四卦的邏輯順序：天地養育萬物，萬物成，萬物有陰陽兩性，所謂「陰陽各萬一千五百二十，當萬物氣體之數，天下之能事畢矣。」（986頁）以這樣構成循環，世代往復。人亦如是，故遵守自然法則（陰陽）而先有男女，有男女而組建家庭，才有夫婦，父子。父子之道擴大，則君爲民之父，則有君臣。父子爲先後，君臣爲上下，制定禮儀來規範這些關係。是爲「有天地，然後有萬物，有萬物，然後有男女；有男女，然後有夫婦；有夫婦，然後有父子；有父子然後有君臣；有君臣，然後有上下；有上下，然後禮義有所錯。」（《易‧序卦》）

天地有道，人效法之，並且制定制度來規範人的行爲，以求順天理，而使人穩定有序的執行天道。《漢書‧律曆志》引《春秋左傳‧成公十三年》云：「民受天地之中以生，所謂命也。是故有禮誼動作威儀之則以定命也。能者養以之福，不能者敗以取禍。」（979頁）不遵從天道，只能自取其禍。

因而，掌握自然的規律，趨利避害，就成爲古人推究宇宙起源的樸素動機。對於自然宇宙的探知，是建立在先民對天體、萬物長期觀測，並能客觀反映的基礎之上的，在遼寧省建平縣牛河梁發現的紅山文化晚期遺跡（距今

約 5000 年前）的三環石壇，就是先民對二分二至日長的客觀認識，三環直徑之比爲 $\sqrt{2}$ 的等比數列（內環直徑 11 米，中環直徑 15.6 米，外環直徑 22 米），見下圖（引自馮時《星漢流年——中國天文考古錄》217 頁）。當中環（春秋分）被弧形的黃道圈平分時，則內環（夏至）被切分的弧度之比是外環（冬至）被切分弧度之比的倒數。即確定了晝夜平分和晝夜長度的極限問題。〔註21〕三環的比例顯然是先民根據天象觀測，運用數學方式測繪而成的。

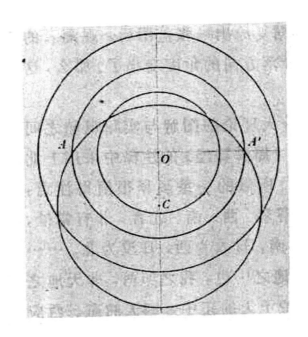

故此，《律曆志》引《左傳·僖公十五年》韓簡之言：「傳曰：『龜，象也。筮，數也。物生而後有象，象而後有滋，滋而後有數。』」即萬物生成即有表徵，有表徵則滋生繁多，面對如此繁多的現象，只能用數來計量。藉以立法度，明準則。在此基礎上，產生音律，度量衡及曆法。由此，劉歆將宇宙發生論數字化，形成了以太極元氣爲核心的宇宙數字論。

《史記·律書》說：「神生於無，形成於有，形然後數，形而成聲。故曰神使氣，氣就形。形理如類有可類。或未形而未類，或同形而同類，類而可班，類而可識。聖人知天地識之別，故從有以至未有，以得細若氣，微若

〔註21〕馮時《星漢流年——中國天文考古錄》，成都：四川教育出版社，1996 年。第 213～215 頁。

聲。然聖人因神而存之，雖妙必效情，核其華，道者明矣。」

宇宙的變化外有形狀表徵，內有精氣運行，物象是宇宙變化的具體反映，分爲外部表徵和內部構成。有外部表徵就可以描摹，有內部構成就有精氣流轉而成聲，聖人依據這些有形的變化來追尋事物的本質規律。

這些有形的變化最微細者，就如陰陽之氣，在農業社會中，體現爲節氣變化。古人用律管的發聲來對應二十四氣。《淮南子・天文》有云「日冬至，音比林鐘，浸以濁。日夏至，音比黃鐘，浸以清。以十二律應二十四時之變。」

其後，還採用候氣之法來掌握其規律，《後漢書・律曆上》記有：「候氣之法，爲室三重，戶閉，塗釁必周，密布緹縵。室中以木爲案，每律各一，內庳外高，從其方位，加律其上，以葭莩灰抑其內端，案曆而候之。氣至者灰動。其爲氣所動者其灰散，人及風所動者其灰聚。殿中候，用玉律十二。惟二至乃候靈臺，用竹律六十。候日如其曆。」不同長度的律管放在不同的方位，在相應的節氣，就可以感應地氣而使灰動，藉以察知天地氣流的微妙變動。因此，律管制度成爲探知這些變化的基礎，而其變化以「三分損益法」爲規則。

故此，《史記・律書》說：「數始於一，終於十，成於三。」數字無一就沒有開始，不能計算，以十進制來遞進累加，故終於十。天地之氣的變化用律管之聲來感應，律管的變化用數字三來描述，是天地變化的基本規則（天數1＋地數2＝3），可以用來構建循環。劉歆設太極元氣爲端始，涵括天地人三統（1：3：9 的等比數列），以天地的最基本規律（太陽的視運動，即三環石壇反映的二至二分）爲循環起始點，相較於《老子》之「道」，《易》之「太極」，更爲具體。

張岱年《論〈易大傳〉的著作年代與哲學思想》一文中提到：

> 「老子最先提出了『道』的範疇，認爲道『先天地生』、『可以爲天下母』，又說：『吾不知其名，字之曰道，強爲之名曰大。』這個大字應讀爲太。……太極之太是從老子所謂太來的，而添上一個極字，創立了另一個最高範疇。莊子則認爲太極只相當於『道生一』之一，道還是在太極之先。」〔註22〕

老子強調「本然」，即「道法自然」，其性質爲大，序在天地之前，不可

〔註22〕《張岱年學術論著自選集》，北京：首都師範大學出版社，1993 年，第 326～327 頁。

描述。如一經描述，即「道可道」，就不是「常道」了。可說的「道」不過是「本然」的一個外殼，即「大」的具體化。

莊子認爲「道」是先於天地之前的，《莊子‧大宗師》云：「夫道有情有信，無爲無形；可傳而不可授，可得而不可見；自本自根，未有天地，自古以固存；神鬼神帝，生天生地；在太極之先而不爲高，在六極之下而不爲深，先天地生而不爲久，長於上古而不爲老。」在宇宙發生論的序列中，「道」高於「太極」，但並不是常人所想像的時間或空間的先後短長，而是無所謂始終，蘊含在一切事物的變化之中。

在《易傳》之中的「道」不是老莊所指的「常道」，而是「可道」之道，其位序在「太極」之下。《易‧繫辭上》說：「一陰一陽之謂道。」張岱年也說：「道的內容是一陰一陽，有陰有陽才有所謂道；陰陽未分的統一體『太極』應比道更爲根本。所以，在《易大傳》的理論體系中，最高範疇應該是『易』是『太極』，其次才是道。」〔註23〕

反映在數字上：《老子》之道無數，可看作零；《易傳》太極爲一，道爲二。道從無所見的零，變化爲有所見的二。是無形到有形的體現。在老子看來，萬物的形體，是陰陽相合而有氣，因氣而有其實質。故云：「萬物負陰而抱陽，沖氣以爲和。」（《道德經》四十二章）這些實體是道的外在表現，體現了道的自然本質，即「道常無名，樸。……天地相合，以降甘露，民莫之令而自均。」（《道德經》三十二章）也就是《易傳》中的「道」。

「道」的傳遞如老子所言：「人法地，地法天，天法道，道法自然。」（《道德經》第二十五章）而其認知過程是歸納有形之物的特徵，找出事物發展演變的實質。如《史記‧律書》所記：「聖人知天地識之別，故從有以至未有，以得細若氣，微若聲。然聖人因神而存之，雖妙必效情，核其華，道者明矣。」《易傳》以天地陰陽爲道，人效法天地而明道，如《易‧序卦傳》所說：「有天地，然後萬物生焉。」將「道」遞傳一步，從渺不可知的宇宙本原傳遞到可以察見的天地風氣的流轉，以天地之法爲物象之最大，即「法象莫大乎天地」。（《易‧繫辭下》第十一章）

劉歆承襲《易傳》，強調人效法天地來掌握自然的規律，使用天地人合一的太極元氣爲元始，故云：「三統合於一元」。人生於天地之間，故能「繼天

〔註23〕《張岱年學術論著自選集》第 334～335 頁。

順地，序氣成物。……《書》曰：『天功人其代之』天兼地，人則天，……『唯天爲大，唯堯則之』之象也。」（963 頁）天包含地而養成萬物，人效法天地則能代其天功，三者渾圓爲一，成爲新的起始，是爲「太極元氣，函三爲一。極，中也。元，始也。……此陰陽合德，氣鐘於子，化生萬物者也。」（964頁）使太極元氣始於一，而成於三。

太極元氣的特點，一是大，二是中，三是始。其本質爲氣，即天地間的日月光芒，風雨雲霧這樣的流動氣息。這些特點構成了《律曆志》的主要內容：

一、宇宙循環太始論

一分爲二，是「天兼地」。「天之數始於一」，「地之數始於二」，因此，天地之合爲三。〔註 24〕太極元氣是一個以三爲公比的等比數列體系（參見構成途徑節之數字關係部份），建立在太陽視運行規律的基礎之上，即三統以日爲起始，推及月和斗建。這一模式，不但反映在上文所提到的三環石壇遺跡之上，在文獻中也有記錄。《周髀算經》卷上之三記載了一個「七衡六間圖」（見下圖，引自陸思賢、李迪《天文考古通論》第 35 頁〔註 25〕）即構建七個同心圓（七衡），圓與圓之間形成六個空間（六間），每個空間的間距相等，是一個等差數列（300 步爲一里，左右各差 19833 里 100 步，合計公差爲 39666 里 200 步，具體數據見下文所引）。而第一衡（內衡，夏至）和第四衡（中衡，春秋分）及第七衡（外衡，冬至）又呈現近似等比關係（外衡爲內衡的 2 倍，中衡爲內衡的 1.5 倍）〔註 26〕。即所謂：「內一衡徑二十三萬八千里，周七十一萬四千里。……次二衡徑二十七萬七千六百六十六里二百步，周八十三萬三千里。……次三衡徑三十一萬七千三百三十三里一百步，周九十五萬二千里。……次四衡徑三十五萬七千里，周一百七萬一千里。……次五衡徑三十九萬六千六百六十六里二百步，周一百一十九萬里。……次六衡徑四十三萬六千三百三十三里一百步，周一百三十萬九千里。……次七衡徑四十七萬六千里，周一百四十二萬八千里。」〔註 27〕

〔註 24〕 參見《漢書‧律曆志》第 963 頁。
〔註 25〕 陸思賢、李迪《天文考古通論》，北京：紫禁城出版社，2000 年。第 35 頁。
〔註 26〕 七衡圖外、中、內三衡之間的比率爲 1:1.5:2，並不如三環石壇是一個標準的等比數列，但是其外衡和內衡之比和三環石壇相同，故其總體模型類近。
〔註 27〕 《周髀算經》卷上之三，文淵閣四庫全書本 786 冊。

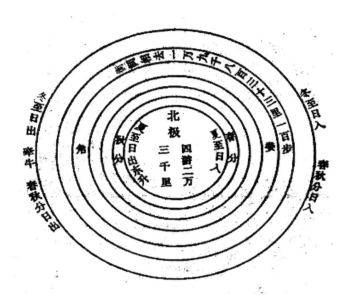

由此可知，太極元氣函三爲一的模型也是日軌道運行的一種反映。所以取前三辰構成日軌道周循環，即一化爲三，三三而九，等於律管中黃鐘的長度，成爲十二律中最長者。再依照三分損益法，依次變化十二律，最終回復黃鐘之長。通過十二律和二十四氣的對應關係，再次映射太陽視運動規律。如下圖所示：

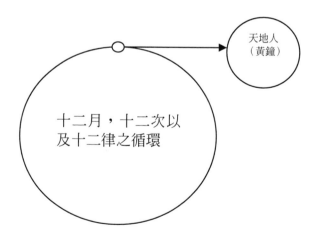

擴大這一模式，即由日運行週期會同月運行週期，以象徵天地（19 年 7 閏）；同時以北斗指向的星區，來確定日月的位置，說明人對天地日月的認識。以之協成三統，每統所行總週期相同（即日行、月行、斗建三者均以日運行軌道爲觀測計量標準），各成萬物之數，爲成之數 3^9，是爲「九會而復

元」（983 頁），是三統依次排列，周行十二辰的大循環體系，即：

黃鐘爲始，經歷十二辰，以生萬物，其數爲 $3^2 \times 3^9 = 3^{11}$，是爲「十一而天地之道畢，言終而復始。」（981 頁）

因此，太極元氣以日行軌道爲核心，是計時的基礎；配以月行，是農事管理的開端；加以斗建，是空間的定位。籠括時空，掌握天象，以定農業生產和人事變更。三者構成的宇宙空間，是萬物衍生的循環核心，故謂之「大」。

二、宇宙循環中心論

《三統曆》以天地人各爲一統的起始，迭相更始，組成一元，在天象推演上應合日月辰的運行週期，人事上以夏商周三代爲比附，形成對應。所謂：「三代各據一統，明三統常合，而迭爲首。」（984 頁）作爲宇宙循環中心的太極元氣，不僅其本身爲宇宙的中心，它的組成要素也具備時間和空間上中心的特性。

（一）天之中

天空中日月五星運行的軌道，用二十八宿來標示，劃分爲十二次。觀測者觀測星體的運行，所描畫的星圖，是一個大圓圈，所有的星宿都排列在圓圈之上。而星體的運動，也是在這個圓圈之上完成的。故此，必須先確定圓圈的中心，以觀測者爲中心，則星體作繞地球視運動；以北天極爲中心，則恒星相對北極做繞極視運動。以此作爲參照，用來判斷日月五星的運動情況。在觀測者的角度，則天極在北，所需要觀測的星體處在南天的正中。太陽在觀測者和南天之間作周年視運動，立表觀測正午日影，夏至最接近觀測者，故日影最短。冬至最遠離觀測者，故日影最長。一年中，兩個日影長相等，晝夜時刻相同的日子，則是春分和秋分。

那麼，隨著太陽的運動，四季呈現明顯的變化，太陽距離觀測者最近和最遠的時候，易於感知和測定。由於冬夏至是兩極變化，只能在冬夏季的中間，名之爲中氣。以此爲中點，兩向延伸，得到代表這一季節的起點和終結，就成爲節氣。細緻劃分下去，就使十二月各有中氣和節氣。

但是由於日月運行速度不同，從同一起點出發，並不能在完成各自的運行後同時回復到起點。因此兩者的運行週期不能完全吻合。將日軌道劃分爲 12 份，來和 12 個月對應，每部份都比月的長度要長（太陽軌道的 12 分爲約 30 天半，月行每月長度爲約 29 天半），這樣造成中氣日在每月的記日中逐漸

移動，直到掉出本月。故此，在中氣快要行出本月之前，加置閏月（日月的誤差接近一個月的天數，就加一個月來補足），使下月中氣仍舊在下月之內，以保證每個月都有一個中氣。相對於每個月的範圍來說，中氣總在一月之內，是維持週期運行的中心。這就是《律曆志》所說的：「時所以記啓閉也，月所以記分至也。啓閉者，節也。分至者，中也。」（983 頁）也是曆法推演的基本結構。

基於這種空間觀測模式及時間變動原則，在空間上，觀測者以日運行到天空的中點爲起始點；在時間上就表現爲日中或夜半。《周髀算經‧卷上之二》描述日行軌道的直徑即云：「南至夏至之日中，北至冬至之夜半」。對於日運行週期，就取其所在星次的中點爲起始。即《律曆志》所云：「五星起其初，日月起其中。」（984 頁）

（二）地之中

對於地的描述，離不開土壤。在時間上，土地讓植物生長繁茂，在夏季之末（未月，季夏），承接仲夏（夏至）而來,處在四季的當中。《律曆志》說：「六月，坤之初六，陰氣受任於太陽，繼養化柔，萬物生長，楙之於未，令種剛強大，故林鐘爲地統。」（961 頁）不僅如此，由於「土稼穡蕃息」，涵括了四季植物的生長演變過程，也在中心統領的地位，故「於時爲四季」。（971 頁）

天地陰陽之氣化合，形成地球空間，人類觀測自然，都從自己腳下出發，向四面八方行走。所履之處，莫不是土地。故云：「中央者，陰陽之內，四方之中。」（971 頁）因此，地爲土爲中央。

（三）人之中

天兼地行，月行週期需和日行週期取得一致，其計量單位是本於日行狀況的。如《太初曆》中，日行 81 分，月行 $29^{43}/_{81}$ 日，故月法之實爲 2392 分（$29^{43}/_{81} \times 81$），都是以日分數爲基數的。人法天地，其根本是效法於天。故人亦屬陽，是天道的具體反映，和天地構成一個回環系統，性質相同。

黃鐘爲陽，爲天，數爲九，在子月。林鐘爲陰，爲地，數爲六，在未月。太族爲陽，爲人，其數爲八，在正月。律呂陰陽轉換的次序中，黃鐘到林鐘間距爲八辰，林鐘到太族間距也是八辰，皆以八爲率。即：「陰陽相生，自黃鐘始而左旋，八八爲伍。」（965 頁）八是人之數，代表陰陽兩氣互相轉換的

具體過程，如同天地產生萬物，有萬物育養人類。故人在天地所形成的空間中生存，受天地中和之氣孕育成長，劉歆引《左傳・成公十三年》周大夫劉康公之言云：「民受天地之中以生，所謂命也」。（979 頁）並仿效天地之情，繁衍生殖。即：「律娶妻，而呂生子，天地之情也。」（981 頁）。

在時間上，「夫曆春秋者，天時也。……故列十二公二百四十二年之事，以陰陽之中制其禮。」通過對日運行規律的觀測，結合萬物的生長週期：「春爲陽中，萬物以生；秋爲陰中，萬物以成」，統一日月運行週期（上文置閏之法，日行於月之中），藉此產生曆法，得以推日紀年，才能有序地安排人事，制定禮法，並關係到人事的興替。故云：「是以事舉其中，禮取其和，曆數以閏正天地之中，以作事厚生，皆所以定命也。《易》金火相革之卦曰：『湯武革命，順乎天而應乎人』又曰：『治曆明時』，所以和人道也。」（皆見於 979 頁）

（四）天地人三中的聯繫

1. 時間序列

萬物的生長以四時爲階段，四時以日行軌道四分爲中點，以此分二十四節氣，分屬十二月，天之氣中和地之土壤，以十二月爲階段，養育萬物。故此，天行在日，地行在月。月亮是地球的衛星，繞地球公轉的長度爲 27.32 天（恒星月），而且由於月行軌道和日行軌道存在約 5° 的夾角，故回到兩者軌道相交點的週期比公轉週期還要短，約 27.21 天（交點月）。

同時，地球繞日公轉，帶動月亮運動，所以當地球、月亮、太陽回復連成一線的狀態，需要 29.53 天（朔望月）。交點月和朔望月的差值爲 2.32 天，12 個月後，差值會達到 27.84 天，超過一個恒星月之數。《漢書・律曆志》相較《史記・曆書・曆術甲子篇》，考察了日月交食週期。這個週期是相對於太陽和月亮而言的，建立在交點月（《三統曆》實際使用和觀測的應是恒星月，兩者密近）的基礎之上。

因此，三年 36 個朔望月的長度約等於 39 個恒星月。故此，以日爲序，從第 1 月子月始，經歷三統，第 37 月回復爲天。以月爲序，從第 2 月丑月始，歷三統，第 38 月回復爲地。以辰爲序，從第 3 月寅月始，歷三統，第 39 月回復爲人。故天地人循環的開始各差一個月，天從子月始，地從丑月始，人從寅月始。

　　天之中爲冬至所在月，以子月爲始。地之行以月爲綱，取其初端，則以丑月爲始。《律曆志》云：「大呂：呂，旅也，言陰大，旅助黃鐘宣氣而牙物也，位於丑，在十二月」即是。（959 頁）因而，以中氣之始冬至爲始（十一月），以中氣之中夏至爲中（五月）。以地之初爲始爲十二月，地之中爲中爲六月。人之中復得陽氣而生，爲陽之大，以寅月（正月）爲中，得四季之正（孟春），以申月（七月）爲成（孟秋），《律曆志》云：「太族：族，奏也。言陽氣大，奏地而達物也，位於寅，在正月。」（959 頁）又云「人生自寅成於申」（985 頁）。其關係如下圖所示：

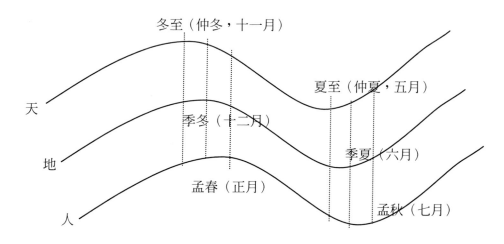

　　觀測天之中，才知道日行的始點。從而知道萬物種育的開始，確定四季的分野。天之中（冬至）和地之中（六月）交錯構成日月運行的大週期，孕育萬物的生長。天地構成的空間即是人生活的區域，故人秉天地之氣而生，以孟春爲起始點，參與萬物的生長過程，安排人事。《律曆志》云：

　　　　三統者，天施，地化，人事之紀也。十一月，乾之初九，陽氣伏於地下，始著爲一，萬物萌動，鐘於太陰，故黃鐘爲天統，律長九寸。九者，所以究極中和，爲萬物元也。易曰：「立天之道，曰陰與陽。」六月，坤之初六，陰氣受任於太陽，繼養化柔，萬物生長，楙之於未，令種剛彊大，故林鐘爲地統，律長六寸。六者，所以含陽之施，楙之於六合之內，令剛柔有體也。「立地之道，曰柔與剛。」『乾知太始，坤作成物。』正月，乾之九三，萬物棣通，族出於寅，人奉而成之，仁以養之，義以行之，令事物各得其理。寅，木也，

爲仁；其聲，商也，爲義。故太族爲人統，律長八寸，象八卦，宓
戲氏之所以順天地、通神明、類萬物之情也。「立人之道，曰仁與義。」
師古曰：「在天成象，在地成形。」「后以裁成天地之道，輔相天地
之宜，以左右民。」此三律之謂矣，是爲三統。（961 頁）

天地陰陽二氣合於物種之內，藏於土壤之中，是上一個循環的結果，故
其數爲九，是陽之最大數，種子在地底孕育，由萌芽弱小到強大成熟，從柔
至剛，作物強大茂盛，花葉繁多，在地之中時，陰氣承陽氣之至，萬物即將
育成。人掌握規律，按照天時（仁），遵從規律（義）養育萌發的種芽，使萬
物得以按照自然規律成長。帝王掌握天時，觀測自然界，遵從規律，安排人
事，就可以統治人民。以天地人三中組成循環，組成太極元氣之中，含三律，
並三統。

2. 空間序列

古人觀測的宇宙空間，如同一個大的圓球，天球的中心點在北極，二十
八宿環繞北極，列於黃道帶之中，分爲十二次。〔註28〕「三統論」是天地萬
物生生不息，無限循環的規則。其應用不僅僅停留在平面上，也反映在立體
世界中：

中國處於北半球，其自轉軸的北端總是指向天球北極，在恒星的視運動
過程中（地球公轉和自轉造成的），北極是相對不運動的，可以作爲中心點。
古代星相學家的觀測中心在今黃河中下游一帶，約在北緯 36°，在天文學上，
凡是赤緯（類似地球緯度，是緯度在天球上的投影）大於 54°（90°－36°）
的天體，其圓周運動總是在地平圈上方,從而晝夜都能看得到。在這一區域內
的恒星是終年常見的，所以稱爲「恒顯圈」。北斗星處於「恒顯圈」中，且在
北極附近，極爲明亮，易於辨識，並繞北極作圓周視運動。二十八宿並不出
現在恒顯圈，依照四季的時間序列出現在夜半南天正中，即西方七宿（春）、
北方七宿（夏）、東方七宿（秋）、南方七宿（冬）。地球自轉造成北斗星的斗
柄四季指向不同，《鶡冠子・環流》云：「斗柄東指，天下皆春；斗柄南指，
天下皆夏；斗柄西指，天下皆秋；斗柄北指，天下皆冬。」因此以北斗爲中

〔註28〕二十八宿的具體位置並不完全和黃道吻合，也不同於赤道。馮時認爲定立二
十八宿的時期，古人還沒有明確的黃赤道概念，主要從其觀測角度出發，其
位置及中星也有逐步調整的過程。參見馮時《星漢流年——中國天文考古
錄》，第 116～119 頁。

心，四時十二月配合四方十二次圍繞北斗，構成一個圓圈，每月北斗所指的位置為日行所在的位置，依次移動，對應十二辰，藉以確立十二月的正確運行，叫做斗建。

就此來看，北天極為天球之中，日行於天；月繞地球而行，地球繞日運行軌道即黃道。故黃道中心為地之中。北斗之首上指北極（斗端二星「天璇」和「天樞」的連線，向北延長 5 倍多，可找到北極星），其柄下指十二次，以確定十二月。《律曆志》將北斗比作在天之權衡，有云：「衡權者，衡，平也，權，重也，衡所以任權而均物平輕重也。其道如底，以見準之正，繩之直，左旋見規，右折見矩。其在天也，佐助旋機，斟酌建指，以齊七政，故曰玉衡。」（969 頁）左旋為球冠如天蓋，右折如矩尺為地方，以正九州（詳見下文天圓地方論）。故斗在天地之間，為人之中（黃道和赤道的夾角為 23 度 26 分，北斗最低一顆星赤緯在 51 度，距北極點 39 度，故三者的中心排列仍為天地人的序列）。是為「日合於天統，月合於地統，斗合於人統。」

將這種模式應用在地面之上，即中央四方之象。運用到人事，則為臣民拱衛君王之象。《史記‧天官書》所云：「斗為帝車，運於中央，臨制四鄉，分陰陽，建四時，均五行，移節度，定諸紀，皆繫於斗。」

（五）太極元氣之中

天地人三者合為太極元氣，以黃鐘為象。《律曆志》提到：「三統合於一元，故因元一而九三之為法，十一三之為實，實如法得一，黃鐘初九，律之首，陽之變也。」太極元氣並三統為一元，十一三之（3^{11}）成萬物，每統各據九三（3^9），且含三為一，三統相加為黃鐘之長（3＋3＋3＝9），又歸為一元之數。

黃為中之色，鐘為種也，《律曆志》云：「黃鐘：黃者，中之色，君之服也；鐘者，種也。天之中數五，五為聲，聲上宮，五聲莫大焉。地之中數六，六為律，律有形有色，色上黃，五色莫盛焉。」（959頁）

律長以黃鐘為首，萬物以種子為端始。黃鐘之色為五色之首，且為土色，為君服，是君王之象，是四方土地之中。其律切中宮聲，是五聲之中。即「宮，中也，居中央，暢四方，唱始施生，為四聲綱也。……宮為土為信為思，以君臣民事物言之，則宮為君」（958 頁）故此，黃鐘在時空上都處於中央地位。

1. 時間序列

在時序上，黃鐘之長上承三統，下生律呂，以黃鐘（子）爲一，所餘十一辰，每辰乘三，累積以成萬物之數，所以稱爲「究極中和，爲萬物元」（961 頁）。十一是天地中數之和，是五聲登降六虛（六爻）之象，比附聲律的陰陽變化，應和天地氣流的運動。故云「天之中數五，地之中數六，而二者爲合。六爲虛，五爲聲，周流於六虛。」（964 頁）

律長的十二辰變化對應日行二十四節氣，月行十二月，描述了萬物的生長週期：「故孳萌於子，紐牙於丑，引達於寅，冒茆於卯，振美於辰，已盛於巳，咢布於午，昧薆於未，申堅於申，留孰於酉，畢入於戌，該閡於亥。」（964 頁）

2. 空間序列

黃鐘爲宮聲，其色爲黃，是土色，在空間上居於中央。《史記·律書》云：

> 廣莫風居北方。……十一月也，律中黃鐘。黃鐘者，陽氣踵黃泉而出也。其於十二子爲子。子者，滋也；滋者，言萬物滋於下也。其於十母爲壬癸。

> 明庶風居東方。……二月也，律中夾鐘。夾鐘者，言陰陽相夾廁也。其於十二子爲卯。卯之爲言茂也，言萬物茂也。其於十母爲甲乙。

> 景風居南方。……其於十二子爲午。午者，陰陽交，故曰午。其於十母爲丙丁。

> 閶闔風居西方。……言陽氣道萬物，闔黃泉也。其於十母爲庚辛。

甲乙爲東方，丙丁爲南方，庚辛爲西方，壬癸爲北方。在天空中，黃鐘爲子律，屬北，在北天極之位，是天球之中。行之於地面，則音中宮聲，又是地之中央，《律曆志》將之描述爲另一種萬物生長模式：「出甲於甲，奮軋於乙，明炳於丙，大盛於丁，豐楙於戊，理紀於己，斂更於庚，悉新於辛，懷任於壬，陳揆於癸。」（964～965 頁）戊己處在中央，是萬物繁茂之時，正是地之中的體現。

人行天地之道，用黃鐘之管來調律曆：「制十二筩以聽鳳之鳴，其雄鳴爲六，雌鳴亦六，比黃鐘之宮，而皆可以生之，是爲律本。至治之世，天地之氣合以生風；天地之風氣正，十二律定。」（959 頁）用以合樂制禮，調定人

事。此後「律呂唱和，以育成生化，歌奏用焉。指顧取象，然後陰陽萬物靡不條鬯該成。」（965頁）是謂之「中」。

三、宇宙循環中始論

《道德經》云：「周行而不怠」（25章）。《呂氏春秋‧圜道》亦說：「日夜一周，圜道也。月躔二十八宿，軫與角屬，圜道也。精行四時，一上一下各與遇，圜道也。物動則萌，萌而生，生而長，長而大，大而成，成乃衰，衰乃殺，殺乃藏，圜道也。雲氣西行，云云然冬夏不輟；水泉東流，日夜不休；上不竭，下不滿；小為大，重為輕；圜道也。……莫知其原，莫知其端，莫知其始，莫知其終，而萬物以為宗。」天地萬物循環運轉，沒有終極和間歇，很難劃一條線或一個點來決定其起始。

我們所確定的起點和終點，在時空之上都是一個階段，是宏微觀世界的相對概念。這一點，古人很早認識。《莊子‧天下》引惠施之言說：「天與地卑，山與澤平。」《釋文》：「以地比天，則地卑於天，若宇宙之高，則天地皆卑。」天和地的距離放之於廣漠宇宙中，差別可以忽略不計，而對於地球而言，卻有著很大空間。因此，在一個微小的點中，仍然可以細分為無數個更小的單位點。如《漢書‧律曆志》：「空積忽微」孟康注：「空積，若鄭氏分一寸為數千。」說的也是這個道理。

因此一個週期的開始和結束，也只能用階段來標示，即將一個週期按照一定的單位來均分，每個單位就成為一個階段。對每個階段進行編號，用以計量。每個週期同樣成為一個均分單位，構成更大的一個週期。如此循環往復，構成宇宙體系的計量系統。其理想狀態為等量合併，即：「一為一分，十分為寸，十寸為尺，十尺為丈，十丈為引」（966頁）。但現實情況往往複雜，就必須通過多種劃分法進行組合。如十二銖為一龠，兩龠為兩，十六兩為斤，三十斤為鈞，四均為石。這些單位之間可以互相轉換：二十四銖為兩（二十四氣），三百八十四銖為斤（《易》64卦，每卦6爻），一萬一千五百二十銖為鈞（萬物象），四萬六千八百銖為石（萬物歷經四時象）。十六兩為斤（四方各有四時之數），四百八十兩為鈞（六十甲子周行八節），一千九百二十兩為石（384爻的一半為192，故象陰陽）。三十斤為鈞（一月30天），一百二十均為石（一年12月）。〔註29〕這些轉化，為萬物形制的測量、天

〔註29〕參見《漢書‧律曆志》969～970頁。

體運行的推算冠上陰陽變動之名，使得繁複變化的世界被數字統一起來。

「三統論」同樣基於這樣一種認知：以三統週期而論，始點爲一，一而三，三而九，九而歸一，構成一個小循環。而在太極元氣而言，函三爲一，即以這個小循環爲基數，三爲公比，構成一個大循環。其象爲黃鐘之長，長九寸，又歸於一元，以三爲公比，十二爲項數，形成萬物演化過程。即爲「十一月，乾之初九，陽氣伏於地下，始著爲一，萬物萌動，鐘於太陰，故黃鐘爲天統，律長九寸。九者，所以究極中和，爲萬物元也。」（961 頁）

三統構成一個週期，既是萬物生長之元始，也是天地演進的中數。對於循環圈來說，中點和始點是可以統一的。古人觀測日行軌道，以冬至點爲始終點，而冬至點爲十二次星紀的中點。星紀爲日月五星之始，是天體循環的初端。《律曆志》云：「斗綱之端連貫營室，織女之紀指牽牛之初，以紀日月，故曰星紀。五星起其初，日月起其中，凡十二次。」五星合於五行，爲地之象。其觀測起點需距日有半次的距離（否則爲日光所籠罩，肉眼無法觀測），在星紀之初斗宿之中（斗十二度，斗全長二十六又四分之一度），十二次的次序和太陽周日視運動方向相背。每天太陽先至星紀之中，後至星紀之初，合天地的序列，是爲「五行與三統相錯」（985 頁）。

故此，三統（日月斗三辰）和五星交錯構成天地循環，應和於人事，成爲曆法推演的依據。即所謂：「傳曰『天有三辰，地有五行』，然則三統五星可知也。《易》曰：『參五以變，錯綜其數。通其變，遂成天下之文；極其數，遂定天下之象。』太極運三辰五星於上。而元氣轉三統五行於下。其於人，皇極統三德五事。」（985 頁）故謂之爲「始」。

這種中始的轉換在《律曆志》系統中多處可見。如水星的恒星週期爲一年，乘以坤策，被稱爲「太陰大周」，而火星的恒星週期爲近兩年，乘以乾策，被稱爲「太陽大周」。以 1 爲始，以 2 爲中。是天（日，火）之數 1 爲 2，地（月，水）之數 2 爲 1 的轉換。（995～996 頁）

再如三統曆的排列，以天爲仲統，人爲孟統，地爲季統。則天地人排爲仲季孟，人天地排爲孟仲季，地人天排爲季仲孟。節氣以中爲始（天地人），季節則以孟爲始（人天地）。曆法（殷曆）則以季爲始（地人天），形成「三統迭爲統首」。

第四節 《漢書‧律曆志》和西漢及其前代主要宇宙觀的聯繫

《漢書‧律曆志》以太極元氣爲中心，用數字結構描述了人類上觀測天行，下察知地球上的表象變動的過程，即《易‧繫辭下》所謂「仰則觀象於天，俯則觀法於地。」（二章）而《漢書‧律曆志》中的這些認知和同時代的宇宙認識觀點互有聯繫，有順承，也有發展。

一、天圓地方的宇宙結構論

蓋天說的模型在《周髀算經》中就有記載。據曲安京說，《周髀算經》中的內容最晚在公元前 100 年左右已經具備。〔註30〕可以看做漢人對宇宙結構的認識。其卷下之一云：「凡日月運行四極之道，極下者，其地高人所居六萬里，滂沱四隤而下。天之中央亦高旁六萬里。……天象蓋笠，地法覆盤。天離地八萬里，多至之日雖在外衡，常出極下地上二萬里。」天地的幾何形狀類似於盤笠，大約是一個中心突起，四周以一定坡度圍繞的圓臺。

《律曆志》中記錄的結構也和此類似：「玉衡杓建，天之綱也；日月初躔，星之紀也。綱紀之交，以原始造設，合樂用焉。」（965 頁）天空中以北斗柄的指向爲綱（縱），用黃道帶二十八宿爲紀（橫），交織爲網狀結構，呈現中央四方之狀。用物象來比喻，即提到了「權衡」：「衡權者，衡，平也，權，重也，衡所以任權而均物平輕重也。其道如底，以見準之正，繩之直，左旋見規，右折見矩。其在天也，佐助旋機，斟酌建指，以齊七政，故曰玉衡。」（969頁）

「權衡」即今日所見的桿秤。手提提繩，使秤桿水平旋轉，便可以畫出一個圓圈，故左旋如同圓規，而秤桿與尾端懸掛的秤錘呈九十度角，即右折如矩尺。揆之於天，可知這個模型以北極至北斗爲提繩，北斗爲秤桿，斗魁左旋，形成球冠狀天蓋，斗柄右折，指向二十八宿的角、亢、氐三宿（斗柄尾端搖光和三宿的連線和北斗秤桿約呈 90 度夾角）。

《淮南子‧天文》云：「何謂九野？中央曰鈞天，其星角、亢、氐；東方曰蒼天，其星房、心、尾；東北曰變天，其星箕、斗、牽牛；北方曰玄天，其星須女、虛、危、營室；西北方曰幽天，其星東壁、奎、婁；西方曰顥天，

〔註30〕曲安京《《周髀算經》新議》，西安：陝西人民出版社，2002 年。第 4～8 頁。

—60—

其星胃、昴、畢；西南方曰朱天，其星觜、參、東井；南方曰炎天，其星輿
鬼、柳、七星；東南方曰陽天，其星張、翼、軫。」《呂氏春秋‧有始》云：
「天有九野，地有九州。」又《列子‧湯問》：「八紘九野之水，天漢之流，
莫不注之。」張湛注：「九野，天之八方中央也。」由是可知，角、亢、氐
三宿上對應天極，下對應地中。而據現代天文學知識可知，北極星、搖光及
角、亢、氐三宿都在赤經 14h 附近，13h～15h 的區域內。

《律曆志》將「權衡規矩繩」的天空模式應用在地面上，比附中央四方，
用以說明這一空間結構：

> 權與物鈞而生衡，衡運生規，規圓生矩，矩方生繩，繩直生
> 準，是為五則。規者，所以規圓器械，令得其類也。矩者，所以矩
> 方器械，令不失其形也。規矩相須，陰陽位序，圓方乃成。準者，
> 所以揆平取正也。繩者，上下端直，經緯四通也……以陰陽言之，
> 大陰者，北方。北，伏也，陽氣伏於下，於時為冬。冬，終也，物
> 終藏，乃可稱。水潤下。知者謀，謀者重，故為權也。大陽者，南
> 方。南，任也，陽氣任養物，於時為夏。夏，假也，物假大，乃宣
> 平。火炎上。禮者齊，齊者平，故為衡也。少陰者，西方。西，遷
> 也，陰氣遷落物，於時為秋。秋，䋀也，物䋀斂，乃成孰。金從革，
> 改更也。義者成，成者方，故為矩也。少陽者，東方。東，動也，
> 陽氣動物，於時為春。春，蠢也，物蠢生，乃動運。木曲直。仁者
> 生，生者圓，故為規也。中央者，陰陽之內，四方之中，經緯通達，
> 乃能端直，於時為四季。土稼嗇蕃息。信者誠，誠者直，故為繩也。
> （970～971 頁）

地面分成中央及八方，和天之九野相對，在天球上形成經緯，就是「三
辰五星而相經緯也」（985 頁）。因此，《律曆志》所描述的就是一個以球冠為
天蓋，內含矩形地平面的宇宙結構圖。即《淮南子‧天文》所說：「天道曰圓，
地道曰方。」

二、宇宙發生元始論

關於宇宙元始發生的過程，《淮南子‧天文》有形象的描述：「天墜未形，
馮馮翼翼，洞洞灟灟，故曰太始。道始生虛廓，虛廓生宇宙，宇宙生氣。氣
有涯垠，清陽者薄靡而為天，重濁者凝滯而為地。清妙之合專易，重濁之凝

竭難，故天先成而地後定。天地之襲精爲陰陽，陰陽之專精爲四時，四時之散精爲萬物。積陽之熱氣生火，火氣之精者爲日；積陰之寒氣爲水，水氣之精者爲月；日月之淫爲精者爲星辰，天受日月星辰，地受水潦塵埃。」這些觀點也體現在《律曆志》之中。

（一）元始論

宇宙本始的探討，古人多集中在無形到有形之上，這一點前文談及《律曆志》宇宙觀的觀點時已有探討。《淮南子‧天文》也有這個階段，即「天墜未形」的「太始」到有形的「氣」。而在《淮南子‧俶眞》中，對這個有形無形的過程描述更爲仔細：

> 有始者，有未始有有始者，有未始有夫未始有有始者；有有者，有無者，有未始有有無者，有未始有夫未始有有無者。所謂有始者，繁憤未發，萌兆牙蘖，未有形埒垠無無蠕蠕，將欲生興而未成物類。有未始有有始者，天氣始下，地氣始上，陰陽錯合，相與優遊競暢於宇宙之間，被德含和，繽紛蘢蓯，欲與物接而未成兆朕。有未始有夫未始有有始者，天含和而未降，地懷氣而未揚，虛無寂寞，蕭條霄霏，無有仿佛，氣遂而大通冥冥者也。有有者，言萬物摻落，根莖枝葉，青蔥苓蘢，萑葟炫煌，蠉飛蠕動，蚑行喙息，可切循把握而有數量。有無者，視之不見其形，聽之不聞其聲，捫之不可得也，望之不可極也，儲與扈冶，浩浩瀚瀚，不可隱儀揆度而通光耀者。有未始有有無者，包裹天地，陶冶萬物，大通混冥，深閎廣大，不可爲外，析毫剖芒，不可爲內，無環堵之宇而生有無之根。有未始有夫未始有有無者，天地未剖，陰陽未判，四時未分，萬物未生，汪然平靜，寂然清澄，莫見其形。

在時間上，有「始」和「未始」（未始爲有始之始）之分。始則有形有氣，未始則有氣無形。而至上的情況是無未始有始而又爲始的，即氣未分之時。在空間上，有有形（外形）無形（內氣）之分，而有無之始者，是外形內氣皆未分之時，雖未有起始但包含有無，是有無的根本。在此之前，更有未生未始的狀態，一切都處在靜止之中。

這些觀點旨意渺遠，難以觸摸。而具體到有象有形的事物，人類需要掌握其規律，加以承襲，就只能從有形開始。如《呂氏春秋‧仲夏紀‧大樂》：「音樂所有來者遠矣，生於度量，本於太一。太一出兩儀，兩儀出陰陽。陰

陽變化，一上一下，合而成章。」中的「音樂」，需將無形的「太一」變爲有形的起點；《禮記・禮運》：「是故夫禮，必本於太一，分而爲天地，轉而爲陰陽，變而爲四時，列而爲鬼神。」其中的「禮」也是如此。

　　《律曆志》雖然想究通天地之道，但曆法是農事的根本，必須和實際的應用結合起來。因此，「律曆」如同樂制、禮制一樣，其元始都需將無形有形化，即從算數開始。

　　算術無零不能開始，但落實在具體行爲中，算籌必須有一才能起計。故《律曆志》起首云：「數者，一、十、百、千、萬也，所以算數事物，順性命之理也。」又云「始於一而三之。」（965 頁）「律曆」作爲數的具體表現，其元始自然要從一開始：「太極中央元氣，故爲黃鐘，其實一龠，以其長自乘，故八十一爲日法，所以生權衡度量，禮樂之所繇出也。」（981 頁）這一點，《律曆志》中常常提到，如「經元一以統始，易太極之首也。」（981 頁）「是故元始有象一也。」（983 頁）「三統合於一元」。（980 頁）因此，《漢書・律曆志》所討論的元始須是一個有形的開始，以此來承載具體的思想。

（二）發生論

　　確立了有形的起點，分而爲天地（陰陽），再分而爲四時，次爲八卦，後爲萬物。而萬物又具備陰陽兩種性質。《淮南子・天文》將陰陽的性質（精氣）比同於水火，水之精氣爲月，火之精氣爲日。四時有冷熱之分，所以也同樣具有這些性質。

　　郭店楚簡《太一生水》云：

> 太一生水，水反輔太一，是以成天。天反輔太一，是以成地。天地〔復相輔〕也，是以成神明。神明復相輔也，是以成陰陽。陰陽復相輔也，是以成四時。四時復〔相〕輔也，是以成滄熱。滄熱復相輔也，是以成濕燥。濕燥復相輔也，成歲而止。故歲者，濕燥之所生也。濕燥者，滄熱之所生也。滄熱者，〈四時之所生也〉。四時者，陰陽之所生〈也〉。陰陽者，神明之所生也。神明者，天地之所生也。天地者，太一之所生也。是故太一藏於水，行時。周而又〔始，以己爲〕萬物母；一缺一盈，以己紀爲萬物經。〔註31〕

　　太一生水，水和太一化合爲天，天和太一化合爲地。天地化合爲神明（精

〔註31〕 李零《郭店楚簡校讀記》，北京：中國人民大學出版社，2007 年。第 41～42 頁。

氣），神明分爲陰陽，陰陽分爲四時，四時有寒熱之分，寒熱則化爲乾濕，影響萬物的生成，而成一歲的收成。這段話和自然農事有著密切的關係。蔡運章、戴霖《論楚簡〈太一生水〉的宇宙生成模式》一文中就提到了水和氣之間的物理關係〔註32〕，即水蒸發爲氣，氣爲風雲雨露，變成天地之間流動的氣息，因此天地元氣就有了水的性質。

在數字而言，0爲太一，水爲1，太一合水爲1，爲天之數始。天爲1，太一（水）爲1，太一合天爲2，爲地之數始。《尙書‧洪範》云：「水曰潤下，火曰炎上」。水火的精氣如同日月的精氣，互爲轉換化合，散爲精氣，在天爲日月星辰，落於地面則爲水潦塵埃。所以水在天空爲雲氣爲始，而落於地面爲水爲中，再爲火氣蒸發，騰升而上復爲天氣，完成始中的轉換（參見上文「宇宙循環中始論」）。

因此，《漢書‧律曆志》在以天爲起始，天生地、人復得天地之氣、天地之氣化爲四時的系統之外，構建了一個以水爲起始點的五行系統。和三統並行爲經緯。是爲「五行與三統相錯」而「三辰五星而相經緯也。（985頁）

這個系統將天、水、一作爲起始點，三統生鐘律之法（九六鐘律相生，6/9）合以「參天兩地」（2/3）的八卦體系（2^3）。這些數字變化成爲日月五星的大週期，成爲曆法的上元（見本文「《律曆志上》數字關係表」）：

「天以一生水，地以二生火，天以三生木，地以四生金，天以五生土。五勝相乘，以生小周，以乘乾坤之策，而成大周。」（985頁）五行勝克，可以對應天空中五星的大週循環（見上文「類比衍生」的「五星」部份）。而五行相生，則對應人事的百朝興替。《律曆志‧世經》就描繪了這樣一個過程，現列表如下：

朝　　代		五　　行	相　　生
太昊伏羲氏	三皇	木	
炎帝神農氏		火	木生火
黃帝軒轅氏		土	火生土
少昊金天氏	五帝	金	土生金
顓頊高陽氏		水	金生水
帝嚳高辛氏		木	水生木

〔註32〕蔡運章、戴霖《論楚簡〈太一生水〉的宇宙生成模式》，《四川文物》2004年第2期。第44～47頁。

唐帝陶唐氏（堯）		火	木生火
虞帝有虞氏（舜）		土	火生土
伯禹夏后氏（禹）		金	土生金
商湯	三代	水	金生水
周		木	水生木
漢		火	木生火

　　這猶如木星和太歲的關係一樣，《史記‧天官書》：「歲陰左行在寅，歲星右轉居丑。」用於人事的太歲和天道運行的木星呈相反的方向運行。五行在天對應五星爲勝克之法，在地對應人事則爲相生之策。

　　就此看來，《漢書‧律曆志》是西漢及其前代宇宙觀的具象化反映。和純粹的思想描述不同，《律曆志》提供了很多實際天象、數據以及歷史事實來證明這些觀點存在的合理性，讓無形無質的天道變得有跡可循，在這一點上，是較爲客觀實際的。

　　《漢書‧律曆志》的宇宙論，其思想核心秉承於《易》，宇宙發生及結構圖示也從《淮南子》、《呂氏春秋》、《史記》的相關記錄而來。《律曆志》不同於這些記錄的是，其思想體系的結構更完整，也更爲科學。

一、系統性

　　《淮南子‧天文》中的記錄，涉及廣泛，大概包括「宇宙發生（天地孕育有形無形之氣）至「萬物陰陽表徵」、「宇宙空間結構（包括恒星、行星體系）及其人事象徵」、「太陽視運動軌道」、「四季物候和風氣聲律」、「人們掌握的自然規律和對應關係（日月運行週期、聲律測定、五星運行週期、測日影來對宇宙空間進行測量）」這些內容。是按照宇宙－天文－風雲物候－人事規律的線性順序進行記錄的，其觀測數據之間的聯繫並不明顯，較傾向於資料的整理和彙集。《史記‧律書》和《史記‧曆書》則分爲兩個系統，其順序以歷史上音律、曆法的應用情況爲主，輔以當時對自然現象的認知，相對簡略，也沒有構成體系。《呂氏春秋》等書的記錄就更爲零散。《漢書‧律曆志》卻構建了一個完整的體系：

　　陰陽生氣，氣之微著於鐘律，鐘律之正則風氣正順，四季和諧，萬物就按照規律成長繁衍。再化爲陰陽之氣，終而復始。人類掌握自然的規律，就順應天道，趨利避害。因此禮樂制度、度量法則、四季劃分，農事安排、曆

法編製都是據此產生。

這一體系的具體表現就是「三統」論。以「三統」而該萬物，以太陽視運動軌道的規律（二至二分日的太陽可見時間呈階梯狀排列，所以，「三統」以十一月、十二月、一月爲起首作階梯排列）來解釋萬物的運行法則，陰陽變化都按照這一法則進行，具體表現爲鐘律的「三分損益」之法：

用 1/1，2/3，4/3，3/3，6/9，12/9 作爲乘數來進行變化。其中，分母爲陽，數字構成 1：3：9 的等比數列（公比爲 3）；分子爲陰，構成 1：2：4 和 3：6：12 兩組等比數列（公比爲 2）。以這一變化爲基礎，每三組構成循環，歷經九辰（仲冬至孟秋，是萬物從孕育到長成的階段），萬物長成，爲「成之數」；而經過完整的十二辰（四季）產生萬物之數，爲「該之積」，「成之數」和「該之積」相比，又回復到黃鐘之長 9，以此迴環往復，永不休止。依據這一循環，來推測宇宙空間中的自然變化、人事更替之道。

通過數字的反復變化，就可以計算出太陽、月亮、五星的運行大週期，把萬物變化都包含在內，而萬物的陰陽化合本質也就蘊含其中。這種系統性的推演，將宇宙中的恒常規律（一元變化，太極元氣）推衍到具體的時空之中，且往復周環，是符合宇宙圖示的基本結構的，也對後世有所影響。如東漢時期楊雄《太玄經・玄圖》云：「夫玄也者，天道也，地道也，人道也。兼三道而天名之。」宋王應麟《玉海》卷三十六「藝文」下「漢楊雄《太玄》」條引桓譚《新論》云：「揚雄作《玄》書，以爲玄者，天也，道也，言聖賢制法作事，皆引天道以爲本統，而因附續萬類、王政、人事、法度。故宓義氏謂之易，老子謂之道，孔子謂之元，而揚子謂之玄。」都是以「天道」爲本統，用之於萬物的思想反映。

二、可推算性

《淮南子》、《史記》中的記錄大多是直接說明觀測和推演的結果，並不詳細說明其過程。《漢書・律曆志》則不同，提供了具體的推算過程。

如前文所述，《漢書・律曆志》以數字推算爲根本，首先就說明了「一日備數」，沒有數字的設定，是無法對自然規律做實際的描述的，也就不能有推廣應用的可能。雖然其所描述的推演過程並不是在實際的操作，而是通過對基本數字估計變化規律（奇數，偶數的加減乘除）的類比，附會其象徵性。這一點和漢代《易》算學家方法相同。如漢京房《京氏易傳》卷下即云：

「故揲蓍布爻，用之於下。筮分六十四卦，配三百六十四爻，序一萬一千五百二十策，定天地萬物之情狀。」即是通過數算關係來象徵萬物的情況。（1陰1陽爲2，陰陽升降於6虛爲$2^6＝64$，每6爻爲一卦，$64×6＝384$爻。《易》算得太陽爻算籌數爲36，即策。6爻1卦，216策爲乾卦；得太陰爻算籌爲24，144策爲坤卦；兩者相合爲360策。4爲四時，8爲八卦，$360×4×8＝11520$策，是天地萬物之數。）

　　《律曆志》將這些數字組合拿來對應於實際觀測的數據（詳見前文「五星」部份），使得「天道」循環有了現實基礎。這些數字爲其思想理論提供了物質外殼，並使「天道」具象化，有了可推算性，是人們對天道規律的客觀解釋和主觀思想統一性的具體表現。而東漢時期的學者也將這種天文知識和哲學思想結合的模式傳承下去。如王充《論衡》、楊雄《太玄經》都是這方面的代表著作。

第三章　《漢書・律曆志》算法研究

　　《漢書・律曆志下》記錄的劉歆所作《三統曆譜》，是太初改曆後漢人對於天體運行規律的一次總結，它的根本依據是公元前 104 年漢武帝太初元年行用的八十一分曆，算法承襲古曆四分術。相較於此前的曆法，增加了日月五星的運行，黃道帶恒星群的設定和劃分（二十八宿），月食的週期等數據，並在此基礎上形成了完善的推算系統，以確定日月五星在天空中具體的運行位置。曆譜之末排列曆表，並以人事年譜相對應。《三統曆》的系統性是此前的文獻所不具備的。陳遵嬀《中國天文學史》是這樣描述的：

> 太初曆是落下閎、鄧平制定的……它仍用十九年七閏的置閏法。這個曆法具備了後世曆法的各項主要內容，如二十四節氣、朔晦、閏法、五星、交食週期等。太初曆是我國保存下來的第一部完整的曆法，它是我國最早根據實際觀測解決爭論而制定的曆法；它的頒行，可以說是我國曆法史上第一次大改革。前漢末年劉歆把三統說附會在太初曆上而編成《三統曆譜》（公元前 7 年），把太初曆改稱三統曆。其主要補充內容是日月食週期和五星運行方面。我國曆法具備廣泛內容，以三統曆為嚆矢，後代曆法也都以它為規範。
>
> 〔註1〕

　　《三統曆》系統的自身完備性，並不代表它可以成為上推古史，下啓今世而不誤的曆法。由於基礎觀測數據和天體的實際運行之間存在誤差，以之來推算歷史記錄，就會有錯誤。《晉書・律曆中》：「其後劉歆更造三統，以說

〔註1〕　陳遵嬀《中國天文學史》第一冊，上海：上海人民出版社，1980 年。第 215頁。

左傳，辨麗非實，班固惑之，採以爲志。」《宋書・志第二・曆中》亦云：「向子歆作三統曆以說春秋，屬辭比事，雖盡精巧，非其實也。班固謂之密要，故漢《曆志》述之。」後人說三統曆之非，都是基於其推算和歷史事實有不合之處，但這也是無法避免的。然而，《律曆志》所載的《三統曆》本身結構完整，推算有序，達到了漢代曆法推算的一個高峰，確實對曆法演算系統的精密化起到了促進作用。故此，對《律曆志》的曆法推算做一提要，以明體系。

第一節　《三統曆》的自然科學基礎

張聞玉《古代天文曆法講座》提到「曆」和「曆法」是兩個不同的概念。即：

> 曆是什麼，簡單說就是計量年、月、日的方法，……計量的依據是天象變化的規律，是依據日月星辰有規律的運行來確定年、月、日、時和四季、節氣。

> 遠古時代的夏商周，當然有它的年月日安排的方法，雖然還比較粗疏，但還有它那時的「曆」以指導人的社會生產活動。這種曆是否成「法」呢？如果確定一年爲「三百有六旬有六日」（《堯典》），是不可能有規律地調配年月日的，還形不成「法」。只有到春秋中期以後，測量出一回歸年爲 $365\frac{1}{4}$ 日，到戰國初期創制、行用四分曆，才可能有「法」可依，才稱得上有了曆法。〔註2〕

對於農業國家來說，農作物的養育生長非常重要，植物生長受天地風氣及四季變化的影響。古人很早就發現這些變化和天體的運行有關，因此對日、月、星都進行了長期的觀測，用來推算萬物生長的規律，爲人類所用。這一階段稱爲「觀象授時」。

四季因地球距日遠近而分明，因而觀測太陽的運行情況尤爲重要。《尚書・堯典》云：「日中，星鳥，以殷仲春。……日永，星火，以正仲夏。……宵中，星虛，以殷仲秋。……日短，星昴，以正仲冬。」孔疏：「主春者張，昏中可以種穀；主夏者火，昏中可以種黍；主秋者虛，昏中可以種麥；主冬

〔註2〕 張聞玉《古代天文曆法講座》，桂林：廣西師範大學出版社，2008 年。第 6 頁。

者昴，昏中可以收斂。」太陽在白天光芒刺目，不易觀察，所以人們利用黃昏時分南天正中出現的星星來推知太陽的位置。因此將黃道附近的恒星群劃分爲二十八宿，作爲天空中的標誌。由於星宿容易觀測，而且可用於標誌太陽的相對位置，這樣，有時僅觀測星宿的位置，也可以推斷農時，安排人事。《春秋公羊傳‧昭公十七年》云：「大火爲大辰，伐爲大辰，北極亦爲大辰。」何休注：「大火謂心星，伐爲參星。大火與伐，所以示民時之早晚。」參宿中星和心宿中星都是亮星，便於觀測。（參宿一和心宿二之間赤經約差 180°，故兩星不會並見於天空中，對於時令而言，春耕開始之時，黃昏可觀測出現在西方的參宿，也可觀測出現在東方的心宿。）《周禮‧夏官》亦云：「季春出火，民咸從之，季秋內火，民亦如之。」是指觀測大火宿在天空中的位置來確定相應的時節。《詩‧定之方中》也說：「定之方中，作於楚宮。」是指室宿（定）處於南天正中，恰值秋末冬初，農事已畢，恰可營造宮室。

　　觀測星體的位置還可以推算天氣的變化。《國語‧周語》云：「辰角見而雨畢，天根見而水涸，本見而草木解，駟見而隕霜，火見而清風戒寒。」這裡所指的是觀測角宿、氐宿（天根）、亢宿（本）、房宿（駟）、心宿（火）在早晨出現的情況，來判斷氣候的變動。月亮也有這樣的指示作用。《尚書‧洪範》：「月之從星，則以風雨」僞孔傳：「月經於箕則多風，離於畢則多雨。」

　　人類經過長時間觀測這些物候氣象變化，總結其規律，發現其週期，用於農事，由此產生日月年的劃分。早期的劃分相對簡單，還需要和實際的情況緊密結合，故先民們大多是能夠觀天文知節候的。顧炎武《日知錄》卷三十云：「三代以上，人人皆知天文。『七月流火』，農夫之辭也。『三星在戶』，婦人之語也。『月離於畢』，戍卒之作也。『龍尾伏辰』，兒童之謠也。」總結這些規律，就產生了曆：日出日落爲一日；四季分明，穀物成熟爲一年；月滿月虧爲一月。天體運行的規則和四時物候建立關係，分成二十四節氣和三十時兩個系統。

　　《呂氏春秋‧孟春紀》起首即云：「孟春之月，日在營室，昏參中，旦尾中。……東風解凍，蟄蟲始振，魚上冰，獺祭魚，候雁北。」描述了一個月的物候情況，而《逸周書‧時訓》則詳細區分了這些物候和時日的對應關係：「立春之日東風解凍，又五日蟄蟲始振，又五日魚上冰。……驚蟄之日獺祭魚，又五日鴻雁來，又五日草木萌動。」〔註 3〕《周易乾鑿度》云：「三微而

<hr>

〔註 3〕張聞玉譯注《逸周書全譯》，貴陽：貴州人民出版社，2000 年。第 210 頁。

成一著，三著而成一體。」鄭玄注：「五日爲一微，十五日爲一著，故五日有一候，十五日成一氣也。」即指五天爲一候，六候爲一月（30 天），七十二候爲十二月（360 天）。

《管子‧幼官》則云：「十二地氣發，戒春事。十二小卯，出耕。十二天氣下，賜與。十二義氣至，修門閭。十二清明，發禁。十二始卯，合男女。十二中卯，十二下卯，三卯同事。……十二小郢，至德。十二絕氣下，下爵賞。十二中郢，賜與。十二中絕，收聚。十二大暑至，盡善。十二中暑，十二小暑終，三暑同事。……十二期風至，戒秋事。十二小卯，薄百爵。十二白露下，收聚。十二夏理，賜與。十二始節，賦事。十二始卯，合男女。十二中卯，十二下卯，三卯同事。……十二始寒，盡刑。十二小榆，賜予。十二中寒，收聚。十二中榆，大收。十二寒，至靜。十二大寒之陰，十二大寒終，三寒同事。」〔註4〕分一年爲 30 節，每節 12 日，一年 360 日。各節都與天氣物候有關，以之安排人事。

而太陽的視運動週期爲 365¼ 日，在 365 和 366 日之間，所以不論二十四節多出一候（5 日），還是三十時多出半節（6 日），都設爲閏日，積日成閏月。因此，《尚書‧堯典》云：「帝曰：『咨，汝羲暨和。期三百有六旬有六日，以閏月定四時成歲。』」。這樣的推算精確度不高，運行時間稍長，就會出現誤差。爲使未來人事的安排可以和天象物候吻合，達到對農業生產趨利避害，加以掌控管理的目的，必須縮減這一誤差。這就需要在長期觀測的基礎上，形成精度更高的曆法運算系統，以法推曆。

故此，首先需要通過對日行軌道的長期觀測來提高日行週期精度。由於太陽繞地球作視運動，分有日夜，人事也隨之安排勞作和休息。日行精度的提高，出現的小數不利於安排事務，還要通過一定的年份循環來消除小數。爲了便於觀察四季和物候的變化，往往採用均分的方式來處理。月亮是地球的衛星，其由虧復圓容易觀測，且日行週期約是月行週期的 12.37 倍，故使用十二個月來對應節氣的變動。這樣日月之行取得一致，形成了更爲準確又便於掌握的運行週期。即《淮南子‧天文》所云：「月日行十三度七十六分度之二十六，二十九日九百四十分日之四百九十九而爲月，而以十二月爲歲。歲有餘十日九百四十分日之八百二十七，故十九歲而七閏。」

〔註4〕 黎翔鳳撰、梁運華整理《管子校注》，北京：中華書局，2006 年。第 147～157 頁

有了這些觀測數據，提高了計算精度，使推知未來一段時間的時曆成爲可能，也就產生了曆法。曆法在運行過程中，還需要不斷地和實際天象相對應，以驗證曆法的準確性。涉及到的方法大約有以下幾種：

一、距　度

觀測日月在天空中的位置，需要劃分天空中黃道帶附近恒星群的距度，以便標示。《周髀算經‧卷下之一》就記載了測星度的方法：

> 則立表正南北之中央，以繩繫顛，希望牽牛中央星之中。則復候須女星之先至者，如復以表繩希望須女先至，定中，即出一遊儀，希望牽牛中央星出中正表西幾何度。各如遊儀所至之尺爲度數，遊在八尺之上，故知牽牛八度。

在地面南北之中樹立標杆，以之爲中心畫出周長爲 $365^{1}/_{4}$ 尺的大圓圈，以一尺爲一度，分爲 $365^{1}/_{4}$ 度。用桿頂的繩索瞄準（希望）所要測星宿的距度星（在一個恒星群裡找到一個便於觀測測量的星作爲中央星），將繩和中星位置相交的交點落在圓圈之上（其位置不一定正在圈上，故以標杆中心和此點作連線，取連線與圈相交之處爲交點），在交點上插上標杆，再測量下一宿的中星和繩的交點，同樣插上標杆（遊儀）。兩個標杆之間的距離取整，即知所測星宿的星度。（見下圖）天空中北斗星作繞極運動，北斗的緯度高於二十八宿，且處在恒顯區內。據此可以根據北斗斗柄和二十八宿相對位置的連線來確定太陽所在的位置及當處的月份，用以校核曆法中的月份記錄。

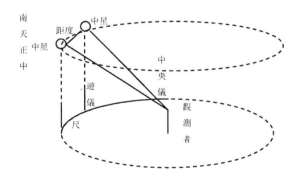

二、日月食的週期

太陽的視運動和月亮的運行軌道相交，月亮每運行一周，有兩次和太陽

會合的機會。當月亮行在太陽和地球之間，月擋住了日，會發生日食。同時因為日月相會，月亮背面受光，從地球的角度來看，晚上也是看不到月光的。古人稱為合朔，在每月的初一。當地球在太陽和月亮之間，如果地球擋住了日光，則發生月食；如地球沒有遮擋住日光，則所觀察的月面正對太陽，表現為滿月，這時月亮正在月行軌道的中間，即每月的月中，稱為「望日」。漢人對月食週期有較詳細的描述，《史記・天官書》云：「月食始日，五月者六，六月者五，五月復六，六月者一，而五月者五，凡百一十三月而復始。故月蝕，常也；日蝕，為不臧也。」知道月食的週期，自然可以推測日食的週期，不過古人或視日食為不祥，漢人並不記錄。〔註5〕利用日月食的規律，可以驗證曆法推演的每月紀日是否正確，即日食是不是發生在朔日（初一），月食是不是發生在望日（十五或十六）。

三、五星運行

天空中有了標度，古人就可以對其他行星作觀測記錄。《淮南子・天文》即記有五大行星的二十八宿運行週期。其中木星和土星的運行較有規律：

> 太陰在四仲，則歲星行三宿，太陰在四鉤，則歲星行二宿，二八十六，三四十二，故十二歲而行二十八宿。日行十二分度之一，歲行三十度十六分度之七，十二歲而周。……鎮星以甲寅元始建斗，歲鎮行一宿，當居而弗居，其國亡土，未當居而居之，其國益地，歲熟。日行二十八分度之一，歲行十三度百一十二分度之五，二十八歲而周。

木星每年走 $30\frac{7}{16}$ 度，12 年後走了 $365\frac{1}{4}$ 度。土星每年走 $13\frac{5}{112}$ 度，28 年後也走了 $365\frac{1}{4}$ 度。都和日行週期 $365\frac{1}{4}$ 日相同。又和二十八宿相對應，可以用以紀年，其中木星週期為十二年，又和十二月、十二辰契合，最適合紀年使用，故此稱木星為歲星。不過木星運行軌道和太陽周日視運動相反，因此，設立一個與木星運行方向相反，與太陽周日視運動方向一致的假想天體，取名為太陰（也叫歲陰、太歲）來標示年份，使日月星三者取得一致。《淮南

〔註5〕 漢人只記錄月食，而不記錄日食。陳遵媯認為或是日食對於統治者不祥，或是月食相對日食來說，易於觀測和驗證。日食週期的推算，在東漢末年劉洪造乾象曆時才開始。參見陳遵媯《中國天文學史》第二冊，上海：上海人民出版社，1982 年。第 760 頁。

子·天文》云：

> 太陰在寅，歲名曰攝提格，其雄爲歲星，舍斗、牽牛，以十一月與之晨出東方，東井、輿鬼爲對。
>
> 太陰在卯，歲名單閼，歲星舍須女、虛、危，以十二月與之晨東方，柳、七星、張爲對。
>
> 太陰在辰，歲名曰執除，歲星舍營室、東壁，以正月與之晨出東方，翼、軫爲對。
>
> 太陰在巳，歲名曰大荒落，歲星舍奎、婁，以二月與之晨出東方，角、亢爲對。
>
> 太陰在午，歲名曰敦牂，歲星舍胃、昴、畢，以三月與之晨出東方，氐、房、心爲對。
>
> 太陰在未，歲名曰協洽，歲星舍觜、參，以四月與之晨出東方，尾、箕爲對。
>
> 太陰在申，歲名曰涒灘，歲星舍東井、輿鬼，以五月與之晨出東方，斗、牽牛爲對。
>
> 太陰在酉，歲名作鄂，歲星舍柳、七星、張，以六月與之晨出東方，須女、虛、危爲對。
>
> 太陰在戌，歲名曰閹茂，歲星舍翼、軫，以七月與之晨出東方，營室、東壁爲對。
>
> 太陰在亥，歲名大淵獻，歲星舍角、亢，以八月與之晨出東方，奎、婁爲對。
>
> 太陰在子，歲名困敦，歲星舍氐、房、心，以九月與之晨出東方，胃、昴、畢爲對。太陰在丑，歲名曰赤奮若，歲星舍尾、箕，以十月與之晨出東方，觜、參爲對。

以歲星來紀年，以十二辰循環爲序，名目簡單，且不受閏月影響，容易一貫，早期史官常有以之記事的。將它和日月運行的曆法相互照應，用來對應歷史上的人事，知往事而推來年，以證明曆法系統的可行性。

因此，曆法推演建立在對日、月視運動的週期及兩者的公倍週期的精細觀測之上。而對天空進行標度，考察日月食週期、觀測五星的運行都可以驗證這一體系的運行情況。故此，《三統曆》總結前人經驗，構建了一個完整的體系。包括統母（日月運行週期、日月公倍週期、日月五星公倍週期）、五步

（五星運行的具體數據）、統術（推算日月運行的位置，每年首日的干支，每月首日的干支，太陽起始點的位置，日月交會的位置，二十四節氣的位置）、紀術（五星出現的年月日及位置，五星出現的月份首日和中氣首日的干支，五星運行具體數據的演算法）、歲術（歲星紀年推算法）、星度（十二次及度數）、三統曆各章首日干支表及推算法、世經（自上古至東漢末年朝代及帝王年表）。

因此，陳遵媯說：「西漢末，劉歆把太初曆改稱三統曆，後人也常用三統曆這個名稱；實際太初曆以改元而得名，而三統曆是以法數而得名。後人多以太初曆是劉歆所作，實係錯誤。劉歆把鄧平的八十一分法作了系統的敘述，又補充了很多原來簡略的天文知識和上古以來天文文獻的考證，寫成了《三統曆譜》，它是我國古代流傳下來的一部完整的天文著作。它的內容有造曆的理論、有節氣、朔望、月食（沒有日食）及五星等的常數和運算推步方法，還有基本恒星的距度，可以說含有現代天文年曆的基本內容，因而《三統曆譜》被認爲是世界上最早的天文年曆的雛形。」〔註6〕

第二節　《三統曆》產生的原因

誠如上一節所說，《三統曆》幾乎包括了在它產生之前的，所有天體觀測的科學技術成果，但並不是自《三統曆》始才有曆法。那麼《三統曆》是應何種需要而產生的呢？需要作一董理。

一、自然科學因素

漢以前的古代曆法，在《漢書‧藝文志》有所記錄：「黃帝五家曆三十三卷，顓頊曆二十一卷，顓頊五星曆十四卷，……夏殷周魯曆十四卷，……漢元殷周諜曆十七卷。」（1766頁）合有「黃帝、顓頊、夏、殷、周、魯」六家。漢人對這些曆法進行過收集和整理，《漢書‧律曆志》云：「至孝成世，劉向總六曆，列是非，作五紀論。」又《後漢書‧律曆中》云：「洪範五紀論曰：『民間亦有黃帝諸曆，不如史官記之明也。』」

但是這些曆法經過戰國和秦代，眞僞不可辨知。《尚書‧堯典》：「期三百

〔註6〕陳遵媯《中國天文學史》第三冊，上海：上海人民出版社，1984年。1429～1430頁。

有六旬有六日，以閏月定四時成歲。」孔疏：「古時眞曆遭戰國及秦而亡，漢存六曆，雖詳於五紀之論，皆秦漢之際假託爲之，實不得正。」祖沖之亦云：「按五紀論，黃帝曆有四法，顓頊夏周並有二術，詭異紛然，則孰識其正。」〔註7〕漢人在這個基礎上整理出的曆法，託名於古，雖然不能得古曆的實質，但在數據和算法上應該類似。《宋書·志第三·曆下》引祖沖之說：「古術之作，皆在漢初周末，理不得遠。」所說的也是這個道理。

成書於漢景帝後期的《淮南子》中，對曆法數據多有記錄，其推演辦法也是四分術。

《淮南子·天文》：「日行一度，以周於天，日冬至峻狼之山，日移一度，凡行百八十二度八分度之五，而夏至牛首之山，反覆三百六十五度四分度之一而成一歲。天一元始，正月建寅，日月俱入營室五度，天一以始建七十六歲，日月復以正月入營室五度無餘分，名曰一紀。凡二十紀，一千五百二十歲大終，日月星辰復始甲寅元。日行一度，而歲有奇四分度之一，故四歲而積千四百六十一日而復合，故舍八十歲而復。」

$365\frac{1}{4}$ 日爲一年，76 年爲一紀，20 紀爲 1520 年，是大終之年。

司馬遷作爲太史令，學有家傳，在《史記·律書》所記的「曆術甲子篇」也是對古代曆法作出的總結。前輩專家多次論證「曆術甲子篇」就是戰國時期行用的曆法都用四分術。〔註8〕即其基本推算數據和古六曆相同，陳遵嬀《中國天文學史》有載，現援引如下：

「1 歲＝$12\frac{7}{19}$月＝235/19 朔望月＝$365\frac{1}{4}$日＝365.25 日

　1 月＝$29\frac{499}{940}$日＝27，759/940 日

　1 章＝19 年 7 閏月＝235 月＝6，939.75 日

　在這個週期，朔旦多至又復在同一天。

　1 蔀＝4 章＝76 年＝940 月＝27，759 日

　在這週期，朔旦多至復在同一天的夜半。

　1 紀＝20 蔀＝1，520 年＝555，180 日

〔註7〕 沈約《宋書·志第三·律曆下》，北京：中華書局，1974 年。第 307～308 頁，下同。

〔註8〕 張汝舟《二母室古代天文曆法論叢》，浙江：浙江古籍出版社，1987 年。第 22 頁；饒尚寬《春秋戰國秦漢朔閏表》，北京：商務印書館，2006 年。第 269 頁。張聞玉《古代天文曆法講座》，第 146～147 頁。

在這個週期，又復在甲子那天夜半朔且冬至。」〔註9〕

這樣一種曆法，在推演之上已較為精密，但和實際天體運行仍有差距。時間一長，就會出現較大誤差，必須進行調整。為了便於表達，我們暫且不考慮這些曆法的名目，將這些一年 $365\frac{1}{4}$ 日，採用十九年七閏週期的曆法概稱為「四分曆」，而東漢時期行用的「四分曆」為「後漢四分曆」，以示區別。

（一）年差分

四分術實測 19 回歸年等於 235 朔望月，每月長度為：$29^{499}/_{940}\approx29.53085106$ 日。現代天文學告訴我們，一朔望月的長度約為 29.530588 日。

每月所差：29.53085106−29.530588＝0.00026306 日

每年所差：（0.00026306×235）÷19＝0.0032536 日

折算為日分：0.0032536×940＝3.06 分

約多少年差一日：940÷3.06≈307 年

四分曆的朔望月朔策長度大於實際長度，即其運行速度緩於真實情況，307 年會慢一天，就會出現日食在晦的現象，即曆法才算到月底，而實際天象已經走到了初一；或者曆法還在初一，實際天象已經到了初二，使得本不應看見月亮的日子看見了月亮。曆法還在十五十六，實際天象已經到了十七十八，使本來是滿月的日子出現了月虧。即《律曆志》所云：「朔晦月見，弦望滿虧。」《漢書・五行志》中記載了很多「日食在晦」的情況，試舉一例來說明：

（元鼎）五年四月丁丑晦，日有食之。

元鼎五年為公元前 112 年。現根據張汝舟曆元近距推算法及《史記・曆書》所載「曆術甲子篇」進行推算。〔註10〕

張汝舟所設曆元近距為公元前 427 年，為二十蔀表第十六蔀首年（見下二十蔀表，引自《二毋室古代天文曆法論叢》第 29 頁）。

427−112＝315，315÷76（一蔀 76 年）＝4……餘 11（算外 12）。

商為 4，表明從第十六蔀往下數四蔀，為乙酉蔀；餘數算外為 12，表明入此蔀的第十二年。故元鼎五年入第二十蔀乙酉蔀（21）第 12 年，查《曆術甲子篇》第十二年：前大餘 56，前小餘 184。〔註11〕

〔註9〕 陳遵嬀《中國天文學史》第三冊，第 1388 頁。

〔註10〕 張汝舟《二毋室古代天文曆法論叢》「《曆術甲子篇》淺釋」。第 28～80 頁。

〔註11〕 《史記・曆書》，北京：中華書局，1959 年。第 1268 頁

蔀餘 21＋56（前大餘）＝77，77-60＝17。17 爲干支序號，見一甲數次表（引自《二毋室古代天文曆法論叢》第 28 頁），爲辛巳，以下數字干支對應狀況均參見該表。

二十蔀表

一	甲子蔀0	六	己卯蔀15	十一	甲午蔀30	十六	己酉蔀45
二	癸卯蔀39	七	戊午蔀54	十二	癸酉蔀9	十七	戊子蔀24
三	壬午蔀18	八	丁酉蔀33	十三	壬子蔀48	十八	丁卯蔀3
四	辛酉蔀57	九	丙子蔀12	十四	辛卯蔀27	十九	丙午蔀42
五	庚子蔀36	十	乙卯蔀51	十五	庚午蔀6	二十	乙酉蔀21

一甲數次表

0 甲子	10 甲戌	20 甲申	30 甲午	40 甲辰	50 甲寅
1 乙丑	11 乙亥	21 乙酉	31 乙未	41 乙巳	51 乙卯
2 丙寅	12 丙子	22 丙戌	32 丙申	42 丙午	52 丙辰
3 丁卯	13 丁丑	23 丁亥	33 丁酉	43 丁未	53 丁巳
4 戊辰	14 戊寅	24 戊子	34 戊戌	44 戊申	54 戊午
5 己巳	15 己卯	25 己丑	35 己亥	45 己酉	55 己未
6 庚午	16 庚辰	26 庚寅	36 庚子	46 庚戌	56 庚申
7 辛未	17 辛巳	27 辛卯	37 辛丑	47 辛亥	57 辛酉
8 壬申	18 壬午	28 壬辰	38 壬寅	48 壬子	58 壬戌
9 癸酉	19 癸未	29 癸巳	39 癸卯	49 癸丑	59 癸亥

得該年前十一月（子月）辛巳朔，小餘 184 分，該年無閏月。據此排列該年十二月至四月的首日干支：

月　份	首日干支	小　餘
十一月	17（辛巳）	184
十二月	46（庚戌）	683
正月	16（庚辰）	242
二月	45（己酉）	741
三月	15（己卯）	300
四月	44（戊申）	799
五月	14（戊寅）	358

　　五年四月戊申日為朔日，其月大，為 30 天，故四月三十日為晦日。其干支為 13（丁丑）。檢核饒尚寬師《春秋戰國秦漢朔閏表》（161 頁）、張培瑜《三千五百年曆日天象‧歷代頒行曆書》〔註12〕所列曆表，排列相同。

　　這是曆算所推的結果，實際天象需要考慮年差分，重新計算：

　　315×3.06＝963.9，約等於 964 分。十一月首日減去 964 分，得前大餘為 16，前小餘為 160，重新排列如下：

月　份	首 日 干 支	小　餘
十一月	16（庚辰）	160
十二月	45（己酉）	659
正月	15（己卯）	218
二月	44（戊申）	717
三月	14（戊寅）	276
四月	43（丁未）	775
五月	13（丁丑）	334

　　得到五月初一丁丑日日食，符合實際天象。檢核張培瑜《三千五百年曆日天象‧合朔滿月表》（614 頁），排列相同。

　　不過，「三百年差一日」的關鍵，西漢時期尚未能意識到。直至東漢末年，劉洪造《乾象曆》才對這些數據進行了修改。《宋書‧志第二‧曆中》云：「光和中，穀城門侯劉洪始悟四分於天疏闊，更以五百八十九為紀法；百四十五為斗分，造《乾象法》。」劉洪所用的回歸年長為 365.2462 日，更接近今天實測數據 365.2422 日。

　　但是，由於「日食在晦」現象的頻繁出現，必須對曆法進行修訂，而日月食的觀測在此時已具規模。除了前文提到的《史記‧天官書》中的記錄，《漢書‧律曆志下》也提到：「會數四十七……月周二百五十四……朔望之會百三十五……會月六千三百四十五」等一系列數據。

　　月行週期有四種：

　　　一是朔望月，指月亮跟隨地球運轉繞日一周的時間，約 29.53 天；

　　　二是恒星月，指月亮繞地球公轉一周的時間，約 27.3 天；

　　　三是交點月，指從白道（月亮軌道）和黃道（太陽周年視運動軌道）

〔註12〕張培瑜《三千五百年曆日天象》，鄭州：大象出版社，1997 年。第 77 頁。

交點開始，再次回復到這一交點的時間，約爲 27.2 天。交點月對於日月食週期極爲重要，日月重合在軌道交點處，才會發生日月食；

四是近點月，指月亮從近地點出發，再次返回近地點的時間，約27.55 天。

根據《律曆志》中記錄的數據，漢人已經發現了月行週期不止一種，當觀測月亮從一個星宿始，多長時間再回到這一星宿，就可以得知其公轉長度，故有月周之說，即 235 個朔望月時間內包含多少個恒星月，（235×29.53）÷27.3＝254.2，約等於 254。

恒星月和交點月數據密近，故漢人使用這個數據，對月食週期進行觀測，發現 135 個朔望月內會發生 23 次月食，即朔望之會。而 135 個朔望月的長度和 146 個恒星月的長度近乎一致，具有週期性，經過這個週期，日月復返於黃白二道的交點，月球所經歷的朔望月和交點月的數量幾乎都是整數：

135×29.53＝3986.55 日

146×27.3＝3985.8 日〔註 13〕

故此，取朔望之會 135 個月的週期和 19 年 7 閏（235 月）的日月公倍週期一起來形成新的週期（即 135 和 235 兩數的公倍數 6345）：

6345（會月）÷135＝47（會數）

6345（會月）÷235＝27

6345×3＝19035 月＝81×235 月＝81×19 年＝1539 年

1539 年是三統曆的一統之數，這樣一來，曆法回到最初點，此時日月同回起點，且從地球上看過去兩者在同一直線上，即「日月合璧」。從而消除日月食不在朔日望日造成的影響，而使曆法百代可用。

（二）歲　差

地球圍繞地軸自轉，並在外力作用之下圍繞太陽公轉，同時月亮又繞地球公轉。這些引力讓地球處於進動狀態，故此不能保證地軸始終指向天球的固定位置，而是圍繞黃極（以黃道爲中心圈形成的黃道天球的極點）與黃道面構成的中心軸緩慢運轉，約 25800 年移動一周。（見下圖）

〔註13〕135 朔望月和 146 交點月的數字不完全重合，故三統曆測算的數字並不十分精確。參見劉操南《曆算求索》，杭州：浙江大學出版社，2000 年。第 229頁。

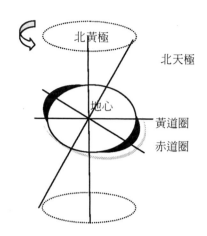

這種位移會引起冬至日太陽位置點在天球恒星位置上的變化，即每過一年後，冬至點並不回到原來的恒星位置，而是在黃道上西移 50.2 分，大約 71 年 8 個月後差一度。東晉虞喜根據《尚書‧堯典》的記錄，推測唐堯時期，冬至日黃昏中星爲昴宿（冬至點在營室），距離他觀測的黃昏中星壁宿（冬至點在斗宿）約 54 度，故此他認爲每五十年冬至點西移 1 度，並將這一變化定名爲「歲差」。《宋史‧律曆志》云：「虞喜云：『堯時冬至日短星昴，今二千七百餘年，乃東壁中，則知每歲漸差之所至。』」

但冬至點的位移現象，漢人就有發現。《漢書‧律曆志》云：「十一月甲子朔旦冬至，日月在建星。」晉灼曰：「賈逵論太初曆冬至日在牽牛初者，牽牛中星也。古曆皆在建星。建星即斗星也。太初曆四分法在斗二十六度。史官舊法，冬夏至常不及太初曆五度。四分法在斗二十一度，與行事候法天度相應。」

根據《漢書‧律曆志》所記錄的二十八宿和節氣對應情況來看，冬至點當在牽牛初度。即「星紀，初斗十二度，大雪。中牽牛初，冬至。」（1005 頁）而元封六年（前 105 年）記錄的情況爲「日月在建星」，建星和南斗（斗宿）處在同一赤經，即日月在斗宿，是晉灼所說「建星即斗星也」。《漢書‧律曆志》又云「三終而與元終。進退於牽牛之前四度五分。」可知前 105 年左右冬至點在斗二十二度左右（斗二十二度和牽牛初度差距約四度多）。《後漢書‧律曆中》所記賈逵論曆云：「《太初曆》冬至日在牽牛初者，牽牛中星也。古黃帝、夏、殷、周、魯多至日在建星，建星即今斗星也。《太初曆》斗二十六度三百八十五分，牽牛八度。案行事史官注，多夏至日常不及太初曆五度，

多至日在斗二十一度四分度之一。石氏《星經》曰：『黃道規牽牛初直斗二十度，去極二十五度。』於赤道，斗二十一度也。」隨同時間推移，冬至點又從斗二十二度移至斗二十一度。

這樣一來，通過記錄太陽兩次在冬至點的時間間隔來判定太陽回歸年的長度就會出現誤差。太陽從星紀起，沿十二次方向移動，而冬至點移動的方向和此相反，這樣太陽再次回到冬至點的時間將逐漸縮短。如下圖所示，每年多至點從 $\gamma 1$ 偏移到 $\gamma 2$，距離爲 50.2 分，約 72 年後縮短一日。

太初改曆者也意識到冬至點有偏移，但並不十分清楚偏移的具體情況，認爲冬至點在牽牛中星到斗二十二度的範圍內徘徊，即《漢書‧律曆志》所說的「進退於牽牛之前四度五分」。而東漢時期的賈逵又依據當時的天象，認爲古曆所用的冬至日所在點指的是斗二十一度至牽牛初度這一段範圍。

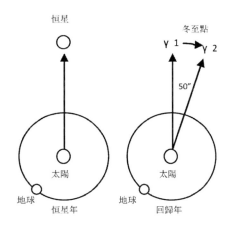

爲了消除這種移動造成的誤差，太初曆朔策略大於原四分曆朔策，使回歸年長度拉長，以逐步彌補冬至點偏移造成的年長縮短的問題。

《律曆志》云：「法，一月之日二十九日八十一分日之四十三。」（976 頁）又云：「閏法十九，因爲章歲……統法千五百三十九……元法四千六百一十七。」（991 頁）據此，推知太初曆基礎數據爲：

> 1 月＝$29^{43}/_{81}$＝2392/81 日≈29.530864 日
>
> 1 歲＝$12^7/_{19}$＝235/19 月＝562120/1539＝$365^{385}/_{1539}$ 日≈365.25016 日
>
> 1 章＝19 歲＝235 月
>
> 1 統＝8＝1 章＝19×81＝1539 年＝19035 月＝562120 日
>
> 1 元＝3 統＝4617 年

四分曆一月的長度為 $29^{499}/_{940}$ 日，算得 29.530851 日；一年為 365.25 日。均小於太初曆的月長和年長。由於回歸年長度的縮短，實際天象將快於曆法推算，自上元至元封六年十一月一日，依據四分術所推，多出 705 分餘分，即 705/940＝3/4 日，即《漢書・律曆志》記錄元鳳年間太史令張壽王非議「太初曆」云：「又妄言《太初曆》虧四分日之三，去小餘七百五分。」太初曆為解決這一問題，故改變餘分，使月長和年長變大，這樣每年多出 0.00016 日，4617 年後，多出 0.74 日，近 3/4 日，希望通過這種調整，來消除一元產生的餘分，保持曆法運行正確。

（三）歲星超次

《漢書・律曆志》云：「歲術。推歲所在，置上元以來，外所求年，盈歲數，除去之，不盈者以百四十五乘之，以百四十四為法，如法得一，名曰積次，不盈者名曰次餘。積次盈十二，除去之，不盈者名曰定次。數從星紀起，算盡之外，則所在次也。」又云：「贏縮。傳曰：『歲棄其次而旅於明年之次，以害鳥帑，周楚惡之。』」

漢人意識到歲星 1728 年運行 145 周天，回到原點。和歲星紀年法 12 年運行 1 周天不同，兩者相較，144 年歲星就走了 145 次的長度，造成了歲星超次，使得歲星丟棄本應在的星次而到了下一年才應該到達的星次。

《律曆志・世經》中記載了很多歲星位置的記錄，元封六年十一月就有一條：「漢曆太初元年，距上元十四萬三千一百二十七歲。前十一月甲子朔旦冬至，歲在星紀婺女六度。」

太初曆以元封七年十一月一日（前 105 年 11 月）為新週期起點，以此倒推 143127 歲為上元，當時歲星正位於星紀初度，推法如下：

$$143127 \div 1728 （歲數）＝82^{1431}/_{1728}$$

$$1431 \times 145/144＝1440 （積次） 135/144 （次餘）$$

1440÷12＝120。無餘數，即定次為 0，算外加 1，在星紀。

135/144 為次餘，星紀長 30.25 度，折算度數為：135/144×30.25＝28.36度。

星紀從斗十二度起，包含斗十二度至斗二十六度四分之一（15.25 度），牽牛八度（8 度），婺女一度至婺女七度（7 度）。28.36 度在婺女 5.11 度，故云在婺女六度。

這樣一來，上元的時間可由歲星運行情況反推而出，即曆法上所謂「五星起其初」的現象（在星紀初度）。143127÷4617＝31，無餘數。4617 年正是太初曆一元的長度。

（四）《三統曆》數據所存在的問題

從上述三點可以知道，太初曆試圖通過合併日月交食週期，增大回歸年長度及藉助歲星上推曆元擴大週期的方式來解決「日食在晦」的現象。但其使用並未達到目的，所以《後漢書‧律曆》云：「自太初元年始用三統曆，施行百有餘年，曆稍後天，朔先於曆，朔或在晦，月或朔見。」主要的原因如下：

1. 太初曆測定的日月交食週期本身並不精密

現代天文學測定一朔望月為 29.530588，一交食月為 27.212220 日，一交食年為 345.63003 日。這樣，135 個朔望月合 3986.6294 日，約和 11.5 個交食年（3986.1304 日）接近。但是仍存在 0.5 日的誤差。

2. 增大回歸年長度使精度降低

現代天文學測算的回歸年長度為 365.24219879 日；四分曆回歸年長度為 $365^1/_4＝365.25$ 日；太初曆回歸年長度為 $365^{43}/_{81}≈365.25016$ 日。太初曆以為「日食在晦」的原因在於歲差，人為加長回歸年，使其大於四分曆回歸年長度，導致和實際回歸年長度誤差更大。事實上，造成「日食在晦」的主要原因是年差分。《宋書‧志第二‧曆中》載何承天說：「四分於天，出三百年而盈一日，積代不悟。」《宋書‧志第三‧曆下》所載祖沖之說：「四分之法，久則後天，以食檢之，經三百年輒差一日。」又云：「是以漢載四百，食率在晦。」所說的就是這個問題。東漢末年劉洪造《乾象曆》時，才找到解決的正確方向，他測定 $356^{145}/_{589}$ 為回歸年長度，縮短回歸年長度為 365.2462 日。更接近今天實測數據。

太初曆去除 705 餘分，可以暫時解決「日食在晦」的現象，但只要時間稍長，誤差累積還快於四分曆。《漢書‧五行志》云：「太始元年正月乙巳晦，日有食之。」「（太始）四年十月甲寅晦，日有食之。」「征和四年八月辛酉晦，日有食之。」〔註14〕太始元年為公元前 96 年、太始四年為公元前 93 年、征

〔註14〕 朱文鑫認為太始元年和太始四年的日食在晦記錄有誤，即便如此，征和四年所發生的日食在晦相距改曆只有 16 年，依然甚近。參見饒尚寬《春秋戰國秦

和四年爲公元前 89 年，分別距太初元年（前 104 年）9、12、16 年，「日食在晦」的現象即有發生。

3. 歲星週期的測定也不夠準確

歲星在天空中實際運行週期爲 11.86 年，太初曆以爲 144 年歲星走過 145 次。歲星累積約 86 年超一次，《三統曆》以爲 144 年超一次，兩者差別較大。這樣測出的數據來對應歷史紀錄，必然有不吻合之處。

二、社會人文因素

（一）三正論

從農業生產的角度來說，以春季的首月爲年首起源當較早。《尚書・堯典》云：「日中，星鳥，以殷仲春。」就是這種情況的反映。

以孟春爲正月符合四季農事安排，並且以觀測星宿在中天出現的位置來判斷所處的季節和月份，但是這一問題到後來有所變化。通過文獻，我們發現《尚書・堯典》四仲的仲月的星象和《禮記・月令》、《淮南子・時則》所記的星象略有不同：

《尚書・堯典》	《禮記・月令》（戰國）	《淮南子・時則》（漢）
日中，星鳥，以殷仲春	仲春之月，日在奎，昏弧中，旦建星中……是月也，日夜分。	仲春之月，招搖指卯，昏弧中，旦建星中……是月也，日夜分。
	季春之月，日在胃，昏七星中，旦牽牛中。	季春之月，招搖指辰，昏七星中，旦牽牛中。
日永，星火，以正仲夏。	仲夏之月，日在東井，昏亢中，旦危中……是月也，日長至。	仲夏之月，招搖指午，昏亢中，旦危中……日長至。
	季夏之月，日在柳，昏火中，旦奎中	季夏之月，招搖指未，昏心中，旦奎中
宵中，星虛，以殷仲秋。	仲秋之月，日在角，昏牽牛中，旦觜巂中……是月也，日夜分。	仲秋之月，招搖指酉，昏牽牛中，旦觜巂中……日夜分。
	季秋之月，日在房，昏虛中，旦柳中	季秋之月，招搖指戌，昏虛中，旦柳中
日短，星昴，以正仲冬。	仲冬之月，日在斗，昏東壁中，旦軫中……是月也，日短至。	仲冬之月，招搖指子，昏壁中，旦軫中……是月也，日短至。
	季冬之月，日在婺女，昏婁中，旦氐中	季冬之月，招搖指丑，昏婁中，旦氐中

漢朔閏表》，第 165～166 頁。

「四仲」之日爲春分、夏至、秋分、冬至。和《禮記‧月令》、《淮南子‧時則》所記錄的仲春之月日夜分、仲夏之月日短至、仲秋之月日夜分、仲冬之月日長至同。而「四仲」之日黃昏所見星宿與《禮記》、《淮南子》所對應的「四仲」星不同，與其後一月的「四季」昏所見之星相同或相近〔註15〕。這是由於歲差導致的。二至二分日所觀測的星宿存在一月之差別，考其記錄年代。《尙書‧堯典》所記唐堯時代，《漢書‧律曆志‧世經》有相關記錄：

　　　「唐帝……即位七十載。」

　　　「虞帝……即位五十載。」

　　　「伯禹……繼世十七王，四百三十二歲。」

　　　「三統……上元至伐桀之歲，十四萬一千四百八十歲。」

　　　「漢曆太初元年，距上元十四萬三千一百二十七歲。」

　　據此，推算如下：

　　　漢太初元年爲公元前 104 年，其距離伐桀之歲 143127−141480＝1647
　　　年。則距離唐堯之歲 1647＋432＋50＋70＝2199 年。2199＋104＝2303
　　　年，即公元前 2303 年爲唐堯繼位之年〔註16〕。《禮記‧月令》所記
　　　天象約在魯文公七年（公元前 620 年）〔註17〕，兩者相差 1683 年左
　　　右。歲差約 71 年 8 個月差一度，1683 年後約差 23.5 度。

　　試以秋分來看，堯時期昏中星在虛宿，《禮記‧月令》時期昏中星在牽牛宿。虛宿十度，女宿十二度，牛宿八度，牛宿在虛宿之西，兩宿之間最大差距爲 30 度，最小差距是 13 度，23.5 度在此範圍中。可見如果唐堯時期秋分日觀測虛宿在黃昏的天空之中，1683 年後秋分點在天空中西移了 23.5 度，達到牛宿，是可能的。晉代以前對於歲差問題沒有具體認識，仍會通過觀星來

〔註15〕　相近的星宿的產生，和所選擇觀測的二十八宿中星變化有關。隨著時間的推
　　　　移，某些星宿觀測的亮星或有不同，會選擇和其接近的亮星來替代。比如《漢
　　　　書‧天文志》云：「在申曰涒灘。七月出。《石氏》曰名天晉，在東井、輿鬼。
　　　　《甘氏》在弧。」石氏所觀的井宿、鬼宿，甘氏就用弧星來代替。兩星的赤
　　　　緯較接近。

〔註16〕　據陳遵嬀《中國天文學史》所記，日本學者熊田忠亮、飯島忠夫等皆據《堯
　　　　典》四仲星和《月令》四仲星的位置來推算唐堯的年代，取其平均數，約在
　　　　公元前 2476 年。不過這個數字是否可靠，和《堯典》記錄年代的眞實性有關。
　　　　如果其成書年代在春秋戰國時期，則不可據考，所以這一問題，至今仍無定
　　　　論。第 681 頁。

〔註17〕　此數字來源於陳遵嬀《中國天文學史》，第 696 頁。

指建月份，如《淮南子‧時則》所記，必然會造成一月的差別。也就是說，依據觀星來判斷季節，必然實際的季節和星星的指建不能對應，產生偏移。依據較古老的記錄，就會使季節前移，使實際的季冬之月變成星星所指建的仲冬之月。見下表：

實際	季冬	孟春	仲春	季春	孟夏	仲夏	季夏	孟秋	仲秋	季秋	孟冬	仲冬
地支	丑	寅	卯	辰	巳	午	未	申	酉	戌	亥	子
觀星	仲冬	季冬	孟春	仲春	季春	孟夏	仲夏	季夏	孟秋	仲秋	季秋	孟冬
地支	子	丑	寅	卯	辰	巳	午	未	申	酉	戌	亥

由表可知，觀星所認爲的丑月，實際天象已經爲孟春。故依照實際的季節對此進行修訂，看起來就以丑月替代了寅月成爲歲首。春秋後期以冬至日所在月作爲一年起首，故以子月爲歲首，但是仍舊把子月、丑月、寅月三月稱呼爲「春」，可以窺見這個演變過程。如《春秋左傳‧成公元年》經文云：「元年，春，王正月。公即位。二月，辛酉，……無冰」杜預注：「無傳，周二月，今之十二月。而無冰，書冬溫。」可以看出，《春秋》中所記載的「春」是包括仲冬、季冬、孟春三個月的，故當有冰，無冰只能看作暖冬現象了。

到了春秋中期，出現了較爲穩定的曆法安排現象，即通過冬至日間的距離來測知回歸年長度以測定年長，《左傳》上記錄了兩次「日南至」的現象，其間隔爲 133 年，恰爲 19 年的倍數。據此可以形成一個十九年七閏的較穩定週期。陳遵嬀《中國天文學史》說：

> 「春秋時代把冬至叫做日南至，以有日南至的月份叫做子月；在子月之後爲丑月、寅月等等，在子月之前，逆次爲亥月、戌月等等。春秋所謂『春王正月』是指含有日南至的月份；但由於當時日官還不能適當地安插閏月來調整季節，每年的『春王正月』，有時過早，有時過遲。據統計春秋初期的『春王正月』一般是丑月，後期逐漸改用子月。當時日官很可能有意識地把正月朔、日南至作爲革新曆日制度的開端，所以偶然多閏或失閏，得以隨時矯正。」〔註18〕

這樣一來，可以把十一月冬至所在之月子月作爲年首。行用於春秋戰國時期的四分曆，除了因和實際天象不同會造成誤差之外，還有因爲史官失閏

〔註18〕陳遵嬀《中國天文學史》，第 1419～1422 頁。

或失朔而造成的曆法記錄錯誤，引起月序上正月的移動。失閏有兩種情況：

1. 當閏之年不閏

閏年以子月爲開端，則下一年的首月移到亥月，子月變成了第二個月，冬至也就移到了二月份，《漢書‧律曆志》即云：「至昭二十年二月己丑，日南至，失閏，至在非其月。」

檢核張培瑜《三千五百年曆日天象‧春秋朔閏表》（23 頁），昭公二十年爲公元前 522 年，其年周曆子月初一爲己丑日。《左傳‧昭公二十年》傳文云：「二十年春，王二月己丑，日南至。」表明昭公二十年二月己丑日太陽到達南回歸線，日影最長，爲冬至日。《左傳》記錄爲「日南至」，該年周曆當行亥正。如下表所示：

	子正	丑月	寅月	卯月	辰月	巳月	午月	未月	申月
當閏未閏	1 月	2 月	3 月	4 月	5 月	6 月	7 月	8 月	9 月
	酉月	戌月	亥月						
	10 月	11 月	12 月						
補　　閏	閏月（亥正）	子月	丑月	寅月	卯月	辰月	巳月	午月	未月
	1 月	2 月	3 月	4 月	5 月	6 月	7 月	8 月	9 月
	申月	酉月	戌月	亥月					
	10 月	11 月	12 月	13 月					
回復子正	子正	丑月	寅月	卯月	辰月	巳月	午月	未月	申月
	1 月	2 月	3 月	4 月	5 月	6 月	7 月	8 月	9 月
	酉月	戌月	亥月						
	10 月	11 月	12 月						

這種情況，不但失閏，也失了朔。據張汝舟算法，昭公二十年（前 522 年）當入第十四蔀辛卯蔀（蔀餘 27）第三十四年：

522－427＝95 年

95－76＝19 年

上數一蔀至十四蔀，故此反推 76－19＝57 年，算外加 1，爲第 58 年，該年非閏年。查「曆術甲子篇」第五十八年，首日前大餘 59，前小餘 235，後大餘 59，後小餘 8。（後大餘爲冬至日干支，後小餘爲冬至日餘分）

59＋27（蔀餘）＝86，86－60＝26（庚寅）。實際天象 95 年計差 290 分

（95×3.06），此年在曆元近距之前，故加 290 分，得首日爲前大餘 15，前
小餘 916 分。

月份	首日干支	小餘	冬至日干支	冬至日小餘	建正（亥正）	建正（子正）
子月	26（庚寅）	235	26（庚寅）	8	二月	正月

以四分曆曆術所推，該年子月的朔日爲庚寅日（26），而史官失朔，記爲
己丑日（25）。由於本年入第十四蔀五十八年，爲其第三章首年。就四分曆系
統而言，這一年子月朔日和冬至日在同一天，故唯有記錄本日爲冬至日，將
上一年閏月的最後一日己丑日變爲子月的第一日，也會影響本年正月位置的
移動。

2. 不當閏之年加閏

不當閏而閏，下一年的子月變成了上一年的尾月，而使本來是二月的丑
月變成正月。《左傳・文公六年》經文云：「閏月不告月，猶朝於廟。」傳文
云：「閏月不告朔，非禮也。」其年爲公元前 621 年，據饒尚寬師《春秋戰國
秦漢朔閏表》（27 頁），魯曆年末閏，閏月朔日干支爲己丑（25），月大，冬至
日爲二十九日丁巳（53），則閏月爲子月，故第二年文公七年只能取丑月爲正
月，由於不是當閏之年，所以並不去告朔。見下表：

不當閏而閏	子正	丑月	寅月	卯月	辰月	巳月	午月	未月	申月
	1 月	2 月	3 月	4 月	5 月	6 月	7 月	8 月	9 月
	酉月	戌月	亥月	子月（閏月）					
	10 月	11 月	12 月	13 月					
當閏而不閏	丑正	寅月	卯月	辰月	巳月	午月	未月	申月	酉月
	1 月	2 月	3 月	4 月	5 月	6 月	7 月	8 月	9 月
	戌月	亥月	閏月						
	10 月	11 月	12 月						
回復子正	子正	丑月	寅月	卯月	辰月	巳月	午月	未月	申月
	1 月	2 月	3 月	4 月	5 月	6 月	7 月	8 月	9 月
	酉月	戌月	亥月						
	10 月	11 月	12 月						

總結春秋時期的建正情況，前四公以丑正爲主，雜以子正和寅正。後四公以子正爲主，雜以丑正和亥正。〔註19〕可知失閏造成了四正的變換，其範圍以一月爲限，發現有失閏情況，會在其後進行調整。對當閏而未閏的（應13月而只有12月），此後補閏月（12月之年加補爲13月），以回復建正；不當閏而加閏的（應12月而設爲13月），在其後有閏之年不閏（本13月只用12月），以回復建正。

《漢書‧律曆志‧世經》有云：「祭典曰：『共工氏伯九域。』言雖有水德，在火木之間，非其序也。……秦以水德，在周漢木火之間。」木生火，而非生水。漢取秦而代之，用五行生克的說法，視秦爲不正，秦以亥月爲歲首，故漢人去之。因此漢人改曆，僅用三正來對應三統之說。而由於曆法記錄的混亂，又產生了所謂「失兩閏」的現象，爲「三正」的同時存在提供了可能。

《漢書‧律曆志》云：「周道既衰，幽王既喪，天子不能班朔，魯曆不正，以閏餘一之歲爲蔀首。故春秋刺『十一月乙亥朔，日有食之』。於是辰在申，而司曆以爲在建戌，史書建亥。」

曆法以19年爲一蔀，原則爲19年7閏，76年爲一蔀，前一蔀首最後一年爲閏年，閏在第十二月，若司曆的官員忘記設置閏月，那麼多餘出來的一個月就成爲下一蔀的首月，即所謂「以閏餘一之歲爲蔀首」。所舉的例子是春秋左傳襄公二十七年的事。

據張汝舟算法，襄公二十七年（前546年）當入第十四蔀辛卯蔀（蔀餘27）第三十四年：

$$546-427＝119 \text{ 年}$$

$$119-76＝43 \text{ 年}$$

上數一蔀至十四蔀，故此反推76-43＝33年，算外加1，爲第34年，該年非閏年。查「曆術甲子篇」第三十四年，首日前大餘48，前小餘552。

48＋27（蔀餘）＝75，75-60＝15（己卯）。實際天象119年計差364分（119×3.06），此年在曆元近距之前，故加364分，得首日爲前大餘15，前小餘916分。

現排列襄公二十七年兩種干支及月份比較表如下：

〔註19〕張聞玉《古代天文曆法講座》，第191頁。

月 份	首日干支	小 餘	首日干支（實際）	小 餘（實際）	建正（子正）	建正（寅正）
子月	15（己卯）	552	15（己卯）	916	正月	十一月
丑月	45（己酉）	111	45（己酉）	475	二月	十二月
寅月	14（戊寅）	610	15（己卯）	34	三月	正月
卯月	44（戊申）	169	44（戊申）	533	四月	二月
辰月	13（丁丑）	668	14（戊寅）	92	五月	三月
巳月	43（丁未）	227	43（丁未）	591	六月	四月
午月	12（丙子）	726	13（丁丑）	150	七月	五月
未月	42（丙午）	285	42（丙午）	649	八月	六月
申月	11（乙亥）	784	12（丙子）	208	九月	七月
酉月	41（乙巳）	343	41（乙巳）	707	十月	八月
戌月	10（甲戌）	842	11（乙亥）	266	十一月	九月
亥月	40（甲辰）	401	40（甲辰）	765	十二月	十月

《左傳・襄公二十七年》經文云：「冬十有二月，乙亥朔。」〔註20〕傳文云：「十一月乙亥朔，日有食之。辰在申，司曆過也，再失閏矣。」杜預注：「謂斗建指申，周十一月今之九月。斗當建戌而在申，故知再失閏也。」襄公處於春秋後期，建正當爲子，子正九月乙亥朔，如上表所示。張培瑜《三千六百年曆日天象・中國十三歷史名城可見日食表》記有公曆前546年10月13日乙亥日食。〔註21〕相對於今天的農曆（以寅月爲正月），爲9月日食，天象是戌月日食。我們考慮年差分問題，可以得出戌月朔日爲乙亥日，符合實際天象。

漢人尚沒有認識到這裡存在的年差分問題，以爲該年只有申月有乙亥朔，故認爲曆法有「再失閏」的現象，本應九月，卻記錄爲十一月，連失兩閏。而實際情況如上所說，失閏只有一月之數，不會連失兩月。

三正的產生加上春秋時期因爲曆法不夠穩定而形成的建正轉移現象，爲三正論的產生奠定了基礎。《漢書・律曆志》云：「於春三月，每月書王，元之三統也。」即是說在《春秋》之中，正月常有變化，其變化範圍在三月之

〔註20〕 本作「乙卯朔」，據本年朔日排列，無乙卯日。今據楊伯峻《春秋左傳注》，
　　　　 北京：中華書局，1981年，第1126頁訂正。
〔註21〕 張培瑜《三千六百年曆日天象》，第986頁。

內，故須在三月（子丑寅）之中，寫上「王」字，來說明曆法存三王之正，以構建三統的體系。《春秋公羊傳・隱公二年》：「三年春王二月」何休注：「二月、三月皆有王者，二月殷之正月也，三月夏之正月也，王者存二王之後，使統其正朔，服其服色，行其禮樂，所以尊先聖通三統。師法之義，恭讓之禮，於是可得而觀之。」就是這個意思。

漢人重視農業，故以春季爲一年的起首，云「傳曰周正月：『火出，於夏爲三月，商爲四月，周爲五月，夏數得天。』得四時之正也。」（984 頁）夏曆以寅月爲起始點，是春季的開始，三月爲辰月，心宿（火星）黃昏出現在天邊，正是季春之時，比較符合農時。因此太初曆以寅月爲正月，以示承先王之正。

而《漢書・律曆志》引倪寬說：「帝王必改正朔，易服色，所以明受於天也。創業改變，制不相復，推傳序文，則今夏時也。……臣愚以爲三統之制，後聖復前聖者，二代在前也。今二代之統絕而不序矣，唯陛下發聖德，宣考天地四時之極，則順陰陽以定大明之制，爲萬世則。」至成帝之時，又找尋其前代後人以續宗祀，即《漢書・成帝紀》云：「綏和元年春……二月癸丑詔曰：『朕承太祖鴻業……蓋聞王者必存二王之後，所以通三統也。』」漢以續周，周以續殷，殷人續夏，所以漢代保有周、殷兩代的後人，並允許他們祭祀其祖先，和漢並稱爲三統。在這個理論基礎之上，解決了太初曆需要 4617 年回復甲子的問題，以表示太初曆法優於殷曆之處。

太初曆以 1539 年爲一統，一共 562120 日。

562120÷60＝9368……40，除 60 干支不盡，在日數上不能構成循環。

因此必須以三統爲一元，爲 4617 年，一共 1686360 日。1686360÷60＝28106。

相對於 60 干支的循環，每一統都有 40 干支的餘數，即第一統從甲子日開始（0），第二統則從甲辰日開始（40），第三統從甲申日開始（20），三統之後，始無餘數，則可以復得甲子日。所以三統連續，成爲一個整體，又各有差距，三統起首干支日的交替，就如同子丑寅三正交替，配合夏殷周三代的交迭，形成夏建寅正，殷建丑正，周建子正的格局，以符合天地人合一的思想。（參見本文第二部份）漢取周而代之，故行寅正。不過，漢代建正爲寅之後，如漢祚永續的話，而不換曆法，則三統恆行寅正。若朝代興替，才會三正替行。如王莽篡政代漢，仍使用三統曆，故行丑正。

（二）改曆的緣起和過程

《漢書‧郊祀志》云：「（元鼎四年）齊人公孫卿曰：『今年得寶鼎，其冬辛巳朔旦冬至，與黃帝時等。』」這裡提到元鼎五年的十一月朔日和冬至日是同一天。

據四分術，元鼎五年（前 112 年）入第二十蔀乙酉（蔀餘 21）第十二年，前大餘 56，前小餘 184。後大餘 57，後小餘 24。

$$56＋21（蔀餘）＝77，77-60＝17$$
$$57＋21（蔀餘）＝78，78-60＝18$$

其朔日及冬至日干支如下所示：

月 份	首日干支	小 餘	冬至日干支	冬至日小餘
子月	17（辛巳）	184	18（壬午）	24

該年朔日和冬至並不是同一天，依據曆法，冬至日當在初二。檢核張培瑜《三千六百年曆日天象‧分至八節表》（914 頁），本年冬至日在庚辰（16），太陽達到南回歸線的具體時間爲 21 點 17 分，干支早於朔日一天，時間上密近朔日，倘使採用立桿測影法來實測，辛巳日日影長度必然大於曆法所推壬午日日影長度，故《漢書‧郊祀志》記爲：「十一月辛巳朔旦冬至，吻爽，天子始郊拜泰一。」和公孫卿所說「其冬辛巳朔旦冬至，與黃帝時等」吻合，可知其時已經意識到曆法的錯誤問題，即曆法所推得的冬至日和實際天象不合。元鼎五年四月又出現了一次「日食在晦」現象（其算見上文第一節「年差分」部份），曆法朔日也和實際天象不合，具備了改曆的現實基礎。

不過，改曆之議，早在文帝年間就有提出。《史記‧曆書》說：「至孝文時，魯人公孫臣以終始五德上書，言：『漢得土德，宜更元，改正朔，易服色。當有瑞，瑞黃龍見。』事下丞相張蒼，張蒼亦學律曆，以爲非是，罷之。」張蒼通律曆，僅僅提到五德之說，並不足以動議曆法修改。而到這個時候，冬至日及朔日的推定都出現錯誤，並且出現了「日食在晦」現象，再加上公孫卿的遊說，使改曆提上日程，即《漢書‧律曆志》所云：「大中大夫公孫卿、壺遂、太史令司馬遷等言『曆紀壞廢，宜改正朔』。」

曆法一旦構成循環，就生生不息，不會斷絕。公孫卿以此來比喻天道，得之而可以長生飛仙，故又云：「卿有札書曰：『黃帝得寶鼎冕候，問於鬼臾區，鬼臾區對曰：「黃帝得寶鼎神策，是歲己酉朔旦冬至，得天之紀，終而復

始。」於是黃帝迎日推策，後率二十歲復朔旦冬至，凡二十推，三百八十年，黃帝僊登於天。』」〔註22〕

　　此處可用四分術加以對應：黃帝得鼎之日在己酉朔旦冬至之日，即四分曆的第十六蔀首日。四分曆法 19 年一章，每章的首日朔旦冬至同日（第二十年），四章構成一蔀，經過 20 章，即五蔀之數 380 年（19×20＝380），就完成了四分術 1520 年一紀的循環（20 蔀×4×19＝1520），第 1521 年的首日干支爲甲子日朔旦冬至，成爲新的一紀的開始，也是黃帝成仙之時。《漢書‧律曆志》記錄的改曆詔書云：「蓋聞黃帝合而不死，名察發斂，定清濁，起五部，建氣物分數。」就是說明黃帝造曆定則，從而可以不死登仙。漢武帝相信有這個可能，《漢書‧郊祀志》記錄武帝在元鼎五年朔旦冬至日郊祀所用的祝頌說：「其贊饗曰：『天始以寶鼎神策授皇帝，朔而又朔，終而復始，皇帝敬拜見焉。』而衣上黃。」朔旦冬至的規律性回歸即是天體運行的大道，得此大道就可以如同天地長在而不滅。

　　這樣改曆不僅能解決曆法錯誤的客觀情況，同時也符合了漢武帝想要不死登仙的主觀願望。根據當時所行的曆法顓頊曆測算（即殷曆）〔註23〕，元封七年前十一月朔旦冬至同在甲子日，和黃帝登仙之日相同，同時也符合一個新的曆法階段開始的需要，故此，改元封七年爲太初元年，以合黃帝太初之意，行用新的曆法。

　　太初改曆的正式謀議當在元封初年。《漢書‧律曆志》云：「自漢曆初起，盡元鳳六年，三十六歲，而是非堅定。」元封元年（前 110 年）至元鳳六年（前 75 年），前後 36 年。《後漢書‧律曆志中‧永元論曆》也可以證明謀定漢曆的時間應在元封元年：「昔太初曆之興也，發謀於元封，啓定於天鳳，積百三十年，是非乃審。」〔註24〕元封元年（前 110 年）至天鳳六年（公元 19 年），前後 130 年。

　　此時距離設定的元封七年還有 6 年的時間，用以選用合適的曆法，並加以測算。《漢書‧律曆志》有載元鳳年間太史令張壽王對於太初曆數據的質疑，爲了核對曆法的可行性，就使用了十一家曆法，以三年的時間來進行校核：「妄人請與治曆大司農中丞麻光等二十餘人雜候日月晦朔弦望、八節二

〔註22〕《漢書‧郊祀志》，第 1227～1228 頁。
〔註23〕饒尚寬《春秋戰國秦漢朔閏表》之「《顓頊曆》和《三統曆》辨正」。第 298 頁。
〔註24〕王先謙《後漢書集解》，北京：中華書局。第 1070 頁。

十四氣，鈞校諸曆用狀。……課諸曆疏密，凡十一家。以元鳳三年十一月朔旦多至，盡五年十二月，各有第。……復候，盡六年。」

以太初曆日分 81 分來測算，每月長度為 $29\frac{43}{81}$，兩月合計為 $58\frac{86}{81}=59\frac{5}{81}$，用大小月的日數（29＋30＝59）來對應，會多出 5 分的餘分。這 5 分累積超過 32 個月（81÷5＝16.2，16.2×2＝32.4），就會多出一天，在曆法上使用連大月來解決。而有序地使用連大月是曆法穩定的一種表現，陳遵嬀《中國天文學史》就說：「在春秋中期，魯文公、宣公時代以後，以周正為歲首，而頻大月及置閏法頗有規則……至於曆法確定時期，當在戰國中期，當時採用四分曆，以七十六年為安排頻大月和置閏的共同週期。」〔註25〕

也就是說，測定連大月是否穩定，大概需要兩年多的時間來比較和驗證。加上新曆法所使用的天文數據還需要重新測定，都是需要一定的時間的。《漢書‧律曆志》所記：「都分天部，而閎運算轉曆。……於是皆觀新星度、日月行，更以算推，如閎、平法。……乃詔遷用鄧平所造八十一分律曆，罷廢尤疏遠者十七家，復使校曆律昏明。宦者淳于陵渠復覆太初曆晦朔弦望，皆最密，日月如合璧，五星如連珠。」就是在描述這個複雜的過程。

（三）81 分法的確定

如前所述，太初改曆行用了鄧平的八十一分法。這個結果，應該有兩方面的考慮。一是基於實際觀測的曆法數據調整，這一點已經在自然科學因素部份做了闡述。第二是為了符合黃帝登仙之說。《漢書‧律曆志》云：「五聲之本，生於黃鐘之律。……有三統之義焉。其傳曰，黃帝之所作也。」十二律為黃帝命泠綸制作，黃鐘為土色，黃帝也為土德，漢代承周火德而來，火生土，符合五德傳序。加上和漢武帝效慕黃帝登仙之事相配合，故需要選用一個和黃鐘數據有關的數字作為曆法運算的基本值。

《漢書‧律曆志》說：「其法以律起曆，曰：『律容一龠，積八十一寸，則一日之分也。與長相終。律長九寸，百七十一分而終復。三復而得甲子。』」（975 頁）

黃鐘長九寸，圍九分，九是陽之大數，所謂：「九者，所以究極中和，為萬物元也。」（961 頁）。只取九數字太小，因此取黃鐘所容黍數來作為日分，黃鐘長度 9 寸（90 分），周長 9 分，將其展開，可以變成一個寬 9 分，長 90 分的長方形。當時用於測量的標準穀粒（黍），長度為 1 分，排列這些穀子在

〔註25〕陳遵嬀《中國天文學史》第三冊。1420～1421 頁。

長方形內，正可以排下 810 個，每個 1 分，總長度爲 810 分，即 81 寸。寸通「刌」，爲分割之意，將一天分割爲 81 分，稱爲「日分」。律長爲 9，「終」爲一個循環的結束，9 個 9 構成一個小循環，即九九八十一，所以又稱爲「與長相終」。171 個 9 構成一個大循環，即 9×171＝1539，是三統曆一統的年數，叫做「一復」。三復是三統曆一元的年數爲 4617 年（3×1539＝4617）。4617 年的日數爲 1686360，是 60 干支的倍數，以甲子日起數，就可以再得甲子日。

定下 81 分爲日分，就可以確定一個月餘分的大小。

$43/81 \approx 0.5309$，$42/81 \approx 0.5185$，$41/81 \approx 0.5062$。

$499/940 \approx 0.5309$。

43/81 和原四分曆一月餘分密近，因此取 $29^{43}/_{81}$ 日爲其月長。

其一年之長：$(29^{43}/_{81} \times 235) \div 19 = (2392 \times 235) \div (81 \times 19) = 365^{385}/_{1539}$

第三節　《三統曆》的制定和編排原則

一、上元的設定

古曆的制定，爲表示其得天道，存古正，都會設立上元點。歐陽修《新五代史・司天考第一》：「夫天人之際，遠哉微矣，而使一藝之士，布算積分，上求數千萬歲之前，必得甲子朔旦夜半冬至，而日、月、五星皆會於子，謂之上元，以爲曆始。」（卷五十八）

《後漢書・律曆中》亦云：「夫甲寅元，天正正月甲子朔旦冬至，七曜之起，始於牛初。乙卯之元，人正己巳朔旦立春，三光聚天廟五度。」

由此可知，對於曆元起始點的要求，是日月和五星同時處在一個星次內。在曆法上，表現爲日月合朔的時間（初一）和某一中氣（如冬至）或節氣（如立春）在同一天同一時刻（如夜半）。更爲理想的起點對這些條件的要求更高，就如《漢書・律曆志》所描述的天象：「斗綱之端連貫營室，織女之紀指牽牛之初，以紀日月，故曰星紀。五星起其初，日月起其中。」

也就是說，黃昏的時候，東壁宿在南天正中，北斗斗衡（開陽、玉衡）的連線指向東壁，太陽在牛宿，因牛宿和太陽同宿，故不可觀測，則須通過織女星來標示其位置。日月在牛宿之初，即星紀次之中。觀測五星也必須避

開太陽光芒的範圍，約離開半次（15度）左右，《漢書‧律曆志‧五步》稱之「去日半次」（998頁），故五星須起於星紀之初。在曆法上就表現為子月（寅正十一月）朔旦冬至同日同時。由於五星起於星紀次之初，和木星相反的太歲就從析木次（寅）開始紀年。見下圖。

《漢書‧律曆志》云：「漢曆太初元年，距上元十四萬三千一百二十七歲。前十一月甲子朔旦冬至，歲在星紀婺女六度。故《漢志》云歲名困敦，正月歲星出婺女。」

太初改曆之年，由於正月選用寅月，冬至之月子月就上屬於前一年。根據四分曆法，這個月入第二十蔀乙酉蔀（蔀餘21）第二十年，前大餘39，前小餘705。後大餘39，後小餘24。

39＋21（蔀餘）＝60，60-60＝0。

故前大餘和後大餘皆為甲子（0），即朔旦冬至在同一日。當天歲星的位置，在星紀次婺女六度，大約在星紀次的尾部。相對應的太歲的位置應該在寅，即所謂「甲寅元朔旦冬至」。不過，依據實際的干支紀年次序，此年為丙子年。（據古代紀年，以寅月為正月，故子月當上屬丙子年，從寅月開始，稱為丁丑年）

歲星的算法前文已明，即若143127年之前，歲星從星紀次初度起步，目前正在星紀婺女六度。一元之數4617是日月週期（19年）、交食週期（135×47＝6345月＝235月×27＝19年×27＝513年）的倍數，而143127又是日月週期（19年）、交食週期（513年）、一元之數4617的倍數。故此可以推知上元之年的天象為朔旦冬至同日同時，歲星從星紀起，代表五星之始。符合

「七曜」（日月五星）起於牛初（星紀次內）的現象。

二、《三統曆》曆法數據的編排

（一）曆 表

設定了上元及日月運行大週期，且和歲星的運行週期相吻合。故《三統曆》按照 4617（上元 143127 年÷31＝4617）年的週期進行排列。

《漢書‧律曆志》中記載了曆表的排列原則：

> 九章歲爲百七十一歲，而九道小終。九終千五百三十九歲而大終。三終而與元終。進退於牽牛之前四度五分。九會。陽以九終，故日有九道。陰兼而成之，故月有十九道。陽名成功，故九會而終。四營而成易，故四歲中餘一，四章而朔餘一，爲篇首，八十一章而終一統。……推章首朔旦冬至日，置大餘三十九，小餘六十一，數除如法，各從其統首起。求其後章，當加大餘三十九，小餘六十一，各盡其八十一章。推篇，大餘亦如之，小餘加一。求周至，加大餘五十九，小餘二十一。

一章歲爲 19 年，9 章歲爲 171 年，爲小終。9 小終爲 1539 年，爲大終。3 大終爲 4617 年，爲元終。

一歲 $365\frac{385}{1539}$ 日，四歲爲 $4\times562120/1539＝1461\cdots\cdots1$。

19 歲爲一章。$19\times562120/1539＝6939$（大餘）$\cdots\cdots1159$（小餘）。

$6939\div60＝115\cdots\cdots39$（大餘干支序數，參見上文自然科學因素部份的一甲數次表）次章冬至日大餘加 39，小餘加 1159。

一章 19 年 235 個月，$235\times29\frac{43}{81}＝562120/81$ 日。四章爲 $4\times562120/81＝27759\cdots\cdots1$。

一章 235 月 562120/81 日＝6939（大餘）$\cdots\cdots61$（小餘）。$6939\div60＝115\cdots\cdots39$（大餘干支序數）。故知每章餘大餘 39，小餘 61。

從天正甲子統首章首年子月朔日起算，其年大餘爲 0，小餘爲 0。次章首年朔日大餘加 39，小餘加 61。以此類推。

四章爲一篇，$4\times562120/81＝27759$（大餘）$\cdots\cdots1$（小餘）。$27759\div60＝462\cdots\cdots39$（大餘干支序列）。故次篇加大餘 39，加小餘 1。

三章爲周至，$3\times562120/81＝20819$（大餘）$\cdots\cdots21$（小餘）。20819

÷60＝346……59（大餘干支序數），故次周至加大餘 59，小餘 21

《三統曆》各統 81 章，三統 243 章。故每三章爲一周至。《三統曆》基礎數據和四分曆接近，其四章小餘爲 1，爲一篇。四分曆四章小餘爲 0，爲一蔀。

據此，《三統曆》得出各章首年子月朔日干支表：

「一，甲子元首。漢太初元年。十，辛酉。十九，己未。二十八，丁巳。三十七，乙卯。四十六，壬子。五十五，庚戌。六十四，戊申。七十三，丙午，中。

甲辰二統。辛丑。己亥。丁酉。乙未。壬辰。庚寅。戊子。丙戌，季。

甲申三統。辛巳。己卯。丁丑。文王四十二年。乙亥。微二十六年。壬申。庚午。戊辰。丙寅，孟。愍二十二年。

二，癸卯。十一，辛丑。二十，己亥。二十九，丁酉。（二）〔三〕十八，甲午。四十七，壬辰。五十六，庚寅。六十五，戊子。七十四，乙酉，中。

癸未。辛巳。己卯。丁丑。甲戌。壬申。庚午。戊辰。乙丑，季。

癸亥。辛酉。己未。丁巳。周公五年。甲寅。壬子。庚戌。戊申。元四年。乙巳，孟。

三，癸未。十二，辛巳。二十一，己卯。三十，丙子。三十九，甲戌。四十八，壬申。五十七，庚子。六十六，丁卯。七十五，乙丑，中。

癸亥。辛酉。己未。丙辰。甲寅。壬子。庚戌。丁未。乙巳，季。

癸卯。辛丑。己亥。丙申。甲午。壬辰。庚寅。成十二年。丁亥。乙酉，孟。

四，癸亥。初元二年。十三，辛酉。二十二，戊午。三十一，丙辰。四十，甲寅。四十九，壬子。五十八，己酉。六十七，丁未。七十六，乙巳，中。

癸卯。辛丑。戊戌。丙申。甲午。壬辰。己丑。丁亥。乙酉，季。

癸未。辛巳。戊寅。丙子。甲戌。壬申。惠三十八年。己巳。丁卯。乙丑，孟。

五，癸卯。河平元年。十四，庚子。二十三，戊戌。三十二，丙申。四十一，甲午。五十，辛卯。五十九，己丑。六十八，丁亥。七十七，乙酉，中。

癸未。庚辰。戊寅。丙子。甲戌。辛未。己巳。丁卯。乙丑，季。商太甲元年。

癸亥。庚申。戊午。丙辰。甲寅。獻十五年。辛亥。己酉。丁未。乙巳，孟。楚元三年。

六，壬午。十五，庚辰。二十四，戊寅。三十三，丙子。四十二，癸酉。五十一，辛未。六十，己巳。六十九，丁卯。七十八，甲子，中。

壬戌。庚申。戊午。丙辰。癸丑。辛亥。己酉。丁未。甲辰，季。

壬寅。庚子。戊戌。丙申。煬二十四年。癸巳。辛卯。己丑。丁亥。康四年。甲申，孟。

七，壬戌。始建國三年。十六，庚申。二十五，戊午。三十四，乙卯。四十三，癸丑。五十二，辛亥。六十一，己酉。七十，丙午。七十九，甲辰，中。

壬寅。庚子。戊戌。乙未。癸巳。辛卯。己丑。丙戌。甲申，季。

壬午。庚辰。戊寅。乙亥。癸酉。辛未。己巳。定七年。丙寅。甲子，孟。

八，壬寅。十七，庚子。二十六，丁酉。三十五，乙未。四十四，癸巳。五十三，辛卯。六十二，戊子。七十一，丙戌。八十，甲申，中。

壬午。庚辰。丁丑。乙亥。癸酉。辛未。戊辰。丙寅。甲子，季。

壬戌。庚申。丁巳。乙卯。癸丑。辛亥。僖五年。戊申。丙午。甲辰，孟。

九，壬午。十八，己卯。二十七，丁丑。三十六，乙亥。四十五，癸酉。五十四，庚午。六十三，戊辰。七十二，丙寅。八十一，甲子，中。

壬戌。己未。丁巳。乙卯。癸丑。庚戌。戊申。丙午。甲辰，季。

壬寅。己亥。丁酉。乙未。癸巳。懿九年。庚寅。戊子。丙戌。甲申，孟。元朔六年。」（1007～1010頁）

各干支名爲依照三統八十一章章首日朔日干支，末尾標有「中、孟、季」

者，分別對應天、地、人三統，其後有王公紀年及年號的，是自商太甲元年以來的各章章首日對應的王公紀年及漢代以後的年號紀年，其中中統（天統）為《三統曆》復得上元，故此均為漢代紀年。詳細情況參見後文《殷曆》與《三統曆》干支對應表。現整理出《三統曆表》如下：

三統曆表

統名	章		序	干支	大餘	小餘（81分）	冬至日干支	冬至日大餘	冬至日小餘（1539分）	備註
天統甲子（仲統）	第一篇	周至	第一章	甲子	0	0	甲子	0	0	
			第二章	癸卯	39	61	癸卯	39	1159	
			第三章	癸未	19	41	癸未	19	779	
		周至	第四章	癸亥	59	21	癸亥	59	399	
	第二篇		第五章	癸卯	39	1	癸卯	39	19	四章餘1
			第六章	壬午	18	62	壬午	18	1178	
		周至	第七章	壬戌	58	42	壬午	58	798	
			第八章	壬寅	38	22	壬寅	38	418	
	第三篇		第九章	壬午	18	2	壬午	18	38	四章餘1
		周至	第十章	辛酉	57	63	辛酉	57	1197	
			第十一章	辛丑	37	43	辛丑	37	817	
			第十二章	辛巳	17	23	辛巳	17	437	
	第四篇	周至	第十三章	辛酉	57	3	辛酉	57	57	四章餘1
			第十四章	庚子	36	64	庚子	36	1216	
			第十五章	庚辰	16	44	庚辰	16	836	
		周至	第十六章	庚申	56	24	庚申	56	456	
	第五篇		第十七章	庚子	36	4	庚子	36	76	四章餘1
			第十八章	己卯	15	65	己卯	15	1235	
		周至	第十九章	己未	55	45	己未	55	855	
			第二十章	己亥	35	25	己亥	35	475	
	第六篇		第二十一章	己卯	15	5	己卯	15	95	四章餘1
		周至	第二十二章	戊午	54	66	戊午	54	1254	
			第二十三章	戊戌	34	46	戊戌	34	874	
			第二十四章	戊寅	14	26	戊寅	14	494	

第七篇	周至	第二十五章	戊午	54	6	戊午	54	114	四章餘1
		第二十六章	丁酉	33	67	丁酉	33	1273	
		第二十七章	丁丑	13	47	丁丑	13	893	
第八篇	周至	第二十八章	丁巳	53	27	丁巳	53	513	
		第二十九章	丁酉	33	7	丁酉	33	133	四章餘1
		第三十章	丙子	12	68	丙子	12	1292	
第九篇	周至	第三十一章	丙辰	52	48	丙辰	52	912	
		第三十二章	丙申	32	28	丙申	32	532	
		第三十三章	丙子	12	8	丙子	12	152	四章餘1
第十篇	周至	第三十四章	乙卯	51	69	乙卯	51	1311	
		第三十五章	乙未	31	49	乙未	31	931	
		第三十六章	乙亥	11	29	乙亥	11	551	
		第三十七章	乙卯	51	9	乙卯	51	171	四章餘1
第十一篇	周至	第三十八章	甲午	30	70	甲午	30	1330	
		第三十九章	甲戌	10	50	甲戌	10	950	
		第四十章	甲寅	50	30	甲寅	50	570	
		第四十一章	甲午	30	10	甲午	30	190	四章餘1
第十二篇	周至	第四十二章	癸酉	9	71	癸酉	9	1349	
		第四十三章	癸丑	49	51	癸丑	49	969	
		第四十四章	癸巳	29	31	癸巳	29	589	
		第四十五章	癸酉	9	11	癸酉	9	209	四章餘1
第十三篇	周至	第四十六章	壬子	48	72	壬子	48	1368	
		第四十七章	壬辰	28	52	壬辰	28	988	
		第四十八章	壬申	8	32	壬申	8	608	
		第四十九章	壬子	48	12	壬子	48	228	四章餘1
第十四篇	周至	第五十章	辛卯	27	73	辛卯	27	1387	
		第五十一章	辛未	7	53	辛未	7	1007	
		第五十二章	辛亥	47	33	辛亥	47	627	
		第五十三章	辛卯	27	13	辛卯	27	247	四章餘1
第十五篇	周至	第五十四章	庚午	6	74	庚午	6	1406	
		第五十五章	庚戌	46	54	庚戌	46	1026	
		第五十六章	庚寅	26	34	庚寅	26	646	
		第五十七章	庚午	6	14	庚午	6	266	四章餘1
		第五十八章	己酉	45	75	己酉	45	1425	
		第五十九章	己丑	25	55	己丑	25	1045	
		第六十章	己巳	5	35	己巳	5	665	

第十六篇	周至	第六十一章	己酉	45	15	己酉	45	285	四章餘 1
		第六十二章	戊子	24	76	戊子	24	1444	
		第六十三章	戊辰	4	56	戊辰	4	1064	
第十七篇	周至	第六十四章	戊申	44	36	戊申	44	684	
		第六十五章	戊子	24	16	戊子	24	304	四章餘 1
		第六十六章	丁卯	3	77	丁卯	3	1463	
第十八篇	周至	第六十七章	丁未	43	57	丁未	43	1083	
		第六十八章	丁亥	23	37	丁亥	23	703	
		第六十九章	丁卯	3	17	丁卯	3	323	四章餘 1
第十九篇	周至	第七十章	丙午	42	78	丙午	42	1482	
		第七十一章	丙戌	22	58	丙戌	22	1102	
		第七十二章	丙寅	2	38	丙寅	2	722	
第二十篇	周至	第七十三章	丙午	42	18	丙午	42	342	四章餘 1
		第七十四章	乙酉	21	79	乙酉	21	1501	
		第七十五章	乙丑	1	59	乙丑	1	1121	
	周至	第七十六章	乙巳	41	39	乙巳	41	741	
		第七十七章	乙酉	21	19	乙酉	21	361	四章餘 1
		第七十八章	甲子	0	80	甲子	0	1520	
	周至	第七十九章	甲辰	40	60	甲辰	40	1140	
		第八十章	甲申	20	40	甲申	20	760	
		第八十一章	甲子	0	20	甲子	0	380	四章餘 1
地統甲辰（季統）	第一篇	周至	第一章	甲辰	40	0	甲辰	40	0	承前20分＋61分＝81分，故在此增加1日
			第二章	癸未	19	61	癸未	19	1159	
			第三章	癸亥	59	41	癸亥	59	779	
	第二篇	周至	第四章	癸卯	39	21	癸卯	39	399	
			第五章	癸未	19	1	癸未	19	19	四章餘 1
			第六章	壬戌	58	62	壬戌	58	1178	
	第三篇	周至	第七章	壬寅	38	42	壬寅	38	798	
			第八章	壬午	18	22	壬午	18	418	
			第九章	壬戌	58	2	壬戌	58	38	四章餘 1
		周至	第十章	辛丑	37	63	辛丑	37	1197	
			第十一章	辛巳	17	43	辛巳	17	817	
			第十二章	辛酉	57	23	辛酉	57	437	

第四篇	周至	第十三章	辛丑	37	3	辛丑	37	57	四章餘1
		第十四章	庚辰	16	64	庚辰	16	1216	
		第十五章	庚申	56	44	庚申	56	836	
第五篇	周至	第十六章	庚子	36	24	庚子	36	456	
		第十七章	庚辰	16	4	庚辰	16	76	四章餘1
		第十八章	己未	55	65	己未	55	1235	
	周至	第十九章	己亥	35	45	己亥	35	855	
		第二十章	己卯	15	25	己卯	15	475	
第六篇		第二十一章	己未	55	5	己未	55	95	四章餘1
	周至	第二十二章	戊戌	34	66	戊戌	34	1254	
		第二十三章	戊寅	14	46	戊寅	14	874	
		第二十四章	戊午	54	26	戊午	54	494	
第七篇	周至	第二十五章	戊戌	34	6	戊戌	34	114	四章餘1
		第二十六章	丁丑	13	67	丁丑	13	1273	
		第二十七章	丁巳	53	47	丁巳	53	893	
	周至	第二十八章	丁酉	33	27	丁酉	33	513	
第八篇	周至	第二十九章	丁丑	13	7	丁丑	13	133	四章餘1
		第三十章	丙辰	52	68	丙辰	52	1292	
	周至	第三十一章	丙申	32	48	丙申	32	912	
		第三十二章	丙子	12	28	丙子	12	532	
第九篇		第三十三章	丙辰	52	8	丙辰	52	152	四章餘1
	周至	第三十四章	乙未	31	69	乙未	31	1311	
		第三十五章	乙亥	11	49	乙亥	11	931	
		第三十六章	乙卯	51	29	乙卯	51	551	
第十篇	周至	第三十七章	乙未	31	9	乙未	31	171	四章餘1
		第三十八章	甲戌	10	70	甲戌	10	1330	
		第三十九章	甲寅	50	50	甲寅	50	950	
	周至	第四十章	甲午	30	30	甲午	30	570	
第十一篇		第四十一章	甲戌	10	10	甲戌	10	190	四章餘1
		第四十二章	癸丑	49	71	癸丑	49	1349	
	周至	第四十三章	癸巳	29	51	癸巳	29	969	
		第四十四章	癸酉	9	31	癸酉	9	589	
第十二篇		第四十五章	癸丑	49	11	癸丑	49	209	四章餘1
	周至	第四十六章	壬辰	28	72	壬辰	28	1368	
		第四十七章	壬申	8	52	壬申	8	988	
		第四十八章	壬子	48	32	壬子	48	608	

篇	周至	章							
第十三篇	周至	第四十九章	壬辰	28	12	壬辰	28	228	四章餘1
		第五十章	辛未	7	73	辛未	7	1387	
		第五十一章	辛亥	47	53	辛亥	47	1007	
	周至	第五十二章	辛卯	27	33	辛卯	27	627	
第十四篇		第五十三章	辛未	7	13	辛未	7	247	四章餘1
		第五十四章	庚戌	46	74	庚戌	46	1406	
	周至	第五十五章	庚寅	26	54	庚寅	26	1026	
		第五十六章	庚午	6	34	庚午	6	646	
第十五篇		第五十七章	庚戌	46	14	庚戌	46	266	四章餘1
	周至	第五十八章	己丑	25	75	己丑	25	1425	
		第五十九章	己巳	5	55	己巳	5	1045	
		第六十章	己酉	45	35	己酉	45	665	
第十六篇	周至	第六十一章	己丑	25	15	己丑	25	285	四章餘1
		第六十二章	戊辰	4	76	戊辰	4	1444	
		第六十三章	戊申	44	56	戊申	44	1064	
	周至	第六十四章	戊子	24	36	戊子	24	684	
第十七篇		第六十五章	戊辰	4	16	戊辰	4	304	四章餘1
		第六十六章	丁未	43	77	丁未	43	1463	
	周至	第六十七章	丁亥	23	57	丁亥	23	1083	
		第六十八章	丁卯	3	37	丁卯	3	703	
第十八篇		第六十九章	丁未	43	17	丁未	43	323	四章餘1
	周至	第七十章	丙戌	22	78	丙戌	22	1482	
		第七十一章	丙寅	2	58	丙寅	2	1102	
		第七十二章	丙午	42	38	丙午	42	722	
第十九篇	周至	第七十三章	丙戌	22	18	丙戌	22	342	四章餘1
		第七十四章	乙丑	1	79	乙丑	1	1501	
		第七十五章	乙巳	41	59	乙巳	41	1121	
	周至	第七十六章	乙酉	21	39	乙酉	21	741	
第二十篇		第七十七章	乙丑	1	19	乙丑	1	361	四章餘1
		第七十八章	甲辰	40	80	甲辰	40	1520	
	周至	第七十九章	甲申	20	60	甲申	20	1140	
		第八十章	甲子	0	40	甲子	0	760	
		第八十一章	甲辰	40	20	甲辰	40	380	四章餘1

人統甲申（孟統）	第一篇	周至	第一章	甲申	20	0	甲申	20	0	承前20分＋61分＝81分，故在此增加1日
			第二章	癸亥	59	61	癸亥	59	1159	
			第三章	癸卯	39	41	癸卯	39	779	
		周至	第四章	癸未	19	21	癸未	19	399	
	第二篇		第五章	癸亥	59	1	癸亥	59	19	四章餘1
			第六章	壬寅	38	62	壬寅	38	1178	
		周至	第七章	壬午	18	42	壬午	18	798	
			第八章	壬戌	58	22	壬戌	58	418	
	第三篇		第九章	壬寅	38	2	壬寅	38	38	四章餘1
		周至	第十章	辛巳	17	63	辛巳	17	1197	
			第十一章	辛酉	57	43	辛酉	57	817	
			第十二章	辛丑	37	23	辛丑	37	437	
	第四篇	周至	第十三章	辛巳	17	3	辛巳	17	57	四章餘1
			第十四章	庚申	56	64	庚申	56	1216	
			第十五章	庚子	36	44	庚子	36	836	
		周至	第十六章	庚辰	16	24	庚辰	16	456	
	第五篇		第十七章	庚申	56	4	庚申	56	76	四章餘1
			第十八章	己亥	35	65	己亥	35	1235	
		周至	第十九章	己卯	15	45	己卯	15	855	
			第二十章	己未	55	25	己未	55	475	
	第六篇		第二十一章	己亥	35	5	己亥	35	95	四章餘1
		周至	第二十二章	戊寅	14	66	戊寅	14	1254	
			第二十三章	戊午	54	46	戊午	54	874	
			第二十四章	戊戌	34	26	戊戌	34	494	
	第七篇	周至	第二十五章	戊寅	14	6	戊寅	14	114	四章餘1
			第二十六章	丁巳	53	67	丁巳	53	1273	
			第二十七章	丁酉	33	47	丁酉	33	893	
		周至	第二十八章	丁丑	13	27	丁丑	13	513	
	第八篇		第二十九章	丁巳	53	7	丁巳	53	133	四章餘1
			第三十章	丙申	32	68	丙申	32	1292	
		周至	第三十一章	丙子	12	48	丙子	12	912	
			第三十二章	丙辰	52	28	丙辰	52	532	

第九篇		第三十三章	丙申	32	8	丙申	32	152	四章餘1
	周至	第三十四章	乙亥	11	69	乙亥	11	1311	
		第三十五章	乙卯	51	49	乙卯	51	931	
		第三十六章	乙未	31	29	乙未	31	551	
第十篇	周至	第三十七章	乙亥	11	9	乙亥	11	171	四章餘1
		第三十八章	甲寅	50	70	甲寅	50	1330	
		第三十九章	甲午	30	50	甲午	30	950	
	周至	第四十章	甲戌	10	30	甲戌	10	570	
第十一篇		第四十一章	甲寅	50	10	甲寅	50	190	四章餘1
		第四十二章	癸巳	29	71	癸巳	29	1349	
	周至	第四十三章	癸酉	9	51	癸酉	9	969	
		第四十四章	癸丑	49	31	癸丑	49	589	
第十二篇		第四十五章	癸巳	29	11	癸巳	29	209	四章餘1
	周至	第四十六章	壬申	8	72	壬申	8	1368	
		第四十七章	壬子	48	52	壬子	48	988	
		第四十八章	壬戌	28	32	壬戌	28	608	
第十三篇	周至	第四十九章	壬申	8	12	壬申	8	228	四章餘1
		第五十章	辛亥	47	73	辛亥	47	1387	
		第五十一章	辛卯	27	53	辛卯	27	1007	
	周至	第五十二章	辛未	7	33	辛未	7	627	
第十四篇		第五十三章	辛亥	47	13	辛亥	47	247	四章餘1
		第五十四章	庚寅	26	74	庚寅	26	1406	
	周至	第五十五章	庚午	6	54	庚午	6	1026	
		第五十六章	庚戌	46	34	庚戌	46	646	
第十五篇		第五十七章	庚寅	26	14	庚寅	26	266	四章餘1
	周至	第五十八章	己巳	5	75	己巳	5	1425	
		第五十九章	己酉	45	55	己酉	45	1045	
		第六十章	己丑	25	35	己丑	25	665	
第十六篇	周至	第六十一章	己巳	5	15	己巳	5	285	四章餘1
		第六十二章	戊申	44	76	戊申	44	1444	
		第六十三章	戊子	24	56	戊子	24	1064	
	周至	第六十四章	戊辰	4	36	戊辰	4	684	
第十七篇		第六十五章	戊申	44	16	戊申	44	304	四章餘1
		第六十六章	丁亥	23	77	丁亥	23	1463	

	周至	第六十七章	丁卯	3	57	丁卯	3	1083	
		第六十八章	丁未	43	37	丁未	43	703	
第十八篇		第六十九章	丁亥	23	17	丁亥	23	323	四章餘1
	周至	第七十章	丙寅	2	78	丙寅	2	1482	
		第七十一章	丙午	42	58	丙午	42	1102	
		第七十二章	丙戌	22	38	丙戌	22	722	
第十九篇	周至	第七十三章	丙寅	2	18	丙寅	2	342	四章餘1
		第七十四章	乙巳	41	79	乙巳	41	1501	
		第七十五章	乙酉	21	59	乙酉	21	1121	
第二十篇	周至	第七十六章	乙丑	1	39	乙丑	1	741	
		第七十七章	乙巳	41	19	乙巳	41	361	四章餘1
		第七十八章	甲申	20	80	甲申	20	1520	
	周至	第七十九章	甲子	0	60	甲子	0	1140	
		第八十章	甲辰	40	40	甲辰	40	760	
		第八十一章	甲申	20	20	甲申	20	380	四章餘1
天統		第一章	甲子	0	0	甲子	0	0	承前20分＋61分＝81分，故在此增加1日

（二）推算方法

曆法的計算分爲兩步。一是常量，即「統母」的第一部份，記錄的是日月運行的基礎數據；二是運用常量來進行公式運算，即「統術」。

1. 常　量

統母分爲兩個部份，第一部份爲日月運行數據常量，包括：

「統母

日法八十一。元始黃鐘初九自乘，一龠之數，得日法。

閏法十九，因爲章歲。合天地終數，得閏法。

統法千五百三十九。以閏法乘日法，得統法。

元法四千六百一十七。參統法，得元法。

會數四十七。參天九，兩地十，得會數。

章月二百三十五。五位乘會數，得章月。

月法二千三百九十二。推大衍象，得月法。

通法五百九十八。四分月法，得通法。

中法十四萬五百三十。以章月乘通法，得中法。

周天五十六萬二千一百二十。以章月乘月法，得周天。

歲中十二。以三統乘四時，得歲中。

月周二百五十四。以章月加閏法，得月周。

朔望之會百三十五。參天數二十五，兩地數三十，得朔望之會。

會月六千三百四十五。以會數乘朔望之會，得會月。

統月萬九千三十五。參會月，得統月。

元月五萬七千一百五。參統月，得元月。

章中二百二十八。以閏法乘歲中，得章中。

統中萬八千四百六十八。以日法乘章中，得統中。

元中五萬五千四百四。參統中，得元中。

策餘八千八十。什乘元中，以減周天，得策餘。

周至五十七。參閏法，得周至。」（991～992 頁）

這裡的數據可分爲三個部份：

1.1 太陽運行週期：

日法：81 分，分一天爲 81 分。9×9＝81，9 爲黃鐘之長，所以稱爲「初九自乘」一龠容 810 粒黍，故稱爲一龠之數。

閏法：19 年，19 年 7 閏爲第一個循環，故十九年爲一章，以爲章歲。

統法：19 年×81 章＝1539 年，爲一統的年數。

元法：3×1539＝4617 年，爲一元的年數。

歲中：12，每年的中氣數。一年四季，每季三月，每月各有一個中氣。3×4＝12。

章中：228，每章歲的中氣總數。每年 12 中氣，12×19 年＝228。

統中：18468，每統歲的中氣總數。12×1539 年＝18468。

元中：55404，每元歲的中氣總數。12×4617 年＝55404。

中法：140530，一元中每個中氣的總日數。一元總日數爲 $4617×365^{385}/_{1539}$ 日＝1686360 日。每年皆有十二個中氣，故一元每個中氣的總日數爲 1686360÷12＝140530 日。每個中氣的長度爲 140530÷4617＝$30^{2020}/_{4617}$ 日

策餘：8080，每個中氣長餘數爲 2020/4617，每年 12 中氣總餘數爲

2020/4617×12＝8080/1539。即一年長爲 365$^{385}/_{1539}$ 日，每中氣整數長度爲 30 日，12 中氣長 360 日。兩者之差爲 5$^{385}/_{1539}$＝8080/1539。360 又爲乾策 216 和坤策 144 之和，故云此數爲策餘。

1.2　月亮運行週期

月法：2392，一月 29 又 43/81 日，每日 81 分，故一月爲 2392 分。

月周：254，19 年中月亮所走的圈數。235 個朔望月（兩個滿月之間的長度）的長度等於 254 個恒星月（月亮從某一恒星度起行，再次回到某一恒星度所用的時間）之長。235×29.530864（29$^{43}/_{81}$）＝254×27.321862。每個朔望月月亮在天空中所走的度數爲 365$^{385}/_{1539}$＋29$^{43}/_{81}$ 度，太陽在天空中所走的度數爲 29$^{43}/_{81}$ 度。兩者相比：

（365$^{385}/_{1539}$＋29$^{43}/_{81}$）/29$^{43}/_{81}$＝〔（562120/1539）/（2392/81）〕＋1＝〔（周天/統法）/（月法/日法）〕＋1＝〔（周天×日法）/（月法×統法）〕＋1＝〔（章月×月法×日法）/（月法×日法×章歲）〕＋1＝（章月/章歲）＋1＝（章月＋章歲）/章歲＝月周/章歲。〔註 26〕故此，月周等於章月加章歲（閏法）。

朔望之會：135，爲月食週期。135 個交食月中，有 23 次月食。

1.3　日月運行交會週期

章月：235，日月運行合併週期。235 個月等於 19 年年長。235×29$^{43}/_{81}$＝19×365$^{385}/_{1539}$＝562120/81

周天：562120。周天分爲兩個循環：一是一統的日數，1539×365$^{385}/_{1539}$＝562120 日，日月同時回到起點，等於日月在天空中完整走完一個大週期，故稱爲周天。二是 19 年的日分，19 年日月運行的日數相等。19×365$^{385}/_{1539}$＝562120/81 日，每日日分爲 81，562120/81×81＝562120 分。

通法：598，月法 2392，中法 140530 的公約數。2392＝598×4（四分月法）；140530＝598×235。

周至：57，3 章歲爲周至，一統 81 章，其最末三章章首年子月朔日分別爲甲子、甲申，甲辰，代表三統之更迭，故名周至（參見三統曆表）。3×19＝57，228÷4＝57。228 中氣長度等於 235 個朔望月長度，使用通法進行計算，故需將 228 四分處理。此處爲求每一中氣和朔望月長度之差，確定閏餘所用數據。（詳見第四章三十六條）

〔註 26〕這一算法見劉洪濤《古代曆法計算法》，第 35 頁。

會數：47，47 個月食週期等於 27 個日月運行合併週期。47×135（朔望之會）＝27×235（章月）＝6345 月（會月）。

會月：6345。

統月：19035，一統 81 章，即 3 個 6345 月。81÷3＝27 章，27×235＝6345 月，3×6345＝19035 月。

元月：57105，一元 3 統。3×19035＝57105 月。

2. 公　式

《漢書‧律曆志》記載的「統術」所用常量皆取於「統母」，其中用到干支序列，請參見附錄「一甲數次表」，用到星次序列，依據《漢書‧律曆志》星次及度數部份（1005～1006 頁）列表如下：

星　紀			玄　枵			諏　訾		
斗 12 度至斗 26 又 1/4 度	牽牛 8 度	婺女 1 度至婺女 7 度	婺女 8 度至婺女 12 度	虛 10 度	危 1 度至危 15 度	危 16 度至危 17 度	營室 16 度	壁 9 度	奎 1 度至奎 4 度
15 又 1/4 度	8 度	7 度	5 度	10 度	15 度	2 度	16 度	9 度	4 度
30 又 1/4 度			30 度			31 度			

降　婁			大　梁			實　沈		
奎 5 度至奎 16 度	婁 12 度	胃 1 度至胃 6 度	胃 7 度至胃 14 度	昴 11 度	畢 1 度至畢 11 度	畢 12 度至畢 16 度	觜 2 度	參 9 度	井 1 度至井 15 度
12 度	12 度	6 度	8 度	11 度	11 度	5 度	2 度	9 度	15 度
30 度			30 度			31 度			

鶉　首			鶉　火			鶉　尾		壽　星
井 16 度至井 33 度	鬼 4 度	柳 1 度至柳 8 度	柳 9 度至柳 15 度	星 7 度	張 1 度至張 17 度	張 18 度	翼 18 度	軫 1 度至軫 11 度	軫 12 度至軫 17 度
18 度	4 度	8 度	7 度	7 度	17 度	1 度	18 度	11 度	6 度
30 度			31 度			30 度			

壽　星			大　火			析　木		
角 12 度	亢 9 度	氐 1 度至氐 4 度	氐 5 度至氐 15 度	房 5 度	心 5 度	尾 1 度至尾 9 度	尾 10 度至尾 18 度	箕 11 度	斗 1 度至斗 11 度
12 度	9 度	4 度	11 度	5 度	5 度	9 度	9 度	11 度	11 度
31 度			30 度			31 度			

現解析「統術」如下：

2.1 「推日月元統，置太極上元以來，外所求年，盈元法除之，餘不盈統者，則天統甲子以來年數也。盈統，除之，餘則地統甲辰以來年數也。又盈統，除之，餘則人統甲申以來年數也。各以其統首日爲紀。」

已知上元距本年年數爲 n，元法爲 4617，統法爲 1539。求本年在《三統曆》第幾統第幾年，即 A。

n÷4617＝a1……a2

當 a2＜1539，則 a2＝A（天統甲子）

當 3078＞a2 ≥ 1539，則 a2−1539＝A（地統甲辰）

當 4617＞a2 ≥ 3078，則 a2−3078＝A（人統甲申）

A 各以其統首日干支序號爲起點下數。

2.2 「推天正，以章月乘（人）〔入〕統歲數，盈章歲得一，名曰積月，不盈者名曰閏餘。閏餘十二以上，歲有閏。求地正，加積月一；求人正，加二。」

已知 A，章歲 19，章月 235。求自所入統首年起至 A 年累計多少月，即積月 A1。

19 年 235 月，故每年平均爲 235/19 月。

A×235/19＝A1……A3（閏餘）

19 年 7 閏，每年閏餘爲 7/19。如前所承閏餘大於等於 12/19，則本年將多出一月（12/19＋7/19＝1），需要置閏。

當 A3≥12，本年爲閏年。

天正以朔旦冬至之月，即子月爲年首。行地正以丑月爲年首，故算多一月，行人正以寅月爲年首，故算多兩月。

A1（天正），A1＋1（地正），A1＋2（人正）。

2.3 「推正月朔，以月法乘積月，盈日法得一，名曰積日，不盈者名曰小餘。小餘三十八以上，其月大。積日盈六十，除之，不盈者名曰大餘。數從統首日起，算外，則朔日也。求其次月，加大餘二十九，小餘四十三。小餘盈日法得一，從大餘，數除如法。求弦，加大餘七，小餘三十一。求望，倍弦。」

已知積月 A1，月法 2392，日法 81。求 A 年正月朔日干支。

月長 $29^{43}/_{81}$＝2392/81，積月乘以月長可得積日 A2

A1×2392/81＝A2（積日）……a3（小餘）

每月所餘爲 43/81，加 38/81，可累計出一日，該月變 29 天爲 30 天。

因此，當 a3≥38，爲大月。

A2÷60＝a4……a5（大餘）

數從統首日干支起算，數 a5＋1，爲正月朔日干支序號。

a5＋29 爲次月大餘，a3＋43 爲次月小餘。當 a3＋43 ≥ 81 時，併一日入大餘，則次月大餘爲 a5＋1＋29。所得大餘數，滿 60 則除去，不滿者按照六十干支排序得出干支名。

弦爲一月四分之一，$29^{43}/_{81}÷4＝7^{31}/_{81}$ 日；望爲一月二分之一，即弦的兩倍，$7^{31}/_{81}×2＝14^{62}/_{81}$ 日。

求弦日，a5＋7 爲弦日大餘，a3＋31 爲弦日小餘。求望日，a5＋14 爲望日大餘，a3＋62 爲望日小餘。

2.4　「推閏餘所在，以十二乘閏餘，加（十）〔七〕得一。盈章中，數所得，起冬至，算外，則中至終閏盈。中氣在朔若二日，則前月閏也。」

已知 A3（閏餘），章中 228。求閏餘所在月。

19 年 7 閏，每年閏餘爲 7/19，一年 12 月，每月閏餘爲 7/19÷12＝7/228，當閏餘積滿 228，則下月當置閏。

A3×12＋7＋……＋7 ≥ 228，求一共加了幾個 7，設爲 a6，可以超過或等於 228。則可轉換爲：235＞A3×12＋7×a6 ≥ 228，那麼 a6＋1 爲閏月（以冬至所在月起算）。置閏的原則爲閏月無中氣，而中氣長度爲 30 天半左右，故中氣在月初或月尾才可以置閏。中氣日至月末，則閏餘已滿，需置閏，後一月爲閏月；中氣日落在朔日或第二日（月初），則前一月爲閏月。

2.5　「推冬至，以（算）〔策〕餘乘（人）〔入〕統歲數，盈統法得一，名曰大餘，不盈者名曰小餘。除數如法，則所求冬至日也。

求八節，加大餘四十五，小餘千一（百）〔十〕。求二十四氣，三其小餘，加大餘十五，小餘千一十。

推中部二十四氣，皆以元爲法。」

已知 A（入統歲數），策餘 8080，統法 1539，元法 4617，求該年冬至日干支，八節日干支，二十四節氣日干支。

太初曆年長 $365^{385}/_{1539}$。兩個冬至日間的距離即爲年長度，360 爲 60 的整倍數，可直接扣除，只需要計算每年 $5^{385}/_{1539}=8080/1539$ 的累加數。

　　A×8080/1539＝a5（大餘）……a3（小餘）

a5 滿 60 則除去，不滿者從各統首日干支起，按照六十干支順序排出干支名，可求得冬至日干支。

八節次序爲冬至、立春、春分、立夏、夏至、立秋、秋分、立冬。

$365^{385}/_{1539}÷8=45^{1010}/_{1539}$，故每節長度爲 $45^{1010}/_{1539}$。

a5＋45 爲次節大餘，a3＋1010 爲次節小餘。

三分八節爲二十四節氣。45÷3＝15，1010/1539÷3＝1010/4617

a5＋15 爲次節氣大餘，a3＋1010 爲次節氣小餘。此小餘用 4617 爲法。

2.6「推五行，其四行各七十三日，統（歲）〔法〕分之七十七。中央各十八日，統法分之四百四。冬至後，中央二十七日六百六分。」

以五行來分配一年的日數。$365^{385}/_{1539}÷5=73^{77}/_{1539}$ 日。

每行爲 $73^{77}/_{1539}$ 日，金木水火各占一行之日，中央土分屬四方，則 $73^{77}/_{1539}÷4=18^{404}/_{1539}$ 日。

中央日的安排在每季之前，即立春、立夏、立秋、立冬四節之前，冬至至立春長 $45^{1010}/_{1539}$ 日，冬至日後 $27^{606}/_{1539}$ 日，即到立春前中央所占的 $18^{404}/_{1539}$ 日的起始。即 $27^{606}/_{1539}+18^{404}/_{1539}=45^{1010}/_{1539}$ 日。如下表所示：

階　段	冬至至中央土日	中央土日至立春	立春日
日數	$27^{606}/_{1539}$	$18^{404}/_{1539}$	

2.7「推合晨所在星，置積日，以統法乘之，以十九乘小餘而并之。盈周天，除去之；不盈者，令盈統法得一度。數起牽牛，算外，則合晨所入星度也。」

已知 A2（積日），a3（積日小餘），統法 1539，周天 562120。求合朔時日月所在二十八宿的星度數 A4

周天 562120，爲 19 年的日分，日行一度，太陽年長即爲太陽在天空中一年行走的度數。19 年在天空中走 $19×365^{385}/_{1539}=（562120×19）/1539$ 日＝562120/81 日，一日 81 分，故共有 562120/81 日×81＝562120 分。

A2×81＋a3 爲積日的總分數，除以 81，爲目前積日總數，即目前所走過的所有度數。日行一周天 $365^{385}/_{1539}$ 度。滿一周天就除去之，不滿一周天日分

數即當前所走到的位置，以每 1539 分爲 1 度計算。

$$（A2×81＋a3）/81÷365^{385}/_{1539}＝〔（A2×81＋a3）×1539〕/（81×562120）$$
$$＝〔19×（A2×81＋a3）〕/562120＝（A2×1539＋19×a3）〕/562120＝a10……$$
a11；a11÷1539＝A4……a7。

從牽牛初度起算（冬至點），A4＋1 爲合晨所在星度。

2.8「推其日夜半所在星，以章歲乘月小餘，以減合晨度。小餘不足者，破全度。」

已知 A4，小餘 a7。章歲 19，所求合朔月的小餘數 a3（月小餘，即積日小餘）。全度爲 1539。求合朔日太陽夜半時所在的星度。

月小餘爲本月合朔時，日月所在朔日的位置和時刻。朔日夜半之時，月小餘爲零。以合晨度數減去月小餘度數，就知道夜半時太陽所在的星度。

$$A4^{a7}/_{1539}－a3/81＝A4^{a7}/_{1539}－（a3×19）/（81×19）＝A4^{a7}/_{1539}－（a3×19）$$
/1539.即得合晨所在度數。若 a7＜（a3×19），則需要從 A4 破開一度，轉爲 1539＋a7 來減去 a3×19 之數，爲破全度。

2.9　「推其月夜半所在星，以月周乘月小餘，盈統法得一度，以減合晨度。」

已知 A4，小餘 a7。月周 254，所求合朔月的小餘數 a3（月小餘，即積日小餘）。統法 1539。求合朔日月亮夜半時所在的星度。

月小餘轉換爲度數。月亮 19 年行 254 周，每年行 254÷19＝13^7/$_{19}$ 周，即月行速度爲日行速度的 13^7/$_{19}$ 倍。日行一度，月行 13^7/$_{19}$ 度。月小餘爲日分數，

故用 a3/81×13^7/$_{19}$＝（a3×254）/（81×19）＝（a3×254）/1539。

以合晨度 A4^{a7}/$_{1539}$ 減去上式，即爲夜半月亮所在星度。

2.10　「推諸加時，以十二乘小餘爲實，各盈分母爲法，數起於子，算外，則所加辰也。」

已知各小餘，求小餘換算出的一日的具體時刻。

一天十二辰，故用 12×小餘÷各小餘分母換算。如積日小餘分母爲 81，則除以 81，二十四氣小餘分母爲 4617，則除以 4617。所得整數從子時開始計算，加 1 爲所在的時刻。

2.11　「推月食，置會餘歲積月，以二十三乘之，盈百三十五，除之。不盈者，加二十三得一月，盈百三十五，數所得，起其正，算外，則食月也。

加時，在望日衝辰。」

已知積月 A1，會月 6345，朔望之會 135。

513 歲等於 6345 個月。19 年×27＝513＝235 月×27＝6345 月，爲一個完整的日月運行和日月交食大週期。513 稱爲會餘歲。以 A1÷6345＝a8……A5，A5 爲會餘歲積月。

月食週期爲 135 月 23 次。每次間隔爲 135/23 月。以會餘歲積月除以這個週期可知已發生了月食次數。A5÷135/23＝A5×23/135＝a9……A6。

A6 爲不滿 135/23 月之數，故每多加 23，則多出一個月。

158＞A6＋23×N ≥ 135。N＋1 爲月食所在之月。

月食之際，日月對衝，即地球走在月亮和太陽的中間，兩者相差半周天，爲「望日衝辰」。故根據日月的位置可以推算出月食的時間。

3. 具體應用

上述推算法，可以推算出任意一年的各月朔日干支及二十四節氣安排情況以及朔日合朔時日月的位置，藉此來驗證歷史記錄中有關的曆法和天象問題。《漢書・律曆志・世經》有關武王伐紂的記載，即可用以上算法推算：

> 《三統》，上元至伐紂之歲，十四萬二千一百九歲，……師初發，以殷十一月戊子，日在析木箕七度，故傳曰：『日在析木。』是夕也，月在房五度。房爲天駟，故傳曰：『月在天駟。』後三日得周正月辛卯朔，合辰在斗前一度，斗柄也，故傳曰：『辰在斗柄。』……是歲也，閏數餘十八，正大寒中，在周二月己丑晦。明日閏月庚寅朔。三月二日庚申驚蟄。四月己丑朔死霸。死霸，朔也。生霸，望也。是月甲辰望，乙巳，旁之。故《武成篇》曰：『惟四月既旁生霸，粵六日庚戌，武王燎於周廟。翌日辛亥，祀於天位。粵五日乙卯，乃以庶國祀馘於周廟。』

3.1 推日月元統

已知上元至伐紂 142109 年，求入某統某年。

142109÷4617＝30……3599

4617＞3599 ≥ 3078，故 3599－3078＝521（人統甲申）

該年入人統甲申第 521 年。

3.2 推天正

已知入統年歲 521，求統首年至本年積月。

521×235/19＝6443……18。積月 6443，閏餘 18。18≥12，本年爲閏年。

3.3 推正月朔

已知積月 6443。求 521 年正月朔日干支。

6443×2392/81＝190267……29。積日 190267，積日小餘 29。

190267÷60＝3171……7。

從統首日起算，甲申（20），下數 8 位，至辛卯（27）

該年子月朔日爲辛卯日。殷代以丑月爲正月，故亥月爲其第十一月。戊子（24）在辛卯（27）前三天，在亥月，稱「十一月戊子」。後三日爲周正辛卯朔（即子月辛卯朔日）。

3.4 推合晨所在星

已知積日 190267 和積日小餘 29，求合晨所在星度。

（190267×1539＋19×29）/562120＝520……519064。519064/1539＝337……421。合晨所在星度爲 338 度。

3.5 推其日夜半所在星

已知合晨星度，求辛卯日夜半太陽所在星度。

$337^{421}/_{1539}$－（19×29）/1539＝336……1409。

戊子日距辛卯日三日，日行一度，故其夜半太陽在辛卯日夜半前三度。即 $336^{1409}/_{1539}$－3＝$333^{1409}/_{1539}$ 度。自牽牛初度起算，333 度在析木次箕 5 度，算外加 1 在箕 6 度。

餘分 1409，推諸加時：

12×1409÷1539＝$10^{1518}/_{1539}$ 辰。

約一辰（兩小時）後進入箕 7 度。故云「日在析木箕 7 度」。

3.6 推其月夜半所在星度

已知合晨度，積日小餘 29，求辛卯日夜半月亮所在星度。

254（月周）×29/1539＝$4^{1210}/_{1539}$。

$337^{421}/_{1539}$－$4^{1210}/_{1539}$＝$332^{750}/_{1539}$。

戊子日之夕，接近己丑日之夜半。故逆推 2 日。月亮每日行 $13^{7}/_{19}$ 度，兩日共行 $26^{1134}/_{1539}$ 度。 $332^{750}/_{1539}$ － $26^{1134}/_{1539}$＝$305^{1155}/_{1539}$ 度，故夜半在大火次心 1 度。其夕未至心 1 度，在其前房宿 5 度，故云「月在房五度」。

辛卯日合晨度爲 $337^{421}/_{1539}$，即在第 338 度，箕 10 度。箕長 11 度，其後

爲斗宿，故云在「斗前一度」。

3.7　推閏餘所在

已知閏餘 18，求閏月。

$18 \times 12 + 7 \times 2 = 230$。$235 > 230 \geq 228$。

可知加上 2 個 7 後，超過 228，以子月起數，第 3 個月爲閏月，即閏丑月。周以子月爲正月，丑爲二月，故閏二月。

3.8　推冬至

已知本年入甲申統 521 年，求該年冬至日干支。

$521 \times 8080/1539 = 2735 \cdots\cdots 515$；$2735 \div 60 = 45 \cdots\cdots 35$

從甲申（20）起數 36 位干支，即爲己未（55），該年子月己未日冬至。

3.9　推二十四節氣

二十四節氣順序如下：

中氣	節氣	中氣	節氣	中氣	節氣	中氣	節氣	中氣	節氣
冬至	小寒	大寒	立春	驚蟄（雨水）	雨水（驚蟄）	春分	穀雨（清明）	清明（穀雨）	立夏
子月	丑月	丑月	寅月	寅月	卯月	卯月	辰月	辰月	巳月
中氣	節氣	中氣	節氣	中氣	節氣	中氣	節氣	中氣	節氣
小滿	芒種	夏至	小暑	大暑	立秋	處暑	白露	秋分	寒露
巳月	午月	午月	未月	未月	申月	申月	酉月	酉月	戌月
中氣	節氣	中氣	節氣						
霜降	立冬	小雪	大雪						
戌月	亥月	亥月	子月						

已知冬至日干支己未（55），小餘 515/1539，求大寒日干支。

每節氣長度 $15^{1010}/_{4617}$，冬至至大寒間隔兩節氣，計長 $30^{2020}/_{4617}$。

$515/1539 = 1545/4617$

可知大寒日大餘爲 $55 + 30 = 85$，$85 - 60 = 25$，小餘爲 $1545 + 2020 = 3565$，$3565 < 4617$，不進位。

大寒日干支爲己巳日（25）。

推大寒日所在第幾月第幾日（推正月朔之法）：

已知該年子月（周正月）干支爲辛卯（27），小餘爲 29。（見上推正月朔），

求二月朔日干支。

小餘 29＜38，故子月小，29 日。

加大餘 29，小餘 43

丑月朔日大餘：27＋29＝56（庚申），小餘 29＋43＝72。72＞38，故該月大，30 日。

從庚申起數，下數 30 位干支，至己巳（25），即大寒日為丑月第 30 天。即「周二月己丑晦」由推閏餘所在法知，中氣在二月末，下一月為閏月，閏月朔日為庚寅（26）。

據此，可以排列出本年的朔日干支表：

月　份	大　餘	小　餘	周　正
子月	27（辛卯）	29	正月
丑月	56（庚申）	72	二月
閏月	26（庚寅）	34	閏二月
寅月	55（己未）	77	三月
卯月	25（己丑）	39	四月
辰月	55（己未）	1	五月
巳月	24（戊子）	44	六月
午月	54（戊午）	6	七月
未月	23（丁亥）	49	八月
申月	53（丁巳）	11	九月
酉月	22（丙戌）	54	十月
戌月	52（丙辰）	16	十一月
亥月	21（乙酉）	59	十二月

三月朔日干支為己未（55），三月二日干支為庚申（56）。

推二十四節氣：

大寒和驚蟄之間也差一個中氣之數，大寒大餘 25，小餘 3565。計算下一中氣：

大餘：25＋30＝55 小餘：3565＋2020＝5585，5585-4617＝968，需進位

驚蟄日大餘 56，小餘 968。其日干支為庚申（56）。即「三月二日庚申驚蟄」。

四月朔日干支為己丑（25），故云：「四月己丑朔死霸」。

推望日（推正月朔之法）：

大餘：25＋14＝39。小餘：39＋62＝101，101−81＝20。需進位。

望日大餘：40，小餘20。其日干支爲甲辰（40）。即「是月甲辰望」，月相爲生霸。次日乙巳（41），爲旁生霸。下數6位干支爲庚戌（46），是「粵六日庚戌」。次日辛亥（47），下數5位干支，爲乙卯（51），即「粵五日乙卯」。

第四節　《三統曆》和《四分曆》的異同

一、兩者在編排上的不同

根據「推正月朔」可以推算出《三統曆》每年子月朔日干支；根據「推天正」及「推閏餘所在」確定閏月的位置。根據「推冬至」可以推算出每年冬至日干支，故此，可以推演出4617年中任意一年的曆表情況。

現以以下公式推朔日干支 a5 及小餘 a3

$$A×235/19＝A1……A3（閏餘）$$

$$A1×2392/81＝A2（積日）……a3（小餘）$$

$$A2÷60＝a4……a5（大餘，朔日干支序號）$$

A 爲距上元積年數，第1年距上元積年爲0年，故均從零開始。第2年距上元積年1年，依次類推。

以下公式推算冬至日干支 a13 及小餘 a3

$$A×8080/1539＝a5（大餘）……a3（小餘）$$

$$a5÷60＝a12……a13（大餘，朔日干支序號）$$

推演四章76年的子月朔日干支及冬至日干支表如下：

年　序	朔日干支（子月）	大餘	小餘	冬至日干支	大餘	小餘	閏　餘
第1年	甲子	0	0	甲子	0	0	0
第2年	戊午	54	30	己巳	5	385	7
第3年	壬子	48	60	甲戌	10	770	14（閏年）
第4年	丙子	12	52	己卯	15	1155	2
第5年	辛未	7	1	乙酉	21	1	9

第 6 年	乙丑	1	31	庚寅	26	386	16（閏年）
第 7 年	己丑	25	23	乙未	31	771	4
第 8 年	癸未	19	53	庚子	36	1156	11
第 9 年	戊寅	14	2	丙午	42	2	18（閏年）
第 10 年	辛丑	37	75	辛亥	47	387	6
第 11 年	丙申	32	24	丙辰	52	772	13（閏年）
第 12 年	庚申	56	16	辛酉	57	1157	1
第 13 年	甲寅	50	46	丁卯	3	3	8
第 14 年	戊申	44	76	壬申	8	388	15（閏年）
第 15 年	壬申	8	68	丁丑	13	773	3
第 16 年	丁卯	3	17	壬午	18	1158	10
第 17 年	辛酉	57	47	戊子	24	4	17（閏年）
第 18 年	乙酉	21	39	癸巳	29	389	5
第 19 年	己卯	15	69	戊戌	34	774	12（閏年）
第 20 年	癸卯	39	61	癸卯	39	1159	0
第 21 年	戊戌	34	10	己酉	45	5	7
第 22 年	壬辰	28	40	甲寅	50	390	14（閏年）
第 23 年	丙辰	52	32	己未	55	775	2
第 24 年	庚戌	46	52	甲子	0	1160	9
第 25 年	乙巳	41	11	庚午	6	6	16（閏年）
第 26 年	己巳	5	3	乙亥	11	391	4
第 27 年	癸亥	59	33	庚辰	16	776	11
第 28 年	丁巳	53	63	乙酉	21	1161	18（閏年）
第 29 年	辛巳	17	55	辛卯	27	7	6
第 30 年	丙子	12	4	丙申	32	392	13（閏年）
第 31 年	己亥	35	77	辛丑	37	777	1
第 32 年	甲午	30	26	丙午	42	1162	8
第 33 年	戊子	24	56	壬子	48	8	15（閏年）
第 34 年	壬子	48	48	丁巳	53	393	3
第 35 年	丙午	42	78	壬戌	58	778	10
第 36 年	辛丑	37	27	丁卯	3	1163	17（閏年）
第 37 年	乙丑	1	19	癸酉	9	9	5
第 38 年	己未	55	49	戊寅	14	394	12（閏年）

第 39 年	癸未	19	41	癸未	19	779	0
第 40 年	丁丑	13	71	戊子	24	1164	7
第 41 年	壬申	8	20	甲午	30	10	14（閏年）
第 42 年	丙申	32	12	己亥	35	395	2
第 43 年	庚寅	26	42	甲辰	40	780	9
第 44 年	甲申	20	72	己酉	45	1165	16（閏年）
第 45 年	己酉	44	64	乙卯	51	11	4
第 46 年	癸卯	39	13	庚申	56	396	11
第 47 年	丁酉	33	43	乙丑	1	781	18（閏年）
第 48 年	辛酉	57	35	庚午	6	1166	6
第 49 年	乙卯	51	65	丙子	12	12	13（閏年）
第 50 年	己卯	15	57	辛巳	17	397	1
第 51 年	甲戌	10	6	丙戌	22	782	8
第 52 年	戊辰	4	36	辛卯	27	1167	15（閏年）
第 53 年	壬辰	28	28	丁酉	33	13	3
第 54 年	丙戌	22	58	壬寅	38	398	10
第 55 年	辛巳	17	7	丁未	43	783	17（閏年）
第 56 年	甲辰	40	80	壬子	48	1168	5
第 57 年	己亥	35	29	戊午	54	14	12（閏年）
第 58 年	癸亥	59	21	癸亥	59	399	0
第 59 年	丁巳	53	51	戊辰	4	784	7
第 60 年	壬子	48	0	癸酉	9	1169	14（閏年）
第 61 年	乙亥	11	73	己卯	15	15	2
第 62 年	庚午	6	22	甲申	20	400	9
第 63 年	甲子	0	52	己丑	25	785	16（閏年）
第 64 年	戊子	24	44	甲午	30	1170	4
第 65 年	壬午	18	74	庚子	36	16	11
第 66 年	丁丑	13	23	乙巳	41	401	18（閏年）
第 67 年	辛丑	37	15	庚戌	46	786	6
第 68 年	乙未	31	45	乙卯	51	1171	13（閏年）
第 69 年	己未	55	37	辛酉	57	17	1
第 70 年	癸丑	49	67	丙寅	2	402	8
第 71 年	戊申	44	16	辛未	7	787	15（閏年）

第 72 年	壬申	8	8	丙子	12	1172	3
第 73 年	丙寅	2	38	壬午	18	18	10
第 74 年	庚申	56	68	丁亥	23	403	17（閏年）
第 75 年	甲申	20	60	壬辰	28	788	5
第 76 年	己卯	15	9	丁酉	33	1173	12（閏年）
第 77 年	癸亥	39	1	癸亥	39	19	0
第 78 年	丁酉	33	31	戊申	44	404	7
第 79 年	辛卯	27	61	癸丑	49	789	14（閏年）
第 80 年	乙卯	51	53	戊午	54	1174	2
第 81 年	庚戌	46	2	甲子	0	20	9
第 82 年	甲辰	40	32	乙巳	5	405	16（閏年）
第 83 年	壬戌	58	54	甲戌	10	790	4
第 84 年	丁巳	53	3	己卯	15	1175	11
第 1520 年	庚子	36	28	戊午	54	1534	12（閏年）
第 1521 年	甲子	0	20	甲子	0	380	0
第 1522 年	戊午	54	50	己巳	5	765	7
第 1523 年	壬子	48	80	甲戌	10	1150	14（閏年）
第 1524 年	丙子	12	72	己卯	15	1535	2
第 1525 年	辛未	7	21	乙酉	21	381	9
第 1526 年	乙丑	1	51	庚寅	26	766	16（閏年）
第 1527 年	己丑	25	43	乙未	31	1151	4
第 1528 年	癸未	19	73	庚子	36	1536	11
第 1529 年	戊寅	14	22	丙午	42	382	18（閏年）
第 1530 年	壬寅	38	14	辛亥	47	767	6
第 1531 年	丙申	32	44	丙辰	52	1152	13（閏年）
第 1532 年	庚申	56	36	辛酉	57	1537	1
第 1533 年	甲寅	50	66	丁卯	3	383	8
第 1534 年	己酉	45	15	壬申	8	768	15（閏年）
第 1535 年	癸酉	9	7	丁丑	13	1153	3
第 1536 年	丁卯	3	37	壬午	18	1538	10
第 1537 年	辛酉	57	67	戊子	24	384	17（閏年）
第 1538 年	乙酉	21	59	癸巳	29	769	5
第 1539 年	庚辰	16	8	戊戌	34	1154	12（閏年）
地統第 1 年	甲辰	40	0	甲辰	40	0	0

試將上表和四分曆二十蔀系統加以對照。可知三統曆天統前八十章（二十篇）章首日干支正和四分曆二十蔀章首日干支相同。但每篇多餘小餘1，至二十篇多餘小餘20，即第1521年，干支回到0，小餘還多餘20。

我們知道，新的一輪曆法起點，主要的因素在於夜半多至合朔，無餘分，至於干支日是否回到甲子，不是最重要的因素，故需要增加19年，加大餘39，小餘61來使得小餘歸零。則到地統第一年，干支為甲辰40，小餘為0。現將二十蔀表和八十一章表對比如下：

二十蔀表

一	甲子蔀0	六	己卯蔀15	十一	甲午蔀30	十六	己酉蔀45
二	癸卯蔀39	七	戊午蔀54	十二	癸酉蔀9	十七	戊子蔀24
三	壬午蔀18	八	丁酉蔀33	十三	壬子蔀48	十八	丁卯蔀3
四	辛酉蔀57	九	丙子蔀12	十四	辛卯蔀27	十九	丙午蔀42
五	庚子蔀36	十	乙卯蔀51	十五	庚午蔀6	二十	乙酉蔀21

天統八十一章表：

一	甲子篇0	六	己卯篇15，5	十一	甲午篇30，10	十六	己酉篇45，15	第八十一章	甲子章0，20
二	癸卯篇39，1	七	戊午篇54，6	十二	癸酉篇9，11	十七	戊子篇24，16		
三	壬午篇18，2	八	丁酉篇33，7	十三	壬子篇48，12	十八	丁卯篇3，17		
四	辛酉篇57，3	九	丙子篇12，8	十四	辛卯篇27，13	十九	丙午篇42，18		
五	庚子篇36，4	十	乙卯篇51，9	十五	庚午篇6，14	二十	乙酉篇21，19		

注：19，1為大餘19，小餘1。餘皆仿此。

如用表查法來計算距上元79年的首日朔日干支：距上元79年，即第80年，入癸卯篇第4年。查甲子篇第4年首日干支為12，52，則大餘加39，小餘加1，可得51，53。參見上表第80年。

地統和人統排列同天統，只是干支數地統比天統加40，人統比地統加40。

地統八十一章表：

一	甲辰篇 40	六	己未篇 55，5	十一	甲戌篇 10，10	十六	己丑篇 25，15	第八十一章	甲辰章 40，20
二	癸未篇 19，1	七	戊戌篇 34，6	十二	癸丑篇 49，11	十七	戊辰篇 4，16		
三	壬戌篇 58，2	八	丁丑篇 13，7	十三	壬辰篇 28，12	十八	丁未篇 43，17		
四	辛丑篇 37，3	九	丙辰篇 52，8	十四	辛未篇 7，13	十九	丙戌篇 22，18		
五	庚辰篇 16，4	十	乙未篇 31，9	十五	庚戌篇 46，14	二十	乙丑篇 1，19		

人統八十一章表：

一	甲申篇 20	六	己亥篇 35，5	十一	甲寅篇 50，10	十六	己巳篇 5，15	第八十一章	甲申章 20，20
二	癸亥篇 59，1	七	戊寅篇 14，6	十二	癸巳篇 29，11	十七	戊申篇 44，16		
三	壬寅篇 38，2	八	丁巳篇 53，7	十三	壬申篇 8，12	十八	丁亥篇 23，17		
四	辛巳篇 17，3	九	丙申篇 32，8	十四	辛亥篇 47，13	十九	丙寅篇 2，18		
五	庚申篇 56，4	十	乙亥篇 11，9	十五	庚寅篇 26，14	二十	乙巳篇 41，19		

用表查法核對上文武王伐紂年的例子，武王伐紂年入甲申統 521 年，即第 522 年，522÷76＝6……66。即入甲申第 7 篇，第 66 年。查甲子統第 66 年大餘 13，小餘 23，甲申第 7 篇爲戊寅篇，大餘 14，小餘 6。故其第 66 年大餘 13＋14＝27（辛卯），小餘 23＋6＝29。

《三統曆》用公式化的計算來代替了四分術「曆術甲子篇」的表查法，可以說是一個很大的進步，簡化了計算過程。不過其實際運算仍然本於四分術，也是顯而易見的。

二、兩者在實際對應上的不同

《漢書・律曆志》中多次記載了殷曆（四分曆）和三統曆不同之處，如：「微公二十六年正月乙亥朔旦多至，殷曆以爲丙子，距獻公七十六歲。」（1018

頁）其中的原因在於兩者不同的上元設定和計算方法。

《漢書‧律曆志‧世經》所記載最早距上元年份的記錄爲「「上元至伐桀之歲，十四萬一千四百八十歲，歲在大火房五度。」（1013 頁）

$141480 \div 4617 = 30 \cdots\cdots 2970$；

$3078 > 2970 \geq 1539$，$2970 - 1539 = 1431$，入地統甲辰第 1432 年。

$1431 \div 76 = 18 \cdots\cdots 64$，入甲辰統丙戌篇（19 篇）第 64 年。據此排列《漢書‧律曆志‧世經》所列的年份干支如下表

年　序	朔日干支（子月）	大餘	小餘	冬至日干　支	大餘	小餘	《漢書‧律曆志》歷史記錄	殷曆朔日干支（以三統曆 4617 爲上元）	殷曆朔日干支（實際使用）	《四分》日干支
天統第 1521 年	甲子	0	20	甲子	0	380		甲子蔀第一章章首日甲子		
地統第 1432 年	庚戌	46	62	丙辰	52	1512	伐桀			
第 1433 年至 1444 年							成湯用事			
第 1445 年（第 77 章首年）	乙丑	1	19	乙丑	1	361	用事 13 年，沒。商太甲元年，十二月乙丑日朔且多至，商以丑月爲正月，故十二月爲子月。	乙酉蔀第二章章首日甲子		丙午蔀第三章首日乙丑
							後九十五歲 1445＋95＝1540，地統 1539 年止，故當爲人統第一年	後 57 年回復甲子　甲子蔀第一章章首日甲子（新紀）		乙酉蔀第二章首日甲子
第 1502 年（第 80 章首年）	甲子	0	40	甲子	0	760				
第 1521 年（第 81 章首年）	甲辰	40	20	甲辰	40	380				乙酉蔀第三章首日甲辰
人統第 1 年（第 1 章首年）	甲申	20	0	甲申	20	0	商十二月甲申朔且多至，亡餘分，是爲孟統			乙酉蔀第四章首日甲申
第 20 年（第 2 章首年）	癸亥	59	61	癸亥	59	1159		•	乙酉蔀第二章首日甲子	甲子蔀第一章首日甲子（新紀）
第 39 年（第 3 章首年）	癸卯	39	41	癸卯	39	779			乙酉蔀第三章首日甲辰	

第58年（第4章首年）	癸未	19	21	癸未	19	339			乙酉蔀第四章首日甲申	
第77年（第5章首年）	癸亥	59	1	癸亥	59	19			甲子蔀第一章首日甲子（新紀）	
						六蔀首（76×6＝456年，456＋77＝533年。）				
第533年（第29章首年）	丁巳	53	7	丁巳	53	133	周公五年		戊午蔀第一章首日戊午。	

假設《三統曆》和《殷曆》皆從天統首日起，1520年爲一紀，爲第1521年，殷曆回復到甲子，而《三統曆》則多餘20餘分，需要通過19年來消除，見上表天統第1521年。殷曆3041年，即地統1502年，再次回復甲子。由於天統至地統之間有一個八十一章，《三統曆》多餘出一天，故此，《三統曆》商太甲元年十二月（子月）朔日干支爲乙丑日，而殷曆則排到乙酉蔀第二章首日干支甲子日。

《漢書・律曆志》又云：『四分，上元至伐桀十三萬二千一百一十三歲，其八十八紀，甲子府首，入伐桀後百二十七歲。』即132113＋127＝132240，132240÷1520＝87，故其第128年爲88紀的首年，即指以太初元年（天統第一章首年）爲四分術新的一紀起點，因此其前一紀起始點爲孟統第二章首年（《三統曆》多出《殷曆》19年，故從第二章開始。19＋1520＝1539）。

伐桀爲地統第1432年，本年爲孟統第20年。兩者間距爲1539-1432＋20＝127年。該年和實際運行的殷曆第二十蔀乙酉蔀第二章首日首年同，首日都是甲子。見上表人統第20年。

而殷曆新紀實際起於孟統第77年，即「殷曆曰：當成湯方即世用事十三年，十一月甲子朔旦多至，終六府首。」（1014頁）

六府首即六蔀首，一蔀76年，6蔀爲456年。成湯用事13年而沒。《漢書・律曆志》云：「文王受命九年而崩」（1015頁），又云：「還歸二年，乃遂伐紂克殷……自文王受命至此十三年。」（1015頁）故知周武王四年伐紂。

又云「凡武王即位十一年，周公攝政五年」，可知至周代至周公攝政四年已有11-4＋4＝11年。周公五年周代已11年，成湯用事13年，13-11＝2，故

商代總計 456＋13-11＝458 年。不符合「載祀六百」的記錄（1014 頁）。

《三統曆》將成湯用事 13 年算爲季統甲辰第 1445 年，至周公五年，爲 1539-1445＋533＝627 年，如上算，加上兩年，商代共計 629 年。因此兩算有 629-458＝171 年的差距。

故此，《漢書‧律曆志》云：「當周公五年，則爲距伐桀四百五十八歲。少百七十一歲，不盈六百二十九。又以夏時乙丑爲甲子，計其年乃孟統後五章，癸亥朔旦冬至也。」

由是可知，《漢書‧律曆志》認爲殷曆的編排者在這裡出現了兩個錯誤：

一是混同了殷代成湯用事十三年的記錄，將本來的乙丑日（四分及三統皆認爲乙丑日）和 171 年後的甲子日混淆。在編排上出現了斷裂，產生 171（9 章）的誤差。

二是以四分術倒推至一紀的元年，和《三統曆》孟統的甲申篇第二章首日同日，甲申統首章小餘爲 0，而相對應的四分術乙酉蔀甲申章小餘爲 235/940（檢核《史記‧曆書》曆術甲子篇第 58 年），故 19 年後，三統曆小餘加 61，四分術小餘加 705 分，則四分術會多出一位干支，不過兩者的差距只有 1/4 天，所以第二個 19 年即會回復同一干支，其各章首日干支情況和天統甲子篇一致，但是和實際應用的殷曆不同。

因此，以太初元年爲新紀元起始點的《三統曆》需要按照太初元年以「四分術」所推得的乙酉蔀第二章（四分曆總第 78 章）回推，其新紀元起點在孟統第五章首年（入人統第 77 年），其年《三統曆》該年朔日干支爲癸亥，小餘爲 1；殷曆爲甲子起首，小餘爲 0。見上表人統第 77 年。

這樣兩者之間相差接近 1 日，三統曆每 76 年（四章）才能多出小餘 1 分，此年距離太初元年 77 章，每四章多出 1 分，77 章多出 19 餘分零一章。每章間的小餘爲 61 分。故此 1＋19＋61＝81 分，才能補足一天之差，以足人統之數，得天統甲子首年首日甲子。而殷曆第 77 章入殷曆乙酉蔀第二章，章首日干支爲甲子。

故此，在其後的 77 章內，殷曆每章首日的干支都晚於《三統曆》一位干支。現參考饒尚寬師《春秋戰國秦漢朔閏表》的「殷曆」與「三統曆」章蔀對照表〔註27〕，列表如下：

〔註27〕參見饒尚寬《春秋戰國秦漢朔閏表》第 310 頁～314 頁。

《殷曆》與《三統曆》干支對應表

公元紀年	《殷曆》各 章	《殷曆》各章首日	《三統曆》人統章首日	《三統曆》各 篇	各朝紀年
前 1567		1 甲子（大餘 0，小餘 0）	5 癸亥（大餘 59，小餘 1）	人統第二篇 癸亥	
前 1548	第一蔀甲子	2 癸卯（39）	6 壬寅（38）		
前 1529		3 癸未（19）	7 壬午（18）		
前 1510		4 癸亥（59）	8 壬戌（58）		
前 1491		5 癸卯（39）	9 壬寅（38）		
前 1472	第二蔀癸卯	6 壬午（18）	10 辛巳（17）	第三篇壬寅	
前 1453		7 壬戌（58）	11 辛酉（57）		
前 1434		8 壬寅（38）	12 辛丑（37）		
前 1415		9 壬午（18）	13 辛巳（17）		
前 1396	第三蔀壬午	10 辛酉（57）	14 庚申（56）	第四篇辛巳	
前 1377		11 辛丑（37）	15 庚子（36）		
前 1358		12 辛巳（17）	16 庚辰（16）		
前 1339		13 辛酉（57）	17 庚申（56）		
前 1320	第四蔀辛酉	14 庚子（36）	18 己亥（35）	第五篇庚申	
前 1301		15 庚辰（16）	19 己卯（15）		
前 1282		16 庚申（56）	20 己未（55）		
前 1263		17 庚子（36）	21 己亥（35）		
前 1244	第五蔀庚子	18 己卯（15）	22 戊寅（14）	第六篇己亥	
前 1225		19 己未（55）	23 戊午（54）		
前 1206		20 己亥（35）	24 戊戌（34）		
前 1187		21 己卯（15）	25 戊寅（14）		
前 1168		22 戊午（54）	26 丁巳（53）		
前 1149	第六蔀己卯	23 戊戌（34）	27 丁酉（33）	第七篇戊寅	
前 1130		24 戊寅（大餘 14，小餘 235）	28 丁丑（大餘 13，小餘 27）		文二十四年
前 1111		25 戊午（大餘 54，小餘 0）	29 丁巳（大餘 53，小餘 7）		周公五年
前 1092	第七蔀戊午	26 丁酉（33）	30 丙申（32）	第八篇丁巳	
前 1073		27 丁丑（13）	31 丙子（12）		
前 1054		28 丁巳（53）	32 丙辰（52）		

前1035		29 丁酉（大餘33，小餘0）	33 丙申（大餘32，小餘8）		煬二十四年
前1016	第八蔀丁酉	30 丙子（12）	34 乙亥（11）	第九篇丙申	
前997		31 丙辰（52）	35 乙卯（51）		
前978		32 丙申（32）	36 乙未（31）		
前959		33 丙子（大餘12，小餘0）	37 乙亥（大餘11，小餘9）		微二十六年
前940	第九蔀丙子	34 乙卯（51）	38 甲寅（50）	第十篇乙亥	
前921		35 乙未（31）	39 甲午（30）		
前902		36 乙亥（11）	40 甲戌（10）		
前883		37 乙卯（大餘51，小餘0）	41 甲寅（大餘50，小餘10）		獻十五年
前864	第十蔀乙卯	38 甲午（30）	42 癸巳（29）	第十一篇甲寅	
前845		39 甲戌（10）	43 癸酉（9）		
前826		40 甲寅（50）	44 癸丑（49）		
前807		41 甲午（大餘30，小餘0）	45 癸巳（大餘29，小餘11）		懿九年
前788	第十一蔀甲午	42 癸酉（9）	46 壬申（8）	第十二篇癸巳	
前769		43 癸丑（49）	47 壬子（48）		
前750		44 癸巳（29）	48 壬辰（27）		
前731		45 癸酉（大餘9，小餘0）	49 壬申（大餘8，小餘12）		惠三十八年
前712	第十二蔀癸酉	46 壬子（48）	50 辛亥（47）	第十三篇壬申	
前693		47 壬辰（28）	51 辛卯（27）		
前674		48 壬申（8）	52 辛未（7）		
前655		49 壬子（大餘48，小餘0）	53 辛亥（大餘47，小餘13）		僖五年
前636	第十三蔀壬子	50 辛卯（27）	54 庚寅（26）	第十四篇辛亥	
前617		51 辛未（7）	55 庚午（6）		
前598		52 辛亥（47）	56 庚戌（46）		
前579		53 辛卯（大餘27，小餘0）	57 庚寅（大餘26，小餘14）		成十二年
前560	第十四蔀辛卯	54 庚午（6）	58 己巳（5）	第十五篇庚寅	
前541		55 庚戌（46）	59 己酉（45）		
前522		56 庚寅（26）	60 己丑（25）		

前503	第十五蔀庚午	57 庚午（大餘6，小餘0）	61 己巳（大餘5，小餘15）	第十六篇己巳	定七年
前484		58 己酉（45）	62 戊申（44）		
前465		59 己丑（25）	63 戊子（24）		
前446		60 己巳（5）	64 戊辰（4）		
前427	第十六蔀己酉	61 己酉（大餘45，小餘0）	65 戊申（大餘44，小餘16）	第十七篇戊申	元四年
前408		62 戊子（24）	66 丁亥（23）		
前389		63 戊辰（4）	67 丁卯（3）		
前370		64 戊申（44）	68 丁未（43）		
前351	第十七蔀戊子	65 戊子（大餘24，小餘0）	69 丁亥（大餘23，小餘17）	第十八篇丁亥	康四年
前332		66 丁卯（3）	70 丙寅（2）		
前313		67 丁未（43）	71 丙午（42）		
前294		68 丁亥（23）	72 丙戌（22）		
前275	第十八蔀丁卯	69 丁卯（大餘3，小餘0）	73 丙寅（大餘2，小餘18）	第十九篇丙寅	愍二十二年
前256		70 丙午（42）	74 乙巳（41）		
前237		71 丙戌（22）	75 乙酉（21）		
前218		72 丙寅（2）	76 乙丑（1）		
前199	第十九蔀丙午	73 丙午（大餘42，小餘0）	77 乙巳（大餘41，小餘19）	第二十篇乙巳	楚元三年（漢高八年）
前180		74 乙酉（21）	78 甲申（20）		
前161		75 乙丑（1）	79 甲子（0）		
前142		76 乙巳（41）	80 甲辰（40）		
前123	第二十蔀乙酉	77 乙酉（大餘21，小餘0）	81 甲申（大餘20，小餘20）	第八十一章甲申	元朔六年
前104		78 甲子（大餘0，小餘705）	1 甲子（大餘0，小餘0）	天統第一篇甲子	太初元年
前85		79 甲辰（40）	2 癸卯（39）		
前66		80 甲申（20）	3 癸未（19）		
前47	第一蔀甲子	1 甲子（0）	4 癸亥（59）		
前28		2 癸卯（39）	5 癸卯（39）		
前9		3 癸未（19）	6 壬午（18）	第二篇癸卯	
公元11		4 癸亥（59）	7 壬戌（58）		始建國三年

注：1 甲子（0）表示第一章首日甲子，其序號爲 0，參見附錄「一甲數次表」。

第五節　《三統曆》的實際應用

　　《三統曆》承《鄧平曆》而來，以其本質而論，這套曆法數據和推算系統自前漢太初元年至後漢元和元年曾經施行過。陳遵嬀《中國天文學史》說：「太初曆從太初元年（公元前 104 年）行用到東漢章帝元和元年（公元 84 年），共行了一百八十八年。」〔註 28〕下面舉《漢書‧五行志》中太初改曆後第一個 19 年內的日食記錄，來驗證《三統曆》的實際應用情況。

一、「太始元年正月乙巳晦，日有食之。」

　　太始元年為公元前 96 年。距離太初元年（前 104 年）8 年，故入天統第九年。檢核四章 76 年朔日干支及冬至日干支表，該年前十一月（子月）大餘 14，小餘 2；中氣大餘 42，小餘 2（1539 為分母）；有閏月。一中氣長 30 又 2020/4617，換算冬至日小餘 2/1539 為 6/4617。列表如下：

紀年	月份	大　餘	小　餘	中氣日大餘（在本月第幾天）	中氣日小　餘	節氣	曆法月序	實際月序	實際紀年
天漢四年	子月	14（戊寅）	2（小月29天）	42（丙午）第 29 天	6	冬至	十一月	十一月	天漢四年
天漢四年	丑月	43（丁未）	45（大月30天）	12（丙子）第 30 天	2026	大寒	十二月	十二月	天漢四年
天漢四年	閏月	13（丁丑）	7（小月29天）			無中氣	閏月	正月	太始元年
太始元年	寅月	42（丙午）	50（大月30天）	42（丙午）第 1 天	4046	驚蟄	正月	閏月	太始元年
太始元年	卯月	12（丙子）	12（小月29天）	13（丁丑）第 2 天	1449	春分	二月	二月	太始元年

　　以子月起首排列，本年閏丑月，寅月（正月）干支為丙午，其晦日為乙亥，和記錄的乙巳日不合。那麼是否證明其年不使用《鄧平曆》呢？其實不然。這個問題涉及以下兩個方面：

（一）太初曆起點

　　太初曆以寅月為正月，但是其計算系統必須從子月開始。即從上年的十一月起計。太初改曆時，元封七年十一月朔旦冬至，按照舊有的四分曆，其

〔註 28〕參見陳遵嬀《中國天文學史》，第 1433 頁。

排列如下：

月　份	大　餘	小　餘	中氣日大餘	中氣日小餘
子月	0（甲子）	705	0（甲子）	24
丑月	30（甲戌）	264	31（乙未）	6

　　根據歷史記錄，本年清除了子月的小餘 705 分，使曆法回到起始點。即《漢書·律曆志》記錄的張壽王非議太初曆之論：「又妄言太初曆虧四分日之三，去小餘七百五分。」

　　但新的曆法是從寅月開始的，即《史記·曆書》所云：「招致方士唐都，分其天部；而巴落下閎運算轉曆，然後日辰之度與夏正同」，夏正就是以寅月為正月，並且正式的改曆也是從五月才開始的。《史記·封禪書》云：「夏，漢改曆，以正月為歲首，而色上黃，官名更印章以五字，為太初元年。」而《史記·孝武本紀》卻紀日云：「其後二歲，十一月甲子朔旦冬至，推曆者以本統。⋯⋯十二月甲午朔，上親禪高里，祠后土。」可見，當時十一月和十二月還是遵循舊曆而來的。

　　故此，計算週期從十一月到十月，而曆法頒行卻是從正月到十二月。當置閏出現在兩個階段的連接之處，應用不同的原則，就會出現問題。

（二）《三統曆》置閏原則

　　關於置閏原則，《漢書·律曆志》有兩個：

　　一是「中至終閏盈。中氣在朔若二日，則前月閏也。」（1001 頁）即中氣如果到了本月月末，那麼就該置閏月。如果中氣在本月的初一或第二天，那麼前一個月是閏月。（詳見第三節「推閏餘所在」公式）

　　二是在一章歲中（19 年）閏年的具體安排：「三歲一閏，六歲二閏，九歲三閏，十一歲四閏，十四歲五閏，十七歲六閏，十九歲七閏。」（1003 頁）

　　本年是太始元年，為第九年，當為閏年，不過閏在丑月。但從曆法頒行的時段來計算，丑月（十二月）屬於天漢四年。天漢四年是第八年，不閏。只好將閏月拖到了太始元年的正月來閏。

　　天漢四年十一月和十二月中氣都到了月尾，但尚未超出本月，故本應該下月置閏，但適逢兩年銜接之處。因此，排曆者不據「中至終閏盈」而置閏，卻根據第二個原則「中氣在朔若二日，則前月閏來置閏。」從上表可知，卯月中氣春分在第二日，故此當寅月閏。

從實際月序的丁丑（13）日首日來計算，小月29天，乙巳（41）爲其晦日〔註29〕。這種置閏法，並不遵循「無中氣置閏」的原則，應該是曆法初期不穩定的表現，同時也表明其時所使用的曆法在實質上和《漢書·律曆志》所記載的曆法相同。

斯琴畢力格《太初曆再研究》第四章「曆譜排算與漢簡引證及發現的問題」中「太初曆有特殊置閏規則」也提到了這種置閏法，在漢宣帝神爵元年閏三月，漢成帝鴻嘉三年閏八月，後漢光武帝建武三年閏正月都是如此，並說它一直貫穿在「太初曆」的使用之中。當是這一問題一直沒有得到良好解決所造成的。〔註30〕

二、（太始）四年十月甲寅晦，日有食之

太始四年爲前93年，入天統第12年，該年前十一月朔日干支大餘56，小餘16，非閏年。

紀　年	月　序	大　餘	小　餘	月　序
太始三年	子月	56（庚申）	16	十一月
太始三年	丑月	25（己丑）	59	十二月
太始四年	寅月	55（己未）	21	正月
太始四年	卯月	24（戊子）	64	二月
太始四年	辰月	54（戊午）	26	三月
太始四年	巳月	23（丁亥）	69	四月
太始四年	午月	53（丁巳）	31	五月
太始四年	未月	22（丙戌）	74	六月
太始四年	申月	52（丙辰）	36	七月
太始四年	酉月	21（乙酉）	79	八月
太始四年	戌月	51（乙卯）	41	九月
太始四年	亥月	21（乙酉）	3	十月
征和元年	子月	50（甲寅）	46	十一月

太始四年十月朔日干支爲乙酉（21），小月29日，故其晦日爲癸丑（49），

〔註29〕據張培瑜《三千五百年曆日天象·中國十三名城可見日食表》知，太始元年正月丙午（朔日）日食。此處記錄有誤，參見第997頁。
〔註30〕參見斯琴畢力格《太初曆再研究》，內蒙古師範大學2004年碩士論文。

不是甲寅（50）。甲寅是征和元年子月朔日干支。據張培瑜《三千五百年曆日天象・中國十三名城可見日食表》（997頁）可知，公元前93年12月12日（應是農曆十一月），甲寅日日食。由於本年八月（酉月）朔日干支和十月（亥月）朔日干支相同，都是乙酉。八月為大月，甲寅日為晦日，史官從子月起算，則酉月（八月）為第10月。每年曆表從寅月始，推算仍從子月始。史官當是涉此而誤記。

三、征和四年八月辛酉晦，日有食之

征和四年為前89年，入天統第16年。該年前十一月大餘3，小餘17，非閏年。

紀　年	月　序	大　餘	小　餘	月　序
征和三年	子月	3（丁卯）	17	十一月
征和三年	丑月	32（丙申）	60	十二月
征和四年	寅月	2（丙寅）	22	正月
征和四年	卯月	31（乙未）	65	二月
征和四年	辰月	1（乙丑）	27	三月
征和四年	巳月	30（甲午）	70	四月
征和四年	午月	0（甲子）	32	五月
征和四年	未月	29（癸巳）	75	六月
征和四年	申月	59（癸亥）	37	七月
征和四年	酉月	28（壬辰）	80	八月

征和四年八月壬辰朔，大月30天，晦日為辛酉（27），故云八月辛酉晦。據張培瑜《三千五百年曆日天象・中國十三名城可見日食表》（997頁）可知，公元前89年9月29日（應是農曆八月），辛酉日日食。

通過這些推算可以知道，儘管太初曆並沒有有效解決「日食在晦」的現象，但是作為一種改進的曆法，仍然使用了一段時間，並且《律曆志》中所記載的內容也是切實可行的。

第六節　《三統曆》中的五星數據記錄

《漢書・律曆志》中記載了五星的運行情況和週期，為了符合天人合一

的思想，考慮「三統五行」的運行情況，五星的週期是被納入一個更大的週期之中的，這個週期是日月五星運行軌道的公倍數。

《漢書‧律曆志》有云：「三微而成著，三著而成象，二象十有八變而成卦，四營而成易，爲七十二，參三統兩四時相乘之數也。參之則得乾之策，兩之則得坤之策。以陽九九之，爲六百四十八，以陰六六之，爲四百三十二，凡一千八十，陰陽各一卦之微算策也。八之，爲八千六百四十，而八卦小成。引而信之，又八之，爲六萬九千一百二十，天地再之，爲十三萬八千二百四十，然後大成。五星會終，觸類而長之，以乘章歲，爲二百六十二萬六千五百六十，而與日月會。三會爲七百八十七萬九千六百八十，而與三統會。三統二千三百六十三萬九千四十，而復於太極上元。」

換算成公式爲：

$3 \times 3 = 9$，$9 \times 2 = 18$，$18 \times 4 = 72$，$72 \times 3 = 216$（乾之策），$72 \times 2 = 144$（坤之策）

$9 \times 72 = 648$，$6 \times 72 = 432$

$648 + 432 = 1080$

$1080 \times 8 = 8640$，$8640 \times 8 = 69120$，$69120 \times 2 = 138240$（此爲五星會終之數）

138240×19（章歲，日月運行週期 19 年 7 閏）$= 2626560$（日月五星公倍週期）

$2626560 \times 3 = 7879680$（三會爲一統），$7879680 \times 3 = 23639040$（三統爲一元）

其中 138240 即爲五星運行週期的公倍數。《漢書‧律曆志》所載的五星週期，即所謂「某星歲數」，分別是木星：1728；金星：3456；土星：4320；火星：13824；水星：9216。

$138240 \div 1728 = 80$；$138240 \div 3456 = 40$；$138240 \div 4320 = 32$；

$138240 \div 13824 = 10$；$138240 \div 9216 = 15$。

太極上元是《三統曆》週期 4617 年的 5210 倍，即 $23639040 \div 4617 = 5210$。即在這麼多年前，日月五星同在起點。因此，考察五星的運行情況，對於上元的設定、考訂文獻中五星出現記錄來確定曆日干支記錄的正確性以及歲星紀年都有著一定的意義。

　　五星運行情況在《淮南子‧天文》及《史記‧天官書》中都有記載，不過描述相對簡略，且以星占爲主，以金星爲例：

　　《淮南子‧天文》：「太白元始以正月建寅，與熒惑晨出東方，二百四十日而入，入百二十日而夕出西方，二百四十日而入，入三十五日而復出東方，出以辰戌，入以丑未。當出而不出，未當入而入，天下偃兵；當入而不入，當出而不出，天下興兵。」

　　《史記‧天官書》：「殺失者，罰出太白。太白失行，以其舍命國。其出行十八舍，二百四十日而入。入東方，伏行十一舍百三十日；其入西方，伏行三舍十六日而出，當出不出，當入不入，是謂失舍，不有破軍，必有國君之篡。……凡出入東西各五，爲八歲，二百二十日，復與營室晨出東方。其大率，歲一周天，其始出東方，行遲，率日半度，一百二十日，必逆行一二舍；上極而反，東行，行日一度半，一百二十日入。其庳，近日，曰明星，柔；高，遠日，曰大囂，剛。其始出西方，行疾，率日一度半，百二十日；上極而行遲，日半度，百二十日，且入，必逆行一二舍而入。其庳，近日，曰大白，柔；高，遠日，曰大相，剛。出以辰、戌，入以丑、未。」

　　《漢書‧律曆志》：「金，晨始見，去日半次。逆，日行二分度一，六日。始留，八日而旋。始順，日行四十六分度三十三，四十六日。順，疾，日行一度九十二分度十五，百八十四日而伏。凡見二百四十四日，除逆，定行星二百四十四度。伏，日行一度九十二分度三十三有奇。伏八十三日，行星百一十三度四百三十六萬五千二百二十分。凡晨見、伏三百二十七日，行星三百五十七度四百三十六萬五千二百二十分。夕始見，……一復，五百八十四日百二十九萬五千三百五十二分。行星亦如之，故曰日行一度。」

　　可以看出，《淮南子》的記載，只記錄了金星大致出現的方位、週期以及時間，而《史記》則添加了金星具體運行速度的快慢（行遲），視運動的方向（逆行）及天空所走的度數（率日半度）。

　　在這些基礎上，《漢書‧律曆志》詳細記錄了五星在天空中運行一周的情況，說明了金星出現的時間（晨始見），出現時距離太陽的距離（去日半次），運行的情況（逆，留，順），運行的速度（疾），運行的日數及周天度數（日行二分度一），出現週期的總日數及周天度數（凡晨見、伏三百二十七日，行星三百五十七度四百三十六萬五千二百二十分。）

　　根據這些詳盡的記錄，《漢書‧律曆志》構建了一個相對完整的五星運行

系統。主要包括以下兩個部份：

一、五星運行情況

我們從現代天文學知道，地球和五大行星一樣都是圍繞太陽而運動的。而作爲觀測主體的人類是站在地球的角度來觀測太陽和其餘五顆行星的。由於繞日軌道的長度及距日遠近不同，因此五大行星的觀測情況也有所不同。

五大行星被分爲內行星和外行星。其運行情況見下圖（據劉操南《曆算求索》第 189 頁仿製）。

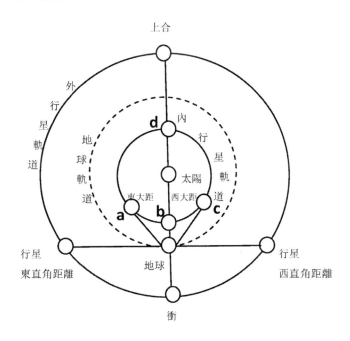

（一）內行星

內行星（金星和水星）距日距離近，運行軌道短，因此平均運行速度快於地球。水星、地球、太陽三者之間的夾角最大爲 28 度（即 a 點，地球和 b 點，地球兩個連線構成的夾角，在東稱爲東大距，在西稱爲西大距），金星、地球、太陽三者之間的夾角最大爲 48 度。內行星只有遠離太陽 15 度多（詳見下水星算法），才能被肉眼觀測到，因此當內行星在 d 點（上合點）和 b 點（下合點）附近都爲太陽的光芒所掩蓋，不能看見。

若內行星走在 ab 或 bc 之間，由於其平均運行速度快於地球，在地球上來看，就表現爲逆行。以金星爲例，見下圖：

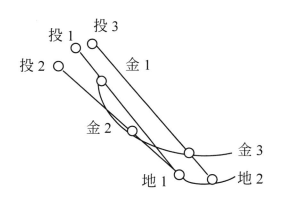

當地球和金星處在上述相對位置時，當金 1 至金 2 時，投射在天球上的天體投 1 往投 2 方向運動，表現爲順行。當金 2 至金 3 時，投 2 往投 3 方向運動，表現爲逆行。（金星運行方向爲金 1－金 2－金 3，地球運行方向爲地 1－地 2）。在順逆之間，有一段時間天體的視運動處於相對恒定的位置，稱之爲「留」。

內行星兩次和太陽相遇的機會都在地球繞日運行的內圈裡，因此，每繞一圈會出現兩次看不見內行星的情況。太陽東升西落，當內行星處在太陽的東邊，則黃昏時才能看見，成爲「夕見」；而處於太陽的西邊，則早晨就可以觀察，稱爲「晨見」。兩次週期的合併稱爲「一復」。在《漢書‧律曆志》中，完整的週期以兩次「晨見」之間的距離來測算，即五星和太陽的會合週期。

內行星的運行軌道視運動路線爲：

　　b 點（伏）──逆（晨見）──留──西大距──順──d 點（伏）──順（夕見）──東大距──留──逆──b 點（伏）。

《漢書‧律曆志》中記載五星運行實際數據的部份稱爲「五步」，取五星步進的意思。關於內行星「水星」的情況：

　　「水，晨始見，去日半次。逆，日行二度，一日。始留，二日而旋。順，日行七分度六，（一多「十」字）七日。順，疾，日行一度三分度一，（一多「一」字）十八日而伏。凡見二十八日，除逆，定行星二十八度。伏，日行一度九分度七有奇，三十七日一億二千二百二萬九千六百五分，行星六十八度四千六百六十一萬一百二十八分。凡晨見、伏，六十五日一億二千二百二萬九千六百五分，行星

九十六度四千六百六十一萬一百二十八分。夕始見，去日半次。順，
疾，日行一度三分度一，十六日二分日一。順，遲，日行七分度六，
七（一作「十」）日。留，一日二分日一而旋。逆，日行二度，一日而
伏。凡見二十六日，除逆，定行星二十六度。伏，逆，日行十五分
度四有奇，二十四日，行星六度五千八百六十六萬二千八百二十分。
凡夕見伏，五十日，行星十九度七千五百四十一萬九千四百七十七
分。一復，百一十五日一億二千二百二萬九千六百五分。行星亦如
之，故曰日行一度。」（1000 頁）

算法解釋概略如下：

晨始見，去日半次：水星晨始見，即從夕見伏的伏日而來，夕見伏的伏
日為 24 日，所走度數為負 $6^{58662820}/_{134082297}$ 度。（參見下文夕始見算）

日行一度，所以伏日的長度即水星和太陽合併後，太陽視運動所走的度
數（24 日走 24 度）。以太陽所走的度數減去水星和太陽俱行所走的度數，就
可以得出水星與日合併至脫離日行這一時期，太陽和水星在天球上的間距。
用此除 2，就可以知道水星在太陽兩側出現的相對距離，即「去日度」。

$24-(-6^{58662820}/_{134082297})=24+6^{58662820}/_{134082297}=30^{58662820}/_{134082297}$ 度。
$30^{58662820}/_{134082297}\div2=15^{58662820}/_{134082297}$ 度。周天劃分為十二次，均分 356.25 度，
一次的距離約在 30～31 之間，15 度多即「去日半次」，其他行星的情況與此
相同，換算為公式為

（伏日−伏日度數）÷2＝去日度數。皆為「去日半次」。[註31]

逆：2 度×1 日＝−2 度

留：2 日

順：6/7 度×7 日＝6 度

順，疾：$1^1/_3$ 度×18 日＝24 度

計算出現（見）總和：1＋2＋7＋18＝28 日；24＋6−2＝28 度（定行星二
十八度）

伏：總度數 $68^{46610128}/_{134082297}\div37^{122029605}/_{134082297}$ 日＝9164206324÷
5083074594≈1.8 度；$1^7/_9$≈1.78 度；$1^8/_9$≈1.89 度。$1^7/_9$＞1.8＞$1^8/_9$，故云「日行
一度九分度七有奇」，『奇』為零數，即「一度九分度七多」。134082297 為見

〔註31〕劉操南《曆算求索》，第 195 頁。

中日法，爲水星運行大週期內會合週期總數（29041）和曆法一元 4617 年的公倍數，爲使日月運行和水星運行同時回復到起始恒星點，故將兩者週期合併，每一天分爲 134082297 分來處理。

晨見、伏總日數；$28+37^{122029605}/_{134082297}=65^{122029605}/_{134082297}$ 日；總度數：$28+68^{46610128}/_{134082297}=96^{46610128}/_{134082297}$ 度。

夕始見（離開太陽 15 度）

順，疾：$1^1/_3$ 度×$16^1/_2$ 日＝22 度

順，遲：6/7 度×7 日＝6 度

留：$1^1/_2$ 日

逆：2 度×1 日＝-2 度

計算出現（見）總和：$16^1/_2+7+1^1/_2+1=26$ 日；22＋6-2＝26 度（定行星二十六度）

伏：$-6^{58662820}/_{134082297}$ 度÷24 日≈0.26823；4/15＝0.26667。故云「日行十五分度四有奇」。

夕見、伏總日數：26＋24＝50 日；總度數：$26-6^{58662820}/_{134082297}=19^{75419477}/_{134082297}$ 度。

晨夕見、伏總日數：$65^{122029605}/_{134082297}+50=115^{122029605}/_{134082297}$ 日；總度數：$96^{46610128}/_{134082297}+19^{75419477}/_{134082297}=115^{122029605}/_{134082297}$ 度。日數和度數相同，故爲「日行一度」。

（二）外行星

外行星的運行速度要慢於地球，爲木、火、土三星。由於地球處在外行星和太陽的中間，所以只有在上合點，外行星才會被太陽的光芒所掩蓋。加上地球的平均運行速度快於外行星，相對於太陽和地球的連線而言，外行星總是出現在太陽的西邊，表現爲晨見。

當外行星運行到行星東直角距離、沖及行星西直角距離之間時，和地球的相對位置產生變化，也會產生如內行星的逆行情況。

相對於地球而言，觀測內外行星在天球上的投影，其運行方向是相反的。故此，外行星的運行軌道視運動路線爲：

上合（伏）——順（晨見）——行星西直角距離——留——逆（衝）——留——行星東直角距離——順——上合（伏）。

《漢書・律曆志》關於外行星「木星」的「五步」記錄：

> 「木，晨始見，去日半次。順，日行十一分度二，百二十一日。始留，二十五日而旋。逆，日行七分度一，八十四日。復留，二十四日三分而旋。復順，日行十一分度二，百一十一日有百八十二萬八千三百六十二分而伏。凡見三百六十五日有百八十二萬八千三百六十五分，除逆，定行星三十度百六十六萬一千二百八十六分。凡見一歲，行一次而後伏。日行不盈十一分度一。伏三十三日三百三十三萬四千七百三十七分，行星三度百六十七萬三千四百五十一（一作「三」）分。一見，三百九十八日五百一十六萬三千一百二分，行星三十三度三百三十三萬四千七百三十七分。通其率，故曰日行千七百二十八分度之百四十五。」（998 頁）

算法解釋概略如下：

晨始見（離開太陽 15 度）

順：2/11 度×121 日＝22 度

留：25 日

逆：1/7 度×84 日＝−12 度

復留：$24^3/_{7308711}$ 日（分母爲木星見中日法）

復順：2/11 度×$111^{1828362}/_{7308711}$ 日＝$20^{1661286}/_{7308711}$ 度。

計算出現（見）總和：121＋25＋84＋$24^3/7308711$＋$111^{1828362}/_{7308711}$1＝$365^{1828365}/_{7308711}$ 日。22−12＋$20^{1661286}/_{7308711}$＝$30^{1661286}/_{7308711}$ 度。見總日數爲 $365^{1828365}/_{7308711}$ 日，爲一歲之數，所走度數爲 $30^{1661286}/_{7308711}$ 度，爲一次之度數，故云「凡見一歲，行一次而後伏」。

伏：$3^{1763451}/_{7308711}$ 度÷$33^{3334737}/_{7308711}$ 日 ≈0.097。不足 1/10＝0.1，故云「日行不足十一分度一」。（根據算法，當作「十分度一」）

總見伏日數：$365^{1828365}/_{7308711}$＋$33^{3334737}/_{7308711}$＝$398^{5163102}/_{7308711}$ 日。總度數：$30^{1661286}/_{7308711}$＋$3^{1763451}/_{7308711}$＝$33^{3334737}/_{7308711}$ 度。

每天木星所行度數：$33^{3334737}/_{7308711}$ 度÷$398^{5163102}/_{7308711}$ 日＝145/1728 度。

（三）五星在天空中的恒星週期

除了五星和太陽的相對視運動之外，古人還用五星從某一恒星出發，再次回到某一恒星來測算五星的恒星週期，即多長時間行過一周天。

通過「五步」測算的五大行星每天所行的度數就可以推測這個週期。如

木星每天走 145/1728 度，1728 年後走了 145 周（每周 365.25 度）：1728 年×365.25 日×145/1728 度＝145×365.25＝145 周天。因此，每走一周需要 1728 年÷145 周≈11.92 年，即木星的恒星週期。水星「日行一度」，因此其恒星週期和太陽事運動週期相等，爲一年。

其他行星的數據如下：

土星每日走 145/4320 度。4320÷145≈28.79 年

火星每日走 7355/13824 度。13824÷7355≈1.88 年

金星日行一度。週期爲 1 年。

（四）五星的實際運行情況

《三統曆》中記載的五星運行記錄和現代天文學實測差距已經較小，現轉引劉操南《曆算求索》及張聞玉《古代天文曆法講座》所列數據如下〔註32〕：

行　星		三統曆（會合週期）	現代實測	三統曆（恒星週期）	現代實測
內行星	水星	115.91011	115.88	1 年	88 日
	金星	584.12982	583.92	1 年	225 日
外行星	火星	780.52531	779.94	1.88 年	1.88 年
	木星	398.70643	398.88	11.92 年	11.86 年
	土星	377.93549	378.09	29.79 年	29.46 年

總的來說，五星運行數據的精度還是較高的。其原因大約有三條：

一是相對於太陽來說，行星週期比較容易觀測。且選擇的觀測點爲晨見到晨見之間的距離，終始點都可以看見，減少了推測的情況。

二是占星術的發達，使五星觀測成爲一個較長時期較穩定的行爲，從而也提高了數據的精度。唐代瞿曇悉達《開元占經》所記錄的《甘石星經》中就已有五星週期的記錄，1974 年長沙馬王堆出土的《五星占》（帛書）也有專文記錄了五星的運行。

三是《漢書‧律曆志》爲了使五星運行和日月運行達到統一，方便設定曆法的上元，考慮到了日月五星的相對運行問題，擴大了週期。從而「五步」採用日月五星同時回到同一恒星點的大週期作爲分母，客觀上也在一定程度上降低了誤差。

〔註32〕劉操南《曆算求索》，第 190 頁。張聞玉《古代天文曆法講座》，第 104 頁。

二、五星運行位置對曆法的參照作用

根據《漢書・律曆志》所記載的五星記錄，可以得到日月和五星的共同週期，從而推算出一個五星和日月同在一個星區的理想起點，制定一個可靠的上元，以期得到不變的天道，使曆法的使用百代不替。同時有了既定的上元，就可以推知五星的出沒在曆法年表中的位置，藉此來推算歷史記錄中曆日干支的確切性，古事既然可以得證，未來也就可以推知。

因此，五星具體位置的推算就成爲曆法推演的一個組成部份。如同日月運行的推算法一樣，五星數據也分爲常量和算法部份。

（一）常　量

五星數據的常量被記錄在「統母」的第二部份中，現仍以水星爲例（以下所引水星數據參見 996～997 頁），來看具體的情況：

> 「水經特成，故一歲而及初，六十四及初而小復。小復乘巛策，
>
> 　則太陰大周，爲九千二百一十六歲，是爲辰星歲數。」

由於太陽視運動（地球運動），水星和太陽的會合週期完成後並不會回到水星一開始出發的恒星點。水星 9216 年走了 29041 個會合週期，所以每個會合週期（一復）需要走 9216÷29041≈0.317344 年。3 復以後基本接近起點，3×0.317344≈0.952 年，所以三復近一年，近似回到起點。故云：「一歲而及初」。

太陰大周：指水星運行巛策爲坤策，即 144，64×144＝9216。水星會合週期爲 115.91 日。9216×365.25＝29041×115.91，9216 年走了 29041 個完整的水星會合週期，9216 稱爲「歲數」，29041 稱爲「見數」。

外行星的「見數」和「歲數」間還存在一個「以星行率減歲數，餘則見數也」的原則（997 頁）。根據行星會合週期，可知在行星大周歲數內繞日的周數，即爲星行率。由上文可知，木星每 1728 年繞日 145 周。外行星每繞日一周，日星相交一次（太陽處在地球和行星中間）。太陽 1728 年繞天球 1728 周，這樣有 145 周看不見木星，減去此數，就是太陽和行星不重合之數，即爲可見行星的周數：

木星歲數 1728－星行率 145＝1583（見數，即見中法）

土星歲數 4320－星行率 145＝4175

火星歲數 13824－星行率 7355＝6469

這個原則僅僅適用於外行星，每一回合週期內行星和太陽相交兩次，且頻度不一，所以並不適用。

有了五星大周，可以據此求出五星每個會合週期的具體情況，如出現於某年某月，天空中的某次及在曆法上的某一天。爲了和日月運行週期取得一致。需要和一年 12 中氣，19 年 7 閏這些數字建立關係，產生以下常量：

1. 求五星在某一中氣（星次）出現所用的常量：

「見中分十一萬五百九十二。

積中三，中餘三萬二千四百六十九。

見中法二萬九千四十一。復數也。」

見中分：某星大週期的中氣總數，以五星大週期（歲數）乘以 12，即「以歲中乘歲數，是爲星見中分」。水星 9216×12＝110592。

見中法：某星大週期內某星所走的會合週期，是總復數，即所謂：「星見數，是爲見中法」。水星爲 29041。

積中，中餘：求某星每個會合週期需要經歷的中氣數。以見中分/見中法求得。水星爲：$110592/29041 = 3^{23469}/_{29041}$。整數爲積中，小數爲中餘。（循算，此處中餘當作「二萬三千四百六十九」，北宋遞修本即作「二萬三千」。）

2. 求五星在某一月出現所用的常量：

「見閏分六萬四千五百一十二。

積月三，月餘五十一萬四百二十三。

見月法五十五萬一千七百七十九。」

見閏分：19 年 7 閏，用某星大週期（歲數）乘以閏分 7，即「以歲閏乘歲數，是爲星見閏分」。水星爲：9216×7＝64512。

見月法：某星大週期內會合週期數（見中法）和日月會合週期（19 年）的公倍數，即：「以章歲乘見數，是爲見月法」。水星爲：19×29041＝551779。

積月，月餘：求某星每個會合週期需要經歷的月數。每個會合週期需要走的年份，用某星大週除以大週內某星會合週期的總數求得，即歲數÷見中法。將這個數字換算爲月份。

每 19 年 235 月，即 228 個正常月和 7 個閏月。故可將上式轉換爲：

（19 年×歲數）÷（19×見中法）＝（235 月×歲數）÷見月法＝〔（228＋7）×歲數〕÷見月法＝（228×歲數＋7×歲數）÷見月法＝（19×12×歲數＋見閏分）÷見月法＝（19×見中分＋見閏分）÷見月法。水星爲：（19×

110592＋64512）/551779＝$3^{510423}/_{551779}$，整數爲積月，小數爲月餘。

3. 求內行星晨見、夕見所出現的中氣（星次）所使用常量：

「晨中分六萬二千二百八。

積中二，中餘四千一百二十六。

夕中分四萬八千三百八十四。

積中一，中餘萬九千三百四十三。」

內行星一個會合週期包括一次晨見和一次夕見。晨見伏和夕見伏日數之比爲 9:7，如水星晨見日數爲 $65^{122029605}/_{134082297}$ 日，夕見伏日數爲 50，兩者之比約爲 9:7。

故將見中分按照比例分爲晨中分和夕中分進行計算，分別乘以 9/16 和 7/16。即所謂：「東九西七乘歲數，並九七爲法，得一，金、水晨夕歲數。」

晨中分：水星晨中分爲 110592（見中分）×9/16＝62208

積中，中餘：62208/29041＝$2^{4126}/_{29041}$。水星晨積中爲 2，晨中餘爲 4126。

夕中分：水星夕中分爲 110592×7/16＝48384

積中，中餘：48384/29041＝$1^{19343}/_{29041}$。水星晨積中爲 1，晨中餘爲 19343。

4. 行星晨見、夕見所出現的月份所使用常量：

「晨閏分三萬六千二百八十八。

積月二，月餘十一萬四千六百八十二。

夕閏分二萬八千二百二十四。

積月一，月餘三十九萬五千七百四十一。」

晨閏分：水星晨閏分爲 64512（見閏分）×9/16＝36288。

積月，月餘：公式爲（19×晨中分＋晨閏分)/見月法＝（19×62208＋36288）/551779＝$2^{114682}/_{551779}$。水星晨積月爲 2，月餘爲 114682。

夕閏分：水星夕閏分爲 64512×7/16＝28224。

積月，月餘：公式爲（19×夕中分＋夕閏分)/見月法＝（19×48384＋28224）/551779＝$1^{395741}/_{551779}$。水星夕積月爲 1，月餘爲 395741。

5. 求五星出現的具體位置所用的常量：

「見中日法一億三千四百八十二萬二千二百九十七。

見月日法四千四百六十九萬四千九十九。」

見中日法：某星和日月同時回復起始恒星點的週期。即用日月回復週期

4617 年（元法）乘以某星大週期內會合週期總數（見中法），即：「以元法乘見數，是爲見中日法」。水星爲 29041×4617＝134082297。此用於求某星出現於某中氣某日（某次某度）。

見月日法：某星和月亮同時回復起始恒星點的週期。即用日月回復週期 1539 年（統法）乘以某星大週期內會合週期總數（見中法），即：「以統法乘見數，是爲見月日法」。水星爲 29041×1539＝44694099。此用於求某星出現於某月某日。

（二）推算方法

運用以上常量的公式，《漢書・律曆志》載於「紀術」之中：

1. 「推五星見復，置太極上元以來，盡所求年，乘大統見復數，盈歲數得一，則定見復數也。不盈者名曰見復餘。見復餘盈其見復數，一以上見在往年，倍一以上，又在前往年，不盈者在今年也。」

已知距上元至今年數爲 m（包括本年）；大統見復數爲五星大週期的見數和復數（會合週期，木星爲 1583），即見中法；歲數（木星爲 1728）。求五星本次會合週期的起始點是否在本年。

五星的出現各有其會合週期，其週期有時長於一年，故此，其會合週期的起點不一定在本年內。大統見復數，即大週期見復數（會合週期，木星爲 1583，北宋遞修本作「大終見復數」，似較妥），和見復數同。

見復數/歲數爲五星每年需走的長度，以上元以來年數乘這個比率，即知道從上元以來五星走過的會合週期總數，整數爲定見復數，即已經出現的總次數；餘數爲目前五星所在的位置。

$$m×見復數/歲數＝定見復數×見復餘/歲數$$

如果見復餘大於見復數，則某星目前所走長度已經超過一年，其起點當在上一年。如果小於見復數，則所走長度還不足一年，起點還在本年內。

見復餘/見復數＜1，則某星出現起點在本年。

1≤見復餘/見復數＜2，則某星出現起點在前一年。

2≤見復餘/見復數，則某星出現起點在前兩年。

2. 「推星所（一多「在」字）見中次，以見中分乘定見復數，盈見中法得一，則積中（法）也。不盈者名曰中餘。以元中除積中，餘則中元餘也。以章中除之，餘則入章中數也。以十二除之，餘則星見中次也。中數從多至起，次數

從星紀起，算外，則星所見中次也。」

已知定見復數（即上元以來某星已經出現的總次數）；見中法（即某星歲數中出現的總次數）；見中分（某星歲數的中氣總數，即 12×歲數）；元中（一元 4617 年的中氣數）55404。章中（一章 19 年的中氣數）228。求五星本次出現所在的中氣（次數）。

見中分/見中法＝12×歲數/見中法。歲數/見中法爲每次出現所經歷的平均年數，如木星爲 1728/1583 年。乘以 12 則爲每次出現所經歷的平均中氣數。

定見復數×見中分/見中法＝積中……中餘。

即從上元以來出現的總次數所經歷的中氣數。積中爲上元以來至今所經歷的中氣總數，中餘爲不足一中氣的日數。

積中÷元中（55404）＝整數……中元餘。

中元餘÷章中（228）＝整數……入章中數。

入章中數÷12＝整數……星見中次。

積中滿元中則扣除，不滿元中之數滿章中則扣除，不滿章中之數滿 12 則扣除，剩下的爲星見中次，中氣從多至日起算，星次從星紀次起算，加 1 就爲某星本次出現的中次。

3.「推星見月，以閏分乘定見〔復數〕，以章歲乘中餘從之，盈見月法得一，並積中，則積月也。不盈者名曰月（中）餘。以元月除積月餘，名曰月元餘。以章月除月元餘，則入章月數也。以十二除之，至有閏之歲，除十三入章。三歲一閏，六歲二閏，九歲三閏，十一歲四閏，十四歲五閏，十七歲六閏，十九歲七閏。不盈者數起於天正，算外，則星所見月也。」

已知定見復數，閏分 7（循算，「閏分」當作「見閏分」〔註33〕），章歲 19，中餘，見月法（19×見中法），見閏分（歲數×閏分），元月（4617 年的月數）57105，章月（19 年的月數）235。求五星本次出現所在月份。

換算中氣爲月數，每年 12 中氣，19 年 235 月，每年 235/19 月。歲數×235/19＝（歲數×228＋歲數×7）/19

〔定見復數×（見中分×19＋歲數×7）/19〕÷見中法＝〔19×（定見復數×見中分）＋（定見復數×歲數×閏分）〕，÷（見中法×19）＝（定見復數×見中分/見中法）＋（定見復數×歲數×閏分）/見月法＝（積中×見中法

〔註33〕劉洪濤《古代曆法計算法》，第 41 頁。

＋中餘）/見中法＋（定見復數×見閏分）/見月法＝（19×見中法×積中＋19×中餘）/見月法＋（定見復數×見閏分）/見月法＝（見月法×積中＋19×中餘）/見月法＋（定見復數×見閏分）/見月法＝積中＋〔（19×中餘）＋（定見復數×見閏分）〕/見月法＝積月……月餘。

積月÷元月（57105）＝整數……月元餘。

月元餘÷章月（235）＝整數……入章月數。

入章月數按照 19 年 7 閏的月序排列逐步扣除，即平年扣 12 月，閏年扣 13 月。其總月序爲 12、12、13、12、12、13、12、12、13、12、13、12、12、13、12、12、13、12、13。不滿之數從子月開始起算，加 1 爲五星本次出見之月。

4.「推至日，以中法乘中元餘，盈元法得一，名曰積日，不盈者名曰小餘。小餘盈二千五百九十七以上，中大。數除積日如法，算外，則多至也。」

已知中元餘，中法（每一中氣 4617 年的總日數，每中氣長 $30^{2020}/_{4617}$ 日，4617 個中氣總長度爲 140530），元法 4617。求五星本次出現所在中氣的干支名。

中法/元法爲每中氣的長度，中元餘是五星出現所在元開始至出現中氣的總中氣數。兩者相乘爲總日數

$$中元餘×中法/元法＝積日……小餘。$$

中氣長度 $30^{2020}/_{4617}$ 日，2020＋2597＝4617，如小餘大於等於 2597，則本中氣會多出 1 日，故云「中大」。

積日÷60＝整數……餘數。積日爲一元開始至今的總日數，故干支從甲子日開始。數除如法即滿 60 扣除，按照「一甲數次表」排列干支次序求得。

餘數＋1 即五星出現所在中氣的干支名。多至爲每年子月的中氣，本算只能推算五星出現月的中氣，沒有上推到每年子月。劉洪濤認爲「多」字衍，是。〔註34〕

5.「推朔日，以月法乘月元餘，盈日法得一，名曰積日，餘名曰小餘。小餘三十八以上，月大。數除積日如法，算外，則星見月朔日也。」

已知月元餘，月法 2392，日法 81。求五星本次出現所在月的首日干支

〔註34〕劉洪濤《古代曆法計算法》，第 43 頁。

名。

月法/日法爲每月的長度，月元餘是五星出現所在元開始至今的總月數，兩者相乘爲總日數。

月元餘×月法/日法＝積日……小餘

月長 $29^{43}/_{81}$，43＋38＝81，如小餘大於等於 38，則本月會多出 1 日，故云「月大」。

積日÷60＝整數……餘數。餘數＋1 即五星出現所在月的干支名。

6.「推入中次日度數，以中法乘中餘，以見中法乘其小餘并之，盈見中日法得一，則入中日入次度數也。中（次）〔以〕至日數，次以次初數，算外，則星所見及日所在度數也。求夕，在日後十五度。」

已知中餘，中法，見中法，見中日法（見中法×元法），求五星本次出現所在中氣（次）的日數（度數）。

求五星所入中氣，整數爲積中，分數爲中餘/見中法，即不足一中氣之數。欲求其入中氣多少日，可將其進行換算。中法/元法爲一中氣的日數，故兩者相乘可得到日數。

中餘/見中法×中法/元法

求得日數之後，還需要知道所入中氣的起首日有無承接上個中氣的餘分，兩者合併之後才是完整的日數。求所入中氣首日，整數爲積日，分數爲小餘/元法。

（中餘/見中法×中法/元法）＋小餘/元法＝（中餘×中法）/（元法×見中法）＋（小餘×見中法）/（元法×見中法）＝（中餘×中法＋小餘×見中法）/見中日法＝整數……餘數。

取整數，如求日數，從所在中氣的干支日起數，算外加 1 即日干支名。如求度數，從所在星次的次初度數起數，算外加 1 即度數。

內行星分爲晨見和夕見，兩次晨見之間和兩次夕見之週期一致，由於本算考慮的都是晨見之間的距離。如果以夕見爲起始點，其出現位置會在太陽目前所在位置之後 15 度。內行星夕見須在太陽之東 15 度，太陽周日視運動由東往西運行，所以稱爲「日後 15 度。」

7.「推入月日數，以月法乘月餘，以見月法乘其小餘并之，盈見月日法得一，則入月日數也。并之大餘，數除如法，則見日也。」

已知月餘，月法，見月法（19×見中法），見月日法（1539×見中法），求五星本次出現所在的月份日數。

求五星所入月，整數爲積月，分數爲月餘/見月法，即不足一月之數。求其入月多少日，也需要換算。月法/日法爲一月的日數，故兩者相乘可得到日數。

月餘/見月法×月法/日法

求得日數之後，同樣要知道所入月的首日有無承接上個月的餘分，兩者合併之後才是完整的日數。求所入月首日，整數爲積日，分數爲小餘/日法。

（月餘/見月法×月法/日法）＋小餘/日法＝（月餘×月法）/（日法×見月法）＋（小餘×見月法）/（81×19×見中法）＝（月餘×月法＋小餘×見月法）/見月日法＝整數……餘數。

取整數，併入前算求所在月的積日，數除如法，算外加 1 即日干支名。如從所在月的首日干支起數，則不需要併入大餘。

8. 「推後見中，加積中於中元餘，加後〔中〕餘於中餘，盈其法得一，從中元餘，〔除〕數如法，則〔後〕見〔中〕也。

推後見月，加積月於月元餘，加後月餘於月餘，盈其法得一，從月元餘，除數如法，則後見月也。」

推算下一次出現的中氣和月份。即將常量中五星各自的積中（積月）和中餘（月餘）和前面算式中所求的積中（積月）和中餘（月餘）相加，如果餘數相加超過分母，則進位，所謂「從中元餘（月元餘）」，據公式演算即可。

由於前面算式對積中已經扣除過滿一元的中氣數，故此積中＋中元餘，中餘＋中餘。爲明區分，稱常量的中餘爲後中餘。求月和此相同。

9. 「推至日及入中次度數，如上法。

推朔日及入月數，如上法

推晨見加夕，夕見加晨，皆如上法。」

推算五星下次出現所在中氣的至日、所在的中氣、所在的度數、所在月、所在月的朔日，都只須在相應的積中、中餘、積月、月餘上，加上常量中五星各自的積中、中餘、積月、月餘，再據法推算。內行星晨見求夕見，夕見求晨見，也是加上金水兩星常量中相應的晨見積中、中餘、積月、月餘及夕見積中、中餘、積月、月餘。

10.「推五步，置始見以來日數，至所求日，各以其行度數乘之。其星若日有分者，分子乘全爲實，分母爲法。其兩有分者，分母分度數乘全，分子從之，令相乘爲實，分母相乘爲法，實如法得一，名日積度。數起星初見（星宿）所在宿度，算外，則星所在宿度也。」

確定了五星本次出現的位置，再按照「五步」提供的數據，計算目前五星所在的位置。由於五星所走的度數和太陽視運動不一，因此會出現不同的速率。大約有三種情況：

一是日數和度數爲整數：如「逆，日行二度，一日」。直接相乘即可。2度×1日＝2度。

二是日數和度數有一爲分數：如「日行十一分度二，百二十一日。」以分子乘以整數（全），除以分母。（2×121）÷11＝22度。

三是日數和度數都爲分數：「日行一度九十二分度十五，百八十一日百七十分日四十五。」首先各自進行分數轉換，用分母（日數稱爲分母，行星稱爲分度數）乘以整數（全），加上分子。$1^{15}/_{92}＝$（1×92＋15）/92＝107/92；$181^{45}/_{107}$ ＝（181×107＋45）/107＝19412/107。

再用換算出的數相乘，分子乘以分子，除以分母乘以分母。（107×19412）/（92×107）＝211度。

算出來的度數以五星本次出現所在的星宿度數爲起始點起數，算外，就是五星目前所在的星宿度數。

（三）具體應用

《漢書·律曆志》記載的「武王伐紂」中有關於水星位置的測算：「明日壬辰，晨星始見。癸巳武王始發，丙午還師，戊午度於孟津。孟津去周九百里，師行三十里，故三十一日而度。明日己未多至，晨星與婺女伏，歷建星及牽牛，至於婺女天黿之首，故傳曰：『星在天黿。』《周書·武成篇》：『惟一月壬辰，旁死霸，若翌日癸巳，武王乃朝步自周，於征伐紂。』《序》曰『一月戊午，師度於孟津。』」我們可以上述算法來推驗有關曆法記錄的可靠性。

1. 推日月元統

已知上元至伐紂前年共 142109 年，水星見復數（見中法）29041，水星歲數 9216。

公式：m×見復數/歲數。代入數字：

142109×29041/9216＝4126987469/9216＝447806（定見復數）$^{7373}/_{9216}$。

7373（見復餘）/29041（見復數）＜1，水星在本年出現。

2. 推算水星本次出現的中氣及日數（星次及度數）

2.1　推星見中次

已知定見復數（447806），水星見中分110592，見中法29041，元中55404，章中228。求水星在本年出現的中氣及星次。

公式：定見復數×見中分/見中法。代入數字：

447806×110592/29041＝1705304……27688。積中170530，中餘27688。

170530÷55404（元中）＝30……43184（中元餘）

43184÷228（章中）＝189……92（入章中數）

92÷12＝7……8；算外8＋1＝9。

入本年第九個中氣處暑，第九個星次鶉尾。

2.2　推至日

已知中元餘（43184），中法140530，元法4617，求水星所入中氣的干支名

公式：中元餘×中法/元法。代入數字：

43184×140530/4617＝1314413（積日）……2669（小餘）

1314413÷60＝21906……53。

從甲子起算，第54位干支為丁巳（53）。即本年處暑日干支為丁巳。

2.3　推入中次日度數

已知中餘，小餘，中法，水星見中法，水星見中日法134082297，求水星初見所在的中氣日數和星次度數。

公式：（中餘×中法＋小餘×見中法）/見中日法。代入數字。

（27688×140530＋2669×29041）/134082297＝（389099640＋78381659）/134082297＝29……80989686

水星本次初見在處暑日（丁巳）後30日，即丙戌日（22）。從鶉尾次次初計算，第30度為軫11度。

3. 推算水星本次出現所在的月份及入月日數

3.1　推星見月

已知：積中（170530），中餘（27688），水星見月法551779，定見復數

（447806），水星見閏分 64512，元月 57105，章月 235，求水星本次出現的月份。

公式：積中＋〔（19×中餘）＋（定見復數×見閏分）〕/見月法。代入數字。

170530＋（19×27688＋447806×64512）/551779＝1757660……445420。積月 1757660，月餘 445420。

1757660÷57105（元月）＝30……44510（月元餘）

44510÷235（章月）＝189……95（入章月）

95 入章月，按照 19 年 7 閏月序扣除。95/12＝7……11，入第 8 年，非閏年。總長 8 年應有 2 閏，餘數 11-2＝9，算外加 1，則水星晨見在第 10 月。

3.2　推朔日

已知月元餘（44510），月法 2392，日法 81，求水星所入月的首日干支名

公式：月元餘×月法/日法。代入數字：

44510×2392/81＝1314418（積日）……62（小餘）

1314418÷60＝21906……58。

從甲子起算，第 58 位干支爲壬戌（58）。即 10 月首日干支爲壬戌。

3.3　推入月日數

已知月餘，小餘，月法，水星見月法，水星見月日法 44694099，求水星初見所在的中月第幾日。

公式：（月餘×月法＋小餘×見月法）/見月日法。代入數字。

（445420×2392＋62×551779）/44694099＝（1065444640＋34210298）/44694099＝24……26996562

水星本次初見在 10 月首日（壬戌）後 25 日，即 10 月 25 日丙戌日（22）。

4. 推算武王伐紂年的水星的位置

根據前算所推，伐紂前年水星晨見於 10 月 25 日，在軫 11 度。入第九中氣處暑，第九次鶉尾。先排列兩年年表如下：

伐紂前年（甲申統第 521 年，非閏年）

月　份	大　餘	小　餘	至日大餘	至日小餘（4617）	周　正
子月	32（丙申）	80	50（甲寅）	130×3＝390	正月

丑月	2（丙寅）	42	20（甲申）	2410	二月
寅月	32（丙申）	4	50（甲寅）	4430	三月
卯月	1（乙丑）	47	21（乙酉）	1833	四月
辰月	31（乙未）	9	51（乙卯）	3853	五月
巳月	0（甲子）	52	22（丙戌）	1256	六月
午月	30（甲午）	14	52（丙辰）	3276	七月
未月	59（癸亥）	57	23（丁亥）	679	八月
申月	29（癸巳）	19	53（丁巳）	2699	九月
酉月	58（壬戌）	62	24（戊子）	102	十月
戌月	28（壬辰）	24	54（戊午）	2122	十一月
亥月	57（辛酉）	67	24（戊子）	4142	十二月

伐紂之年（甲申統第 522 年，閏年）

月 份	大 餘	小 餘	至日大餘	至日小餘（4617）	周 正
子月	27（辛卯）	29	55（己未）	1545	正月

　　伐紂前年 10 月爲大月，起於 10 月 25 日（6 日），11 月爲小月（29 日），12 月爲大月（30 日）。總數爲 6＋29＋30＝64 日。水星晨見伏總日數爲 $65^{122029605}/_{134082297}$ 日，相差近兩日，故水星夕見於伐紂之年子月二日。子月首日干支爲辛卯（27），二日爲壬辰（28）。故云「明日壬辰，晨星始見。」（晨星即水星，以其運行軌道距日最長爲 28 度，不超過一次 30 度之數，一次又稱爲一辰，故名晨星）

　　水星晨見於軫 11 度。其晨見伏度數爲 $96^{46610128}/_{134082297}$ 度。夕見 26 日，行 26 度而伏。

　　故水星夕始見度數爲斗 15 度多，再加 26 度，即經過斗宿（建星）、牛宿（牽牛），約在婺女 8 度伏（參見附錄星次度數表）。婺女 8 度爲玄枵次初度，玄枵次又名天黿。

　　子月 2 日壬辰夕見，26 日後，即子月 29 日己未日晨伏。故云「明日己未冬至，晨星與婺女伏，歷建星及牽牛，至於婺女天黿之首，故傳曰：『星在天黿。』」

第七節　歲星和太歲紀年

五大行星中，木星的週期爲近十二年行一周天，所以古人產生了用木星來紀年的想法。同時，五星運行週期併入日月運行週期中，運行較有規律的木星也就成爲五星的代表。在「上元的設定」一節中，我們已經提到了使用和木星運行方向相反的假想天體的太歲來紀年的方式，假設木星運行週期正好十二年一周天，那麼相應的太歲紀年也會有條不紊的進行下去。

但是，通過「五步」的觀測，我們知道歲星週期爲 1728 年沿二十八宿行145 週，約 144 年超行一次，如其相對應的太歲不隨之變化，則 1728 年沿二十八宿行 144 週，必然產生對應上的偏移。如隨之變化，則伴隨「歲星超次」產生「太歲超辰」現象，導致與實際年長不相符合。

作爲紀年法，和農事密切相關，也就離不開太陽的運動週期。而太歲完全用於紀年後，不和歲星俱動，而獨立成爲十二地支紀年，並進一步擴展爲六十干支紀年法，是完全可能的。不過也必然經歷一個發現修訂，彌補分離的過程。《漢書‧律曆志‧世經》中多處記載了歲星的歷史記錄，故此，需要對歲星和太歲紀年的問題加以闡述。

一、《漢書‧律曆志》中構建的太歲歲星系統

關於木星的計算，除了「紀術」、「五步」之外，《漢書‧律曆志》還專闢有「歲數」之法：「歲術。推歲所在，置上元以來，外所求年，盈歲數，除去之，不盈者以百四十五乘之，以百四十四爲法，如法得一，名曰積次，不盈者名曰次餘。積次盈十二，除去之，不盈者名曰定次。數從星紀起，算盡之外，則所在次也。欲知太歲，以六十除（餘）積次，餘不盈者，數從丙子起，算盡之外，則太歲日也。」求「太歲所在」是用干支數 60 扣除的「積次」，即歲星多少年內應當走過的星次數，換而言之，就是太歲亦隨之超辰。值得考慮的是，其起算從丙子算起，而上元的天象理應從寅年計算。143127 年走了 144120.9375 次（143127×145÷144＝144120.9375），144120 適爲 60 的倍數，因此太歲如想復得和上元相同的辰數（復得甲寅），必須和歲星俱超，其週期見下表：

星歲週期表

週期年數 (1728年)	循環周名 (星宿)	斗,牽牛 (星紀)	婺女,虛,危 (玄枵)	營室,東壁 (諏訾)	奎,婁 (降婁)	胃,昴,畢 (大梁)	觜觽,參 (實沈)	東井,輿鬼 (鶉首)	柳,七星,張 (鶉火)	翼,軫 (鶉尾)	角,亢 (壽星)	氐,房,心 (大火)	尾,箕 (析木)	所跳次辰
第一個144年	歲星	星紀	玄枵	諏訾	降婁	大梁	實沈	鶉首	鶉火	鶉尾	壽星	大火	析木	星紀
		丑	子	亥	戌	酉	申	未	午	巳	辰	卯	寅	丑
	太歲	寅	卯	辰	巳	午	未	申	酉	戌	亥	子	丑	寅
	太歲(修正)	子	丑	寅	卯	辰	巳	午	未	申	酉	戌	亥	子
第二個144年	歲星	玄枵	諏訾	降婁	大梁	實沈	鶉首	鶉火	鶉尾	壽星	大火	析木	星紀	玄枵
		子	亥	戌	酉	申	未	午	巳	辰	卯	寅	丑	子
	太歲(超辰)	卯	辰	巳	午	未	申	酉	戌	亥	子	丑	寅	卯
	太歲(不超辰)	寅	卯	辰	巳	午	未	申	酉	戌	亥	子	丑	
	太歲(修正)	丑	寅	卯	辰	巳	午	未	申	酉	戌	亥	子	丑
第三個144年	歲星	諏訾	降婁	大梁	實沈	鶉首	鶉火	鶉尾	壽星	大火	析木	星紀	玄枵	諏訾
		亥	戌	酉	申	未	午	巳	辰	卯	寅	丑	子	亥
	太歲(超辰)	辰	巳	午	未	申	酉	戌	亥	子	丑	寅	卯	辰
	太歲(不超辰)	寅	卯	辰	巳	午	未	申	酉	戌	亥	子	丑	
	太歲(修正)	寅	卯	辰	巳	午	未	申	酉	戌	亥	子	丑	寅
第四個144年	歲星	降婁	大梁	實沈	鶉首	鶉火	鶉尾	壽星	大火	析木	星紀	玄枵	諏訾	降婁
		戌	酉	申	未	午	巳	辰	卯	寅	丑	子	亥	戌
	太歲(超辰)	巳	午	未	申	酉	戌	亥	子	丑	寅	卯	辰	巳
	太歲(不超辰)	寅	卯	辰	巳	午	未	申	酉	戌	亥	子	丑	
	太歲(修正)	卯	辰	巳	午	未	申	酉	戌	亥	子	丑	寅	卯
第五個144年	歲星	大梁	實沈	鶉首	鶉火	鶉尾	壽星	大火	析木	星紀	玄枵	諏訾	降婁	大梁
		酉	申	未	午	巳	辰	卯	寅	丑	子	亥	戌	酉
	太歲(超辰)	午	未	申	酉	戌	亥	子	丑	寅	卯	辰	巳	午
	太歲(不超辰)	寅	卯	辰	巳	午	未	申	酉	戌	亥	子	丑	
	太歲(修正)	辰	巳	午	未	申	酉	戌	亥	子	丑	寅	卯	辰

第六個144年

歲星	實沈	鶉首	鶉火	鶉尾	壽星	大火	析木	星紀	玄枵	娵訾	降婁	大梁	實沈
	申	未	午	巳	辰	卯	寅	丑	子	亥	戌	酉	申
太歲(超辰)	未	申	酉	戌	亥	子	丑	寅	卯	辰	巳	午	未
太歲(不超辰)	寅	卯	辰	巳	午	未	申	酉	戌	亥	子	丑	
太歲(修正)	巳	午	未	申	酉	戌	亥	子	丑	寅	卯	辰	巳

第七個144年

歲星	鶉首	鶉火	鶉尾	壽星	大火	析木	星紀	玄枵	娵訾	降婁	大梁	實沈	鶉首
	未	午	巳	辰	卯	寅	丑	子	亥	戌	酉	申	未
太歲(超辰)	申	酉	戌	亥	子	丑	寅	卯	辰	巳	午	未	申
太歲(不超辰)	寅	卯	辰	巳	午	未	申	酉	戌	亥	子	丑	
太歲(修正)	午	未	申	酉	戌	亥	子	丑	寅	卯	辰	巳	午

第八個144年

歲星	鶉火	鶉尾	壽星	大火	析木	星紀	玄枵	娵訾	降婁	大梁	實沈	鶉首	鶉火
	午	巳	辰	卯	寅	丑	子	亥	戌	酉	申	未	午
太歲(超辰)	酉	戌	亥	子	丑	寅	卯	辰	巳	午	未	申	酉
太歲(不超辰)	寅	卯	辰	巳	午	未	申	酉	戌	亥	子	丑	
太歲(修正)	未	申	酉	戌	亥	子	丑	寅	卯	辰	巳	午	未

第九個144年

歲星	鶉尾	壽星	大火	析木	星紀	玄枵	娵訾	降婁	大梁	實沈	鶉首	鶉火	鶉尾
	巳	辰	卯	寅	丑	子	亥	戌	酉	申	未	午	巳
太歲(超辰)	戌	亥	子	丑	寅	卯	辰	巳	午	未	申	酉	戌(申)
太歲(不超辰)	寅	卯	辰	巳	午	未	申	酉	戌	亥	子	丑	
太歲(修正)	申	酉	戌	亥	子	丑	寅	卯	辰	巳	午	未	申

第十個144年

歲星	壽星	大火	析木	星紀	玄枵	娵訾	降婁	大梁	實沈	鶉首	鶉火	鶉尾	壽星
	辰	卯	寅	丑	子	亥	戌	酉	申	未	午	巳	辰
太歲(超辰)	亥(酉)	子(戌)	丑(亥)	寅(子)	卯(丑)	辰(寅)	巳(卯)	午(辰)	未(巳)	申(午)	酉(未)	戌(申)	亥(酉)
太歲(不超辰)	寅	卯	辰	巳	午	未	申	酉	戌	亥	子	丑	

	太歲（修正）	酉	戌	亥	子	丑	寅	卯	辰	巳	午	未	申	酉
第十一個144年	歲星	大火	析木	星紀	玄枵	諏訾	降婁	大梁	實沈	鶉首	鶉火	鶉尾	壽星	大火
		卯	寅	丑	子	亥	戌	酉	申	未	午	巳	辰	卯
	太歲（超辰）	子	丑	寅	卯	辰	巳	午	未	申	酉	戌	亥	子
	太歲（不超辰）	寅	卯	辰	巳	午	未	申	酉	戌	亥	子	丑	
	太歲（修正）	戌	亥	子	丑	寅	卯	辰	巳	午	未	申	酉	戌
第十二個144年	歲星	析木	星紀	玄枵	諏訾	降婁	大梁	實沈	鶉首	鶉火	鶉尾	壽星	大火	析木
		寅	丑	子	亥	戌	酉	申	未	午	巳	辰	卯	寅
	太歲（超辰）	丑	寅	卯	辰	巳	午	未	申	酉	戌	亥	子	丑
	太歲（不超辰）	寅	卯	辰	巳	午	未	申	酉	戌	亥	子	丑	
	太歲（修正）	亥	子	丑	寅	卯	辰	巳	午	未	申	酉	戌	亥
第一個144年（新週期）	歲星	星紀	玄枵	諏訾	降婁	大梁	實沈	鶉首	鶉火	鶉尾	壽星	大火	析木	星紀
		丑	子	亥	戌	酉	申	未	午	巳	辰	卯	寅	丑
	太歲（超辰）	寅	卯	辰	巳	午	未	申	酉	戌	亥	子	丑	寅
	太歲（不超辰）	寅	卯	辰	巳	午	未	申	酉	戌	亥	子	丑	

注：第10個144年「太歲超辰」欄，各地支後所加括弧內干支，爲實際情況中使用的地支名，即「太歲（修正）」一欄之干支，兩地支間序差10辰。如：亥（酉）爲依照「亥、子、丑」之順序數至「酉」。

　　自上元數，太初元年（前104年）距上元143127年，143127÷1728＝82……1431年；1431÷144＝9……135，則入上表第10個144年；135÷12＝11……3，下數3次，算外加1，檢核上表可知太初元年歲星和太歲所在，歲星在星紀，太歲超辰在寅，不超在巳。

　　如依太歲超辰計算，則上元起始爲某寅年，本年就可復得一個某寅年。是爲「復得閼逢攝提格之歲」。司馬遷以甲寅爲元，其術「曆術甲子篇」用殷曆四分術，自然復得甲寅。《後漢書·律曆下》云：『故黃帝造曆，元起辛卯，而顓頊用乙卯，虞用戊午，夏用丙寅，殷用甲寅，周用丁巳，魯用庚子，漢興承秦，初用乙卯，至武帝元封，不與天合，乃會術士作太初曆，元以丁丑。』

如漢承用夏曆，似用丙寅元爲妥，則復得丙寅之元。

以實際行用的干支紀年來看，太初元年以正月爲歲首，其時歲星出婺女，到達玄枵次初，太歲在丑，形成一個新週期起點，如左圖。故改丙子年爲丁丑年〔註35〕，入上表第 10 個 144 年第五列「玄枵」。

依據上表，第 11 個 144 年的首年，太歲超辰在子，不超在寅。所謂丙子年，當在此年。太歲超辰，勢必會造成某年同行兩個干支的情況，而這種問題不見於文獻記載，也很難和現實生活統一。故此，《三統曆》或把太初元年爲丙子年的情況歸結於在應用過程中，人們不停調整的結果。1728 年的週期內每 144 年會多用一個干支序號，若前人沒有發現這一差別，則仍以固有的干支序列排序（不超），從而造成在某年發現歲星和太歲的對應關係發生變化，而臨時修正干支排序，再逆推一個 1728 的大週期上去，用太歲和歲星俱超的辦法來重新排定太歲紀年，以求和記載相對應，其過程如下：

首先在某一週期第 11 個 144 年出現不能對應的狀況，其首年太歲不超辰在寅，歲星在大火，對應太歲當在子。由寅至子，相差 10 辰。現補充 10 辰，改歲星在丑（星紀），太歲在子。依照這個修正的對應關係，在下一週期初重

〔註35〕劉坦認爲元封六年爲十月至九月，十二個月，歲名乙亥；元封七年十月至十二月，三個月，歲名丙子；太初元年爲正月至十二月，十二個月，歲名丁丑。參見《中國古代之星歲紀年》，北京：科學出版社，1957 年。第 184 頁。太初元年爲丁丑之說，學者皆有詳論，多以漢武帝太初四年作天馬歌稱：「天馬徠，執徐時」，推知四年作辰年，上推元年爲丁丑歲。參見《漢書‧禮樂志》。

新按照俱超排列，即太歲（修正）欄，在第 10 個 144 年第四列，即太歲在子。故此，推太歲所在當「數從丙子起」。

《漢書‧律曆志》中，除了太初元年之外，僅有一條關於太歲位置的記錄，可用此法推得：「漢高祖皇帝，著《紀》，伐秦繼周。木生火，故爲火德。天下號曰漢。距上元年十四萬三千二十五歲，歲在大棣之東井二十二度，鶉首之六度也。故《漢志》曰歲在大棣，名曰敦牂，太歲在午。」

是歲距上元 143025 年。算式如次：

$$143025 \div 1728 = 82 \cdots\cdots 1329$$

$$1329 \times 145/144 = 1338（積次）\cdots\cdots 33（次餘）$$

$$1338 \div 12 = 111 \cdots\cdots 6，算外加 1，爲 7，從星紀起數，第七次爲鶉首。$$

鶉首次包括井宿（井 16 度至井 33 度）、鬼宿（4 度）、柳宿（柳 1 度至柳 8 度），共計 30 度，將次餘轉換爲度數，$30 \times 33（次餘）/144 = 6 \cdots\cdots 126$。

井 16 度爲第 1 度，後數六度爲井 21 度，算外，得 22 度，爲東井二十二度。從鶉首次起計，在 6 度多，近 7 度，故云「鶉首之六度」。

用積次來計算太歲的位置：$1338 \div 60 = 22 \cdots\cdots 18$。從丙子（12）數起，數 18 位，到癸巳（29），算外加 1，是爲甲午（30）。

如依照上表查核，該年入第 10 個 144 年，$1329 \div 144 = 9 \cdots\cdots 33$；$33 \div 12 = 2 \cdots\cdots 9$，算外加 1，歲星在鶉首，太歲超辰在申，不超爲亥，修正爲午。此年（前 206 年）距離太初元年（前 104 年）102 年，102-60=42，從丙寅（2）上數 42 位，爲甲申年（20），甲申加 10 辰，爲甲午（30）年。

這樣，漢志所記「太歲在午」和《律曆志》所載算法及我們推演的星歲週期表結果相同。

二、太歲和歲星的實際關係

《三統曆》所舉的有關太歲的例子是在前 206 年，和太初元年同在第 10 個 144 年之內。而《呂氏春秋》中也記載了一個有關太歲紀年的例子，卻和此法產生誤差。

《呂氏春秋‧季冬紀‧序意》云：「維秦八年，歲在涒灘。」該年爲秦王政八年，公元前 239 年。距離上元 142992 年（143127-（239-104）=142992）。算法如下：

$$142992 \div 1728 = 82 \cdots\cdots 1296$$

1296×145÷144＝1305

1305÷12＝108……9，算外加 1，在第 10 次壽星次。

1305÷60＝21……45，從丙子（12）起算，算外加 1，在辛酉（57）。

涒灘爲申，1296÷144＝9，無餘數。算外加 1，該年入上「星歲週期表」第 10 個 144 年的首年，歲星在壽星次，太歲超辰爲亥，不超爲寅，修正在酉。《三統曆》的算法和文獻記錄相差一位干支。其原因在於《三統曆》所使用的歲星運行週期並不準確，和《呂氏春秋》的記載就有差別。

根據現代天文學，我們知道，木星 11.8622 年行一周，如取《三統曆》所給上元來計算，143127÷11.8622＝12065.8056684。即自上元以來，實際走了 12065.8056684 圈，餘數換算成次爲：0.8056684×12＝9.668 次。即若以上元從星紀初度始，則太初元年當超上元 9.668 次（約 9 次 20 度），歲星應在降婁次奎 14 度左右。而文獻所記錄是在在星紀婺女六度，即星紀 29 度。即上元在 143130 年，才符合實際天象，143130÷11.8622＝12066.058726；0.585726×12＝0.7029 次。

由於 143130 數字較大，時間一長容易出現誤差。同時，爲便於計算，採用歲星每 86 年走了 87 次爲比率（86×12÷87≈11.8621），以 1032 年作一循環（86×12＝1032）。

此外，若以太初元年前十一月歲在星紀婺女六度回推，則 344 年後回復星紀婺女六度，並不在星紀初度。而太初元年正月木星在約在婺女 11 度（歲星 11.8622 年走 365.25 度，每年走約 30.79 度。30.79×19÷235≈2.4894 度，每月約走 2.5 度），玄枵次 4 度，爲便於計算，則從玄枵初次起計，以新週期第一年爲太初元年，歲在玄枵次 4 度左右，逆推 1032 年得出下表：

歲週期表（真實天象）

週期年數（1032年） / 循環周名（星宿）	婺女，虛，危（玄枵）	營室，東壁（諏訾）	奎，婁（降婁）	胃，昴，畢（大梁）	觜嶲參（實沈）	東井，輿鬼（鶉首）	柳，七星，張（鶉火）	翼，軫（鶉尾）	角，亢（壽星）	氐，房，心（大火）	尾，箕（析木）	斗，牽牛（星紀）
第一個86年 歲星（1–84年循環）	玄枵	諏訾	降婁	大梁	實沈	鶉首	鶉火	鶉尾	壽星	大火	析木	星紀
	子	亥	戌	酉	申	未	午	巳	辰	卯	寅	丑
太歲（超）	丑	寅	卯	辰	巳	午	未	申	酉	戌	亥	子

	太歲（不超）	丑	寅	卯	辰	巳	午	未	申	酉	戌	亥	子
	歲星（85、86及跳次）	玄枵	諏訾	降婁									
		子	亥	戌									
	太歲（超）	丑	寅	卯									
	太歲（不超）	丑	寅										
第二個86年	歲星（1-84年循環）	大梁	實沈	鶉首	鶉火	鶉尾	壽星	大火	析木	星紀	玄枵	諏訾	降婁
		酉	申	未	午	巳	辰	卯	寅	丑	子	亥	戌
	太歲（超）	辰	巳	午	未	申	酉	戌	亥	子	丑	寅	卯
	太歲（不超）	卯	辰	巳	午	未	申	酉	戌	亥	子	丑	寅
	歲星（85、86及跳次）	大梁	實沈	鶉首									
		酉	申	未									
	太歲（超）	辰	巳	午									
	太歲（不超）	卯	辰										
第三個86年	歲星（1-84年循環）	鶉火	鶉尾	壽星	大火	析木	星紀	玄枵	諏訾	降婁	大梁	實沈	鶉首
		午	巳	辰	卯	寅	丑	子	亥	戌	酉	申	未
	太歲（超）	未	申	酉	戌	亥	子	丑	寅	卯	辰	巳	午
	太歲（不超）	巳	午	未	申	酉	戌	亥	子	丑	寅	卯	辰
	歲星（85、86及跳次）	鶉火	鶉尾	壽星									
		午	巳	辰									
	太歲（超）	未	申	酉									
	太歲（不超）	巳	午										
第四個86年	歲星（1-84年循環）	大火	析木	星紀	玄枵	諏訾	降婁	大梁	實沈	鶉首	鶉火	鶉尾	壽星
		卯	寅	丑	子	亥	戌	酉	申	未	午	巳	辰
	太歲（超）	戌	亥	子	丑	寅	卯	辰	巳	午	未	申	酉
	太歲（不超）	未	申	酉	戌	亥	子	丑	寅	卯	辰	巳	午
	歲星（85、86及跳次）	大火	析木	星紀									
		卯	寅	丑									
	太歲（超）	戌	亥	子									
	太歲（不超）	未	申										
第五個86年	歲星（1-84年循環）	玄枵	諏訾	降婁	大梁	實沈	鶉首	鶉火	鶉尾	壽星	大火	析木	星紀
		子	亥	戌	酉	申	未	午	巳	辰	卯	寅	丑
	太歲（超）	丑	寅	卯	辰	巳	午	未	申	酉	戌	亥	子
	太歲（不超）	酉	戌	亥	子	丑	寅	卯	辰	巳	午	未	申
	歲星（85、	玄枵	諏訾	降婁									

	86及跳次	子	亥	戌									
	太歲（超）	丑	寅	卯									
	太歲（不超）	酉	戌										
第六個86年	歲星（1–84年循環）	大梁	實沈	鶉首	鶉火	鶉尾	壽星	大火	析木	星紀	玄枵	諏訾	降婁
		酉	申	未	午	巳	辰	卯	寅	丑	子	亥	戌
	太歲（超）	辰	巳	午	未	申	酉	戌	亥	子	丑	寅	卯
	太歲（不超）	亥	子	丑	寅	卯	辰	巳	午	未	申	酉	戌
	歲星（85、86及跳次）	大梁	實沈	鶉首									
		酉	申	未									
	太歲（超）	辰	巳	午									
	太歲（不超）	亥	子										
第七個86年	歲星（1–84年循環）	鶉火	鶉尾	壽星	大火	析木	星紀	玄枵	諏訾	降婁	大梁	實沈	鶉首
		午	巳	辰	卯	寅	丑	子	亥	戌	酉	申	未
	太歲（超）	未	申	酉	戌	亥	子	丑	寅	卯	辰	巳	午
	太歲（不超）	丑	寅	卯	辰	巳	午	未	申	酉	戌	亥	子
	歲星（85、86及跳次）	鶉火	鶉尾	壽星									
		午	巳	辰									
	太歲（超）	未	申	酉									
	太歲（不超）	丑	寅										
第八個86年	歲星（1–84年循環）	大火	析木	星紀	玄枵	諏訾	降婁	大梁	實沈	鶉首	鶉火	鶉尾	壽星
		卯	寅	丑	子	亥	戌	酉	申	未	午	巳	辰
	太歲（超）	戌	亥	子	丑	寅	卯	辰	巳	午	未	申	酉
	太歲（不超）	卯	辰	巳	午	未	申	酉	戌	亥	子	丑	寅
	歲星（85、86及跳次）	大火	析木	星紀									
		卯	寅	丑									
	太歲（超）	戌	亥	子									
	太歲（不超）	卯	辰										
第九個86年	歲星（1–84年循環）	玄枵	諏訾	降婁	大梁	實沈	鶉首	鶉火	鶉尾	壽星	大火	析木	星紀
		子	亥	戌	酉	申	未	午	巳	辰	卯	寅	丑
	太歲（超）	丑	寅	卯	辰	巳	午	未	申	酉	戌	亥	子
	太歲（不超）	巳	午	未	申	酉	戌	亥	子	丑	寅	卯	辰
	歲星（85、86及跳次）	玄枵	諏訾	降婁									
		子	亥	戌									
	太歲（超）	丑	寅	卯									
	太歲（不超）	巳	午										
第十個86年	歲星（1–84年循環）	大梁	實沈	鶉首	鶉火	鶉尾	壽星	大火	析木	星紀	玄枵	諏訾	降婁
		酉	申	未	午	巳	辰	卯	寅	丑	子	亥	戌
	太歲（超）	辰	巳	午	未	申	酉	戌	亥	子	丑	寅	卯
	太歲（不超）	未	申	酉	戌	亥	子	丑	寅	卯	辰	巳	午

歲星（85、86及跳次）	大梁	實沈	鶉首									
	酉	申	未									
太歲（超）	辰	巳	午									
太歲（不超）	未	申										
第十一個86年 歲星（1–84年循環）	鶉火	鶉尾	壽星	大火	析木	星紀	玄枵	諏訾	降婁	大梁	實沈	鶉首
	午	巳	辰	卯	寅	丑	子	亥	戌	酉	申	未
太歲（超）	未	申	酉	戌	亥	子	丑	寅	卯	辰	巳	午
太歲（不超）	酉	戌	亥	子	丑	寅	卯	辰	巳	午	未	申
歲星（85、86及跳次）	鶉火	鶉尾	壽星									
	午	巳	辰									
太歲（超）	未	申	酉									
太歲（不超）	酉	戌										
第十二個86年 歲星（1–84年循環）	大火	析木	星紀	玄枵	諏訾	降婁	大梁	實沈	鶉首	鶉火	鶉尾	壽星
	卯	寅	丑	子	亥	戌	酉	申	未	午	巳	辰
太歲（超）	戌	亥	子	丑	寅	卯	辰	巳	午	未	申	酉
太歲（不超）	亥	子	丑	寅	卯	辰	巳	午	未	申	酉	戌
歲星（85、86及跳辰）	大火	析木	星紀									
	卯	寅	丑									
太歲（超）	戌	亥	子									
太歲（不超）	亥	子										
第一個86年（新週期） 歲星（1–84年循環）	玄枵	諏訾	降婁	大梁	實沈	鶉首	鶉火	鶉尾	壽星	大火	析木	星紀
	子	亥	戌	酉	申	未	午	巳	辰	卯	寅	丑
太歲（超）	丑	寅	卯	辰	巳	午	未	申	酉	戌	亥	子
太歲（不超）	丑	寅	卯	辰	巳	午	未	申	酉	戌	亥	子

運用上表，我們來解決相應的一些問題：

（一）歲在涒灘及太歲在子

秦王政八年（公元前239年）至太初元年（公元前104年）差135年，檢核「星歲週期表（實際天象）」，該年入第11個86年的第38年，38÷12＝3……2，即第2年，歲星在鶉尾，太歲超辰在申，不超在戌。〔註36〕故知太初元年實際干支紀年當為丁丑。

《漢書‧律曆志》云「太歲在子」（975頁），又云：「漢曆太初元年，距上元十四萬三千一百二十七歲。前十一月甲子朔旦冬至，歲在星紀婺女六度。

〔註36〕孫星衍認為其年當為秦王政六年（241年），當時歲星在鶉首，太歲不超在申。劉坦認為於史無據。詳見劉坦《中國古代星歲紀年法》，第225頁

故《漢志》云歲名困敦，正月歲星出婺女。」（1023 頁）

　　元封七年十一月觀測歲星，歲星在星紀次末。元封七年十二月，歲星即進入玄枵次，玄枵次包括婺女八度至婺女十二度，婺女六度至婺女十二度有 7 度之長，需要三個月的時間走完，故太初元年正月出婺女，詳見下表：

元封六年	十月	十一月	十二月	正月	二月	三月	四月	五月	六月	七月	八月	九月
歲星大致位置	歲在析木次	按照月行 2.5 度計，全長約 27 度，約從斗十度起，婺女三度止。即其年十月初歲在析木，十一月中出析木，入星紀（星紀全長包括斗十二度至斗二十六度，牛八度，婺女七度）。										
元封七年	十月				十一月				十二月			
歲星大致位置	婺女三度（星紀 26 度）至婺女五度（星紀 28 度）				婺女六度（星紀 29 度）至婺女八度（月初在星紀，月末出星紀，入玄枵）				婺女八度（玄枵 1 度）至婺女十度（玄枵 3 度）			
太初元年	正月											
歲星大致位置	婺女十一度（玄枵 4 度）至婺女十二度（玄枵 5 度），危初度（玄枵 6 度），故云「正月歲星出婺女」。											

　　《漢書・天文志》云：「在子曰困敦。十一月出，《石氏》曰名天宗，在氐、房始。《甘氏》同。《太初》在建星、牽牛。

　　在丑曰赤奮若。十二月出，《石氏》曰名天昊，在尾、箕。《甘氏》在心、尾。《太初》在婺女、虛、危。」

　　木星一見的週期為 398 天多，故約一年（365 天）零一次（30 天）見一次，每次所見都會推移一月，即年行一次左右。依照這裡的觀測記錄，元封六年十一月觀測歲星，歲星在斗宿，此後在斗宿和牛宿（建星的赤經和斗宿相同，赤緯不同，故建星即斗宿），故該年當名為子，《漢志》云歲名困敦。也就是「太歲在子」的來源。

　　元封七年十二月觀測歲星，歲星在婺女宿，此後在婺女，虛、危宿，故該年當名為丑，元封七年改年號為太初元年，則太初元年實記為丑。元封七年的十一月觀測歲星，是為了和曆法的上元相對應，以求「五星起其初」，不是為了確定太歲紀年。

參見本表第 12 個 86 年歲星（85、86、及跳辰）欄及新週期欄，可知這種實際對應關係。

（二）太歲在午

漢高祖元年（公元前 206 年）至太初元年差 102 年，檢核「星歲週期表（實際天象）」，該年入第 11 個 86 年的第 71 年，71÷12＝5……11，即第 11 年。歲星在實沈，太歲超辰在巳，不超在未。《後漢書‧律曆中‧漢安論曆》云：「上四十五歲，歲在乙未，則漢興元年也。」即指不超所在。而《漢書‧律曆志》云：「漢高祖皇帝，……歲在大棣之東井二十二度，鶉首之六度也。故《漢志》曰歲在大棣，名曰敦牂，太歲在午。」

其中的原因和「太歲在子」相同，都是根據實際天象的觀測來確定太歲的位置的。

按照歲星 11.8622 年走一周計算，每年實走約 30.79 度。而按照 12 年計算，每年走 30.4375 度。兩者相差 0.3525 度。漢高祖元年已經偏差原星次 70×0.3525＝24.675 度，加上玄枵次起首所偏 4 度，共計 28.0425 度。即該年正月歲星從實沈次 28 度左右起，按照每月約行 2.5 度計算，前十月蓋從實沈次 20.5 度起，實沈包括畢十二度至畢十六度（5 度）、觜（2 度）、參（9 度）、井初度至井十五度（15 度），全長 31 度。其第 20.5 度約在井 5 度左右，故其冬十月見到歲星在東井是有可能的。

《史記‧天官書》云：「漢之興，五星聚於東井。」《史記‧陳餘傳》云：「甘公曰：『漢王之入關，五星聚東井之時，東井者，秦分也，先至必王。』」《史記‧高祖本紀》云：「漢元年十月，沛公兵遂先諸侯至霸上。」《漢書‧高帝紀》亦云：「元年冬十月，五星聚於東井。沛公至霸上。」這些記錄也證明了歲星在冬十月位於東井。

《漢書‧天文志》云：「在午曰敦牂。五月出，《石氏》曰名啓明，在胃、昴、畢。失次，杓，早旱，晚水。《甘氏》同。《太初》在東井、輿鬼。」依據上算，本年正月，歲在井 12 度，依照每月 2.5 度計算。四個月後在井 22 度左右。即五月觀測歲星，歲星當在井二十二度，進入鶉首次，故對應的太歲在午，符合《漢書‧律曆志》中的記錄。〔註37〕

〔註37〕陳遵嬀《中國天文學史》認為五星聚於東井的實際天象當發生在漢高祖元年七月，而劉歆、高允、崔浩以為在秦二世三年七月（前 207 年）。其時木星尚

漢高祖元年	十月	十一月	十二月	正月	二月	三月	四月	五月
歲星大致位置	井 5 度起（實沈 20.5 度）三個月約走 7.5 度，大約至井 12 度多（實沈 28 度）			井 12 度（實沈 28 度）四個月走 10 度，大約至井 22 度多。二月出實沈，入鶉首。				井 22 度起（鶉首 6 度）

三、歲星和太歲對應關係的演變

　　從上面兩個問題可知，先民在知道歲星超次之後，通過實際觀測不斷調整歲星和太歲的對應關係。大體情況如下：

　　《淮南子・天文》所載石氏的記錄云：

> 太陰在寅，歲名曰攝提格，其雄爲歲星，舍斗、牽牛，以十一月與之晨出東方，東井、輿鬼爲對。

> 太陰在卯，歲名單閼，歲星舍須女、虛、危，以十二月與之晨東方，柳、七星、張爲對。……

　　依據星歲週期表（實際天象），這種對應關係，最早當在第 11 個 86 年的第 6 年，即公元前 271 年，其年歲星在星紀，太歲超在子，不超在寅。

　　《史記・天官書》云：「以攝提格歲：歲陰左行在寅，歲星右轉居丑。正月，與斗、牽牛晨出東方，名曰監德。色蒼蒼有光。其失次，有應見柳。歲早，水；晚，旱。」

　　正月（子月）晨見東方，其對當爲東井、輿鬼。現在失次，其對爲柳宿，歲星當在須女、虛、危，即玄枵次。此時歲星已經超次，檢核星歲週期表（實際天象）第 12 個 86 年第 4 列，歲星在玄枵，太歲不超在寅。

　　《漢書・天文志》云：「太歲在寅曰攝提格。歲星正月晨出東方，《石氏》曰名監德，在斗、牽牛。失次，杓，早水，晚旱。《甘氏》在建星、婺女。《太初曆》在營室、東壁。」

　　《太初曆》實測時間距石氏約 167 年（公元前 271 至公元前 104），其時已超兩次，歲星超至諏訾，即營室、東壁。檢核星歲週期表（實際天象）新週期第 2 列，歲星在諏訾，太歲不超在寅。

未進入井宿，不符合實際天象。參見第 813～815 頁。以本表來看，漢元年十月木星在井宿 5 度，上推 5 度，約 2 月之數。即秦二世三年八月、九月木星在井宿，七月木星仍在參宿。漢元年五月歲星在 22 度，下推 2 月，加 5 度，則七月歲星仍在井宿 27 度。

　　漢人結合歲星超次的事實，以太初元年的實際天象爲起點，重新制定了歲星和太歲的對應關係。如下表所示：

星宿	婺女 虛 危	營室 東壁	奎 婁	胃 昴 畢	觜觿 參	東井 輿鬼	柳 七星 張	翼 軫	角 亢	氐 房 心	尾 箕	斗 牽牛
歲星	玄枵	諏訾	降婁	大梁	實沈	鶉首	鶉火	鶉尾	壽星	大火	析木	星紀
太歲	丑	寅	卯	辰	巳	午	未	申	酉	戌	亥	子

　　這個表可對應《漢書‧天文志》的記載：

　　　　太歲在寅曰攝提格。歲星正月晨出東方，《石氏》曰名監德，在斗、牽牛。失次，杓，早水，晚旱。《甘氏》在建星、婺女。《太初曆》在營室、東壁。

　　　　在卯曰單閼。二月出，《石氏》曰名降入，在婺女、虛、危。《甘氏》在虛、危。失次，杓，有水災。《太初》在奎、婁。

　　　　在辰曰執徐。三月出，《石氏》曰名青章，在營室、東壁。失次，杓，早旱，晚水。《甘氏》同。《太初》在胃、昴。

　　　　在巳曰大荒落。四月出，《石氏》曰名路踵，在奎、婁。《甘氏》同。《太初》在參、罰。

　　　　在午曰敦牂。五月出，《石氏》曰名啓明，在胃、昴、畢。失次，杓，早旱，晚水。《甘氏》同。《太初》在東井、輿鬼。

　　　　在未曰協洽。六月出，《石氏》曰名長烈，在觜觿、參。《甘氏》在參、罰。《太初》在注、張、七星。

　　　　在申曰涒灘。七月出。《石氏》曰名天晉，在東井、輿鬼。《甘氏》在弧。《太初》在翼、軫。

　　　　在酉曰作詻。八月出，《石氏》曰名長壬，在柳、七星、張。失次，杓，有女喪、民疾。《甘氏》在注、張。失次，杓，有火。《太初》在角、亢。

　　　　在戌曰掩茂。九月出，《石氏》曰名天睢，在翼、軫。失次，杓，水。《甘氏》在七星、翼。《太初》在氐、房、心。

　　　　在亥曰大淵獻。十月出，《石氏》曰名天皇，在角、亢始。《甘氏》在軫、角、亢。《太初》在尾、箕。

　　　　在子曰困敦。十一月出，《石氏》曰名天宗，在氐、房始。《甘

氏》同。《太初》在建星、牽牛。

　　　　在丑曰赤奮若。十二月出，《石氏》曰名天昊，在尾、箕。《甘

　　氏》在心、尾。《太初》在婺女、虛、危。

　　自此之後，太歲不再對應歲星超次而超辰。試舉兩例明之：

　　《後漢書‧張純傳》：「三十年，純奏上宜封禪，曰：『自古受命而帝，
治世之隆，必有封禪，以告成功焉。……今攝提之歲，蒼龍甲寅。』」該年
爲建武三十年，公元 54 年。自太初元年（前 104 年）至公元前 1 年爲 104
年，公元 1 年至公元 54 年爲 54 年，兩者之和 158 年。158÷60＝2……38。
從太初元年丁丑（13）數起，下數 38，至甲寅（50）。158＞144，如太歲隨
歲星俱超，當爲乙卯年，可知太初以後，已定太歲不超辰。

　　宋代洪适《隸釋》卷七記「漢故荊州刺史度侯之碑」云：「永康元年，
歲在鶉尾，龍集丁未。」永康元年爲公元 167 年。前 104 年至公元前 1 年爲
104 年，公元 1 年至公元 167 年爲 167 年，兩者之和 271 年。271÷60＝4……
31。從丁丑（13）數起，下數 31，至丁未（43）。檢核「太初元年後星歲對
應表」，太歲在未，歲星在鶉火。144＜271＜288，故超次一次，歲星超在鶉
尾次。而太歲不與之俱超。

　　《漢書‧律曆志》所記載的曆法系統，是相當完備的。總的來說，可以
分成三個部份：

一、曆法發展概貌

　　《律曆志上》自「曆法之起上矣」至「三十六年，而是非堅定」一段話
（973～978 頁）總括了西漢及以前曆法使用的概貌。從「三百六旬又六日，
以閏月定四時」的日月週期的制定起，依次記載了三正（子丑寅）變遷（皆
創業改制，咸正曆紀）；秦以五勝（五行勝克）而用十月（亥）爲歲首；漢承
秦制，用顓頊曆；漢武帝動議改曆（太初曆，以寅正爲歲首）；鄧平曆（八十
一分法，以律起曆）的選用；漢昭帝時期對太初曆的覆校（殷曆和太初曆之
爭）。尤其於太初改曆的經過，敘述備詳，能補《史記‧曆書》記錄的不足。

二、制定曆法的理論來源

　　《律曆志》的思想體系，在本文第二章已經詳細說明。而《律曆志》中

「曆法」理論依據的闡述，援引自劉歆，分爲兩部份：

（一）理論本源

《律曆志上》從「夫曆春秋者」至「傳曰：『龜，象也。筮，數也。物生而後有象，象而後又滋，滋而後有數。』」（979～981 頁）的一段文字，記敘了春秋時期曆法混亂的現象，以之不合於三代曆紀正序。故此，需要恢復理想的原始曆法安排，復古而順今。在理論上按照「三統合於一元」的原則，陰陽變化爲方法（鐘律九六相生，《易》道參天兩地），闡釋天地人的變化（陰陽夫婦子母之道，十一而天地之道畢），最終制定人事。（故《易》與《春秋》，天人之道也）

曆法是人事安排的基本要素，無曆不能紀事，因此，要以「一元三統」爲本源。

（二）數據本源

《律曆志上》中自「是故元始有象一也」至「天下之能事畢矣」，（983～986 頁）的一段文字，記錄了曆法相關的天體運行基本數據及運行起始點設置的情況，並且從思想上加以詮釋。

我們知道，必須利用天體運行長期觀測的結果，才能推算年月日數，制定曆法。而保證曆法系統的正確運行，也要觀測實際天象來進行驗證，故《律曆志》說：「故曆本之驗在於天」（978 頁）。

雖然天體運行數據來自於觀測，但這些數據都由基礎數字運算而來（即奇數、偶數的加減乘除）。而基礎數字的運算，在古人看來，是天道的最原始體現，和萬物的表徵（陰陽五行）都有對應關係。在這裡，《律曆志》強調了數字和物象之間的關係（詳見第二章「構成途徑」的「類比衍生」部份），以說明這些數據的本源。

三、數據演算

在說明歷史發展和理論依據之後，《律曆志下》將數據分成兩個體系，一是常量，即計算中所需要知道的基礎數據。二是靈活的公式化描述，將曆法推算從逐個排列推算變成了有公式、有定則的數學化運算。而且將這些公式投入實際應用：其一爲曆法的推算，即《三統曆》的編排法；其二是對歷史記錄的演算，也是對曆法運行的正確性的驗證。

這種有體系、有應用、有證明的描述，在當時無疑是具有進步性的。《漢書·律曆志》中所記錄的戰國秦漢時期的天文數據，和同時期的希臘天文學研究成果可以比肩。如回歸年的測算（一年 365 日 1/4 天），月亮運行的測定（恒星月、交點月、朔望月）在數據上和希臘天文學家伊巴谷的測算比較接近。〔註 38〕而十九年七閏的週期設定也和古希臘的曆法系統相同。〔註 39〕而就體系性來說，《漢書·律曆志》的記錄更爲全面和完整，如二十四節氣指導農時，使用干支紀日，觀測木星作爲曆法推演的參照和驗證手段這些內容，都使得中國的曆法發展和變革更爲恒定有序，且不易中斷。

西方的曆法從羅馬以單純的太陽曆取代陰陽合曆後，就進入較爲隨意和混亂的時期，月日的安排和置閏的隨意性都造成了曆日記錄和實際天象不能吻合。直到公元 1582 年，格里曆的產生才消除了近 10 日的誤差，但也造成了西方歷史上紀日的中斷。〔註 40〕在這一點上，《漢書·律曆志》系統完整的運算提供了很好的曆法範本，使後代的曆法推算研究能夠逐漸進步，沒有偏離科學的軌道。

〔註 38〕參見宣煥燦編《天文學史》北京：高等教育出版社，1992。第 90～91 頁。

〔註 39〕參見宣煥燦編《天文學史》，第 95 頁。

〔註 40〕參見宣煥燦編《天文學史》，第 96～97 頁。

第四章 《漢書‧律曆志》校補

　　《漢書》版本，古來遞有校補。目前以中華書局 1962 年點校本最爲普及，該本以王先謙《漢書補注》的「王本」爲底本，兼采北宋景祐本，明代毛氏汲古閣本、清武英殿本、金陵書局本四種善本整理而成，點校精審。現以中華書局本《漢書》爲底本，參照北宋刻遞修本（以下簡稱「北宋本」）、南宋慶元元年建安劉元起刻本（以下簡稱「慶元本」）、南宋蔡琪家塾刻本（以下簡稱「蔡琪本」）、元至元二十一年白鷺洲書院刻本（以下簡稱「白鷺本」）〔註1〕、元大德九年刻明成化正德遞修本（以下簡稱「大德本」）以及清武英殿本（以下簡稱「殿本」），對《漢書‧律曆志》進行校對和訂補。

　　上述六個版本，都使用顏注。南宋慶元、蔡琪本，元白鷺洲版本未刪去宋人宋祁、三劉補注，較爲詳細。北宋本及元大德本沒有以上補注，殿本對補注有所刪節，亦據宋人校訂對原文進行了更動。

　　各本避諱情況如下：北宋本《律曆志》中「殷、頊、玄、弦、絃、貞」字末端缺筆，作「𣪊、頊、玄、弦、絃、𥪡」，檢王彥坤《歷代避諱字彙典》得：宋太祖父追尊宣武昭皇帝，名弘殷；宋眞宗將趙氏始祖追尊爲聖祖，名玄朗；宋仁宗名禎〔註2〕；宋神宗名頊。這些字的缺筆情況在全志中略有不同。如宋神宗名「頊」字或有缺筆，本志中「顓頊帝，春秋外傳曰」（1013 頁）處

〔註1〕 中華再造善本作「宋嘉定十七年」，據《中國版刻圖錄》校正爲元至元二一年刻本。北京圖書館《中國版刻圖錄》第 1 冊，北京：文物出版社，1961 年。第 32～33 頁。
〔註2〕 禎字的避諱，可採用缺筆法，作「貞」。然據《程史》卷十三記載：「元字上一字，在本朝爲昭陵諱，詔中書貞從卜從貝是矣，而貝字闕其旁點，爲字不成，蓋今文書令也，唐何以知之？」這裡的應用缺末筆法，作貞。

「頊」字不缺筆，但其下涉及的「頊」字則缺。〔註3〕檢核其他諱字，「殷」字也存在部分缺筆。此外，蔡琪本、白鷺本除「貞」字缺筆外，「桓」字亦缺筆，而以上各字皆不缺。據林申清編著《宋元書刻碑記圖錄》「白鷺洲書院嘉定十七年刻《漢書》」條及「建安蔡琪一經堂嘉定元年前後刻《後漢書》、《漢書》」兩條所記，蔡琪本或以景祐本爲底本重雕，白鷺本覆刻蔡琪本，兩者都是景祐本的重雕版。〔註4〕就其年代論，作爲寧宗時期刻本，以景祐本爲底本，對欽宗名「桓」和仁宗名「貞」字諱缺是正常的。

同是寧宗時期刻本的慶元本，情況也有不同，對於北宋景祐本中的諱缺字，除「頊」外，均沿襲，「桓」或有缺筆。〔註5〕僅就避諱情況來看，北宋景祐本約在神宗至欽宗時期刊行，而據《中國版刻圖錄》關於《漢書》之題解以及尾崎康《正史宋元版の研究》指出〔註6〕。該版本爲北宋末，南宋初覆刻本。由於其刊行時間尚有可能在北宋末期，權且稱爲「北宋本」。南宋兩本及元白鷺州本添加宋人校注，或用「北宋本」同底本之官方刻本爲底本，重新加工雕版而成。元大德本則據南宋本之校勘來修改「北宋本」而成。〔註7〕。

在此基礎上，校補《漢書・律曆志》六十三條。爲了核查方便，括弧中標出中華書局1962年版《漢書》頁碼。

一 **自伏戲畫八卦，由數起，至黃帝、堯、舜而大備。**（955頁）

顏師古注：「萬物之數，因八卦而起也。」南宋三本有劉攽注：「志言卦起於數，顏云數起於卦，非也。」王元啓《漢書律曆志正訛》亦云：「據顏注，當作數由起，俗本作由數起，則是卦由數起，非數由卦起矣，今乙正。」

（一）「由數起」不誤。

〔註3〕 北宋本中自「伯禹，帝系曰『顓頊五世而生鯀』」下重複一頁内容，文字從「易曰：『神農氏沒』」起至「伯禹，帝系曰『顓頊五世而生鯀』」止，其上有白箋紅筆標注：「頊字缺筆」。

〔註4〕 林申清編著《宋元書刻碑記圖錄》，北京：北京圖書館出版社，1999年。第3頁，第13頁。

〔註5〕 慶元本「慎」字或有缺筆，避南宋孝宗趙眘諱，慶元本「徵」、「敦」缺筆，避北宋仁宗趙禎、南宋光宗趙惇諱。

〔註6〕 北京圖書館《中國版刻圖錄》第1冊。第7頁。尾崎康《正史宋元版の研究》，東京：汲古書院，1989年。第12頁。

〔註7〕 參見馬清源《〈漢書〉版本之再認識》，沈乃文主編《版本目錄學研究》第5輯，北京：北京圖書館出版社，2014年。第375～381頁。

按：自某至某，漢書常見。《楚元王傳》：「自古至今，葬未有盛如始皇者也。」
　　〔註8〕「自」，介詞，可釋爲「由，從」。將「由數起」也解釋爲「從數起」
　　於文不順。故王元啓乙正其文，將由解釋爲「由此」，文意似可通。但漢書
　　中以「由」指「由此」意義的例子未見，習用「由此、由是」，僅《酈陸朱
　　劉叔孫傳》有：「禮樂所由起」句，「所由」連用，未独用「由」表示原由。

　　故此，應將「由」釋爲「使用」。《五行志上》：「官人有序，帥由舊章」，
《杜欽傳》：「廢而不由，則女德不厭。」顏師古注：「由，用也。」皆此。伏
戲用數來推演八卦，所以萬物的形狀就可以用數來表示了，萬物的丈量計算
憑藉八卦的推演而興始，顏注「因八卦而起」即是此意。斷句當從：「自伏戲
畫八卦由數起，至黃帝、堯、舜而大備。」

　　（二）南宋三本有宋祁注：「戲當作戲」。蔡琪本、白鷺本均同，慶元本
作：「戲當作戲」，北宋本原文作「伏義」，無此注。

按：《龍龕手鑒‧戈部》：「戲今，戲正」。〔註9〕戲是戲的俗字，宋代以「戲」爲
　　正字，宋祁是宋人，改字有據。且慶元本出版年代較前，故當從慶元本改之。

二　本起於黃鐘之數，始於一而三之，三三積之，歷十二辰之數，十有七萬七千一百四十七，而五數備矣。（956 頁）

　　孟康注：「黃鐘，子之律也。子數一。泰極元氣含三爲一，是以一數變爲
　　三也。」北宋本「含」作「合」。

按：「合」是。孟注黃鐘即子，子數爲一，爲太極元氣。《漢書‧律曆志》有云「極，
　　中也。元，始也。行於十二辰，始動於子。」可證。下文「太極元氣，函三
　　爲一。」孟注：「元氣始起於子，未分之時，天地人混合爲一，故子數獨一也。」

　　本段文字的計算方法是：1×3^{11}，最初的子數爲一，其後每次乘三，乘十
一次，加上最初爲一的子數，共經過十二辰，可得結果。孟康注文所釋，是
子取一，而其他各辰取三遞乘的原因。「天地人」是子數所混合的三個部分，
注文前後皆用合字，較爲一貫。

　　「合」多用於吞併，表示彙聚爲一體。《尚書‧禹貢》：「三百里諸侯」孔
安國傳：「三百里同爲王者斥候，故合三爲一名。」北魏酈道元《水經注‧江

〔註8〕下文有不標明書名，僅提到篇目的，即爲《漢書》各篇。
〔註9〕下文非特別説明者，引文版本係出自紀昀、永瑢等編《景印文淵閣四庫全書》，
　　　臺北：臺灣商務印書館影印，2008 年。

水三》：「大江又東，左合子夏口。」「合」還可以表示工尺譜中對應黃鐘的音階。《宋史‧樂志十七》有載：「蔡元定嘗爲《燕樂》一書，證俗失以存古義。今采其畧附於下：黃鐘用合字……。」而「含」則多表示容納，《易‧坤卦》：「含萬物而化光。」本志「函三爲一」句後，有顏師古注：「函讀與含同。後皆類此。」《漢書》原文與孟康注解表述類似，後人則改「合」爲「含」。今從古本，不需改正。

三　徑一分，長六寸，二百七十一枚而成六觚（956 頁）

蘇林曰：「六觚，六角也，度角至角，其度一寸，面容一分，算九枚，相因之數有十，正面之數實九，其表六九五十四，算中積凡得二百七十一枚。」

按：「六觚」是截面爲近似正六邊形的柱體，中間有隙。其形制詳考如下：

（一）文獻中關於「六觚」的記載

關於「六觚」的內部構成和運算，王先謙《漢書補注》增補了清代學者沈彤和齊召南的描述：

沈彤算法：「角至角，度一寸者，謂總二百七十一枚，內外凡九層，每枚四面皆一分也；相因之數有十者，以一分乘一寸而得也；正面謂每觚外周之面也；表五十四，中積凡得二百七十一者，謂以六觚外周共數五十四置爲實，另以五十四加內周六共六十爲法，相乘得三千二百四十，倍六爲一十二，除之，得二百七十，加中心一，凡得二百七十一枚也。」

齊召南引《隋書》記載的「六觚」云：「隋志：其算用竹，廣二分，長三寸，正策三廉，積二百一十六枚成六觚，乾之策也。負策四廉，積一百四十四枚成方坤之策也。觚方皆經十二，天地之大數也。」正策是三棱形算籌，表正數；負策是四棱形算籌，表負數。後一段提到的「負策四廉」之句，指的是方坤的形制，這是一個上下底面爲正方形的長方體，由四棱形的負策組成，和六觚形制不同，所以這裡暫不討論。

近人施之勉《漢書集釋》又引用清人王元啓之說加以補足：「六觚爲一握。其內觚爲以六包一。外觚則每進加六。算法先審外觚若干。如外觚五十四，加內觚六，爲六十。以外觚五十四乘之，得三千二百四十倍。其內觚之六，以十二法除之，得二百七十，補入中心一數，爲二百七十一。如以總數求表數，則二百七十一枚，去其中心之一，以十二乘之爲縱方，積以六數，

爲縱方修廣之較，用較數開方法除之，得廣數五十四爲六觚表數。」

「六觚」的主要參數，蘇林已經進行了描述，包括：

六邊形邊長：「其度一寸」；算籌直徑：「面容一分」；排列方式：「相因之數有十，正面之數實九」；外周長度：「其表六九五十四」；總根數：「算中積凡得二百七十一枚。」

此後，清人又針對算法進行了補充說明，並且對「六觚」的另一形態做了列舉。

（二）「六觚」考證

由於古人使用的計算語言和今人使用的計算語言不完全相同，而清人對六觚算法的演繹是否符合漢人原意，以及「六觚」的發展變化都還需要進一步探討。故此，下面對注文的一些語言進行說解，並對具體計算過程加以考察，以求對文獻中的「六觚」有一個清楚的了解。

1. 語言說解

1.1 面容一分（蘇林注）

北宋本作：「面容二分。」

按：數學典籍中，「面」有截面之意。《周髀算經》趙爽注：「大方之面，即句股并也。」〔註10〕「容」則有「最大限度的容納」之意。如《九章算術·方田》劉徽注：「假令圓徑二尺，圓中容六觚之一面，與圓徑之半，其數均等。」又「按弧田圖令方中容圓，圓中容方，內方合外方之半。」〔註11〕

蘇林是東漢末年至魏間人，趙爽和他同時代；劉徽是魏晉間人，和他相去不遠。因此，蘇林的詞語使用習慣應和他們類似。故此，「面容一分」翻譯爲「圓形截面中最長可以容納下一分。」是對《漢書·律曆志》原文「徑一分」的解釋。「面容二分」不合算法，或受隋六觚三棱形算籌底面每邊「廣二分」的影響而混淆了。

這種用法，在後代算書中仍存在，如：清莊亨陽《莊氏算學》：「容面：圓面容正方，設圓徑十尺，問內容正方邊幾何？」〔註12〕（求圓中所容納的最大正方形的邊長）；清梅文鼎《曆算全書·幾何補編》：「十二等面容二十等面圖。」（求十二個面的立方體中可以容納的二十面立方體）；又「其每面容

〔註10〕《周髀算經》卷上之一，文淵閣四庫全書本786冊。
〔註11〕白尚恕《〈九章算術〉注釋》，北京：科學出版社，1983年。第35～36頁。
〔註12〕莊亨陽《莊氏算學》卷三，文淵閣四庫全書本802冊。

平圓之心作線至形心之丁。」〔註13〕（「丁」即線段的端點，「心之丁」指立方體所容圓球的圓心那一點。從立方體的每個平面所容納圓的圓心連至「心之丁」的連線為圓球的半徑。）

1.2　算中積凡得二百七十一枚（蘇林注）

按：本師王繼如先生認為，此處標點當改為：「算中，積凡得二百七十一枚。」

原文云：「其表六九五十四，算中，積凡得二百七十一枚。」即六觚外圍數54枚，再計算中間的算籌，加起來總共271枚之意。「積凡」就是加起來共多少。王充《論衡‧說日篇》：「天行三百六十五度，積凡七十三萬里也。」〔註14〕宋代羅泌撰《路史‧後紀十一‧疏仡紀‧陶唐氏》「著推術，設蔀首，演紀于虛之初，建困敦而首大呂。」夾註云：「下至皇朝慶歷四年甲申，積凡三千三百二十一年，日退四十二度五千五十八分，是歲多至在斗五度。」〔註15〕皆是此意。

1.3　謂以六觚外周共數五十四置為實，另以五十四加內周六共六十為法，相乘得三千二百四十。（沈彤注）

按：「實」和「法」在這裡表示被乘數和乘數。它們是一對古代數算名詞，「實」表示被處理對象或處理結果，「法」表示處理原則。

《曆算全書‧曆學駢枝》中有和本條類似的乘法算法：「求中積分：置歲實三百六十五萬二千四百二十五分為實，以距至元辛巳為元之積年減一為法，乘之，即得其年中積分。」〔註16〕

除此之外，還有減法運算，如《曆算全書‧曆學答問》：「假如今康熙庚午歲相距四百零九算」自注：「自辛巳元順推至今，康熙庚午四百一十年。法以積年減一得實，距四百零九年。」〔註17〕這裡的「四百零九年」為「實」，是處理結果，「法」是處理原則。

典籍中也多用「實」表示被除數，「法」表示除數。《漢書‧律曆志》有：「三統合於一元，故因元一而九三之以為法，十一三之以為實。實如法得一。

〔註13〕梅文鼎《曆算全書‧幾何補編卷三》卷五十七，文淵閣四庫全書本795冊。
〔註14〕王充《論衡》卷十一，文淵閣四庫全書本862冊。
〔註15〕羅泌《路史》卷二十，文淵閣四庫全書本383冊
〔註16〕梅文鼎《曆算全書‧曆學駢枝》卷二十一，文淵閣四庫全書本794冊。
〔註17〕梅文鼎《曆算全書‧曆學駢枝》卷二十一，文淵閣四庫全書本794冊。

黃鐘初九，律之首，陽之變也。」（980 頁）這裡是說用 3^9 作除數，是處理原則；3^{11} 作被除數，是被處理對象。相除得到黃鐘之數 9。

1.4 《漢書集釋》引王元啓注文句讀

施之勉所引王元啓注文中，有兩處句讀可以商榷：

1.4.1 以外觚五十四乘之，得三千二百四十倍。其內觚之六，以十二法除之，得二百七十。

本師王繼如先生認爲「倍」字下屬爲是。此處當斷作：「得三千二百四十，倍其內觚之六」，王元啓算法的意思爲：用 3240 除以 12（兩倍內觚 6），得到 270。據算法來看，此說甚是。

1.4.2 則二百七十一枚，去其中心之一，以十二乘之爲縱方，積以六數，爲縱方修廣之較，用較數開方法除之，得廣數五十四爲六觚表數。

此處當斷爲：「以十二乘之爲縱方積，以六數爲縱方修廣之較，用較數開方法除之」。

其算法爲已知長方形面積（縱方積）和長方形長寬之差（修廣之較），求長方形的長和寬，即古代算術中的帶縱較數開方法：

（271－1）×12＝3240，此數爲長方形的面積，然後以 6 爲變形后長方形長寬之差，即「較數」，見圖一。

使用較數開方法，其法在《莊氏算學》中有記：「法以縱方積四因，以較自乘，二數相加，以開平方法開之，得邊總。加較折半爲長，減較折半爲濶也。」[註18] 代入數字：

3240×4（縱方積四因）＋6×6（較數自乘）＝12996

開平方得 114，是長加寬之和（邊總）

（114＋6）/2＝60（長）

（114－6）/2＝54（寬）

這裡的寬（廣數），即 54，爲最外圍根數。

[註18] 帶縱開方法分爲「帶縱和數開方法」和「帶縱較數開方法」，爲已知長方形面積，求長方形的長和寬。參見《莊氏算學》卷五「開帶縱平方法」、《數理精蘊》下編卷二十五，文淵閣四庫全書本 800 冊。《清史稿》卷五百六，疇人一，王元啓傳。

圖一　長方形變形

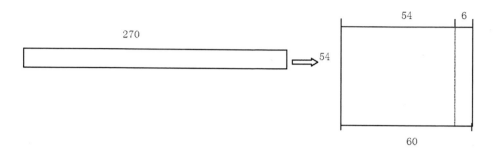

1.5　廣二分，長三寸。（齊召南注）

王先謙《漢書補注》引沈欽韓云：「隋志長三寸，但當爲六，說文亦云六寸也。」〔註19〕《說文‧竹部》：「筭，長六寸，計歷數者。從竹從弄。」〔註20〕

按：沈說恐非。漢代六觚本爲六寸，舉漢代文獻《說文》不足以證明隋志記錄的算籌形制有誤。算籌在一定的平面之上排列爲算，太長、太多並不適合使用。北周時期，它的形制就有變化。甄鸞注《數術記遺》：「積算，今之常算者也，以竹爲之。長四寸，以效四時；方三分，以象三才。」〔註21〕隋代的算籌在數量和長度上進一步縮減，並不奇怪。其依據大體如下：

漢代算籌截面呈圓形，徑 1 分，以歆率 $\pi = 3.1547$ 計算，約合 0.7887 平方分，六觚 271 根，每觚約合 45.17 根，面積爲 35.626，約合 36。倘若按照面積爲 1 的正方形來算，也就是 36 根算籌（隋六觚每觚以 36 根面積爲 $\sqrt{3}$ 的算籌構成）。

在具體計算中，卜算最多使用 50 根算籌，計算模式採取「一縱十橫，百立千僵」〔註22〕，需要的算籌也不會很多。總數 216 根還是 271 根，實際使用時並無不同。「六觚」附會易算，在於「成陽六爻，周遊六虛。」不妨變成 216 根，又是 3 的整數倍，對應乾之策。

況且，變成 216 根後，三棱形算籌的排列方式比圓柱形緊密，便於計算

〔註19〕王先謙《漢書補注》，第 369 頁。

〔註20〕許慎《說文解字》，天津：天津市古籍書店，1991 年，第 99 頁

〔註21〕徐岳《數術記遺》，文淵閣四庫全書本 797 冊。

〔註22〕紀志剛《孫子算經、張邱建算經、夏侯陽算經導讀》，武漢：湖北教育出版社，1999 年。第 15 頁。

和攜帶。由於每枚算籌截面積是 $\sqrt{3}$，比漢代算籌大了兩倍多。爲了保證整個算籌的平衡，將算籌的長度縮短爲 3 寸，和北周時期算籌變短的趨勢一致，並且可以保持曆算的象徵意義。考察實際出土的算籌，確實有逐漸變短的趨勢。

2. 算法詳解

2.1 「漢六觚」算法

依據蘇林所說。「六觚」由 271 根直徑爲 1 分的圓形算籌組成，如圖二所示。他的記錄更偏重於「六觚」形制的描述，對於總根數的求法沒有具體的推算步驟。

每根算籌直徑 1 分，長度 6 寸。六觚每邊由 9 根算籌組成，這樣底面邊長也爲 9 分，圖二中的三角形位置，是一觚所涉及到的算籌數，爲 55 根，象徵天地之數，即在 1 到 10 的數列中，五個奇數（天數）和五個偶數（地數）的總和。《易‧繫辭上》云：「凡天地之數五十有五，此所以成變化而行鬼神也。」〔註23〕

圖二 漢六觚

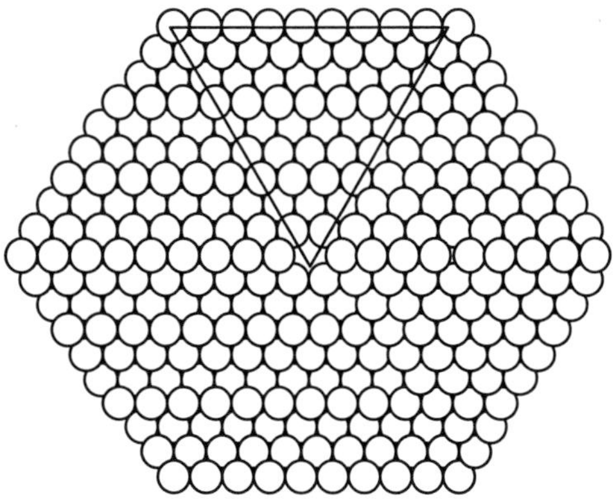

這些數字是《易》算「大衍之數五十」（天之中數五乘以地數十所得）的來源，組成六觚，正好象徵每卦六爻。是《律曆志》所謂：「其數以《易》大衍之數五十，其用四十九，成陽六爻，得周流六虛之象也。」（956 頁）

〔註23〕來知德《周易集注》，上海：上海古籍出版社，1990 年。第 352 頁。

　　沈彤注解蘇注，將每枚算籌模擬爲直徑爲 1 分的圓外切正方形，其面積爲 1 平方分，使直徑、邊長和面積在數字上取得一致，即「每枚四面皆一分也」。這樣面積的計算結果就等於根數，從而「相因之數有十者，以一分乘一寸而得也。」如圖三所示。

圖三

　　由於外圍擴大，一觚的底面變成邊長爲 10 的等邊三角形，根據勾股定理，得出高爲 $5 \times \sqrt{3}$，其面積爲 $25 \times \sqrt{3}$，所構成的正六邊形面積爲 $150 \times \sqrt{3}$，約合 259.8，和 271 不合。雖然這一模式可對內部面積空隙進行修補，但不能抵消六個三角形邊線交接處重疊面積的誤差。因此，沈彤使用出入相補法，變六邊形爲長方形計算，來抵消這一誤差。

　　除此之外，王元啓也對「六觚」重新分解。發現「六觚」是以「六根包一根」作爲核心，每層遞增 6 枚，共 9 層的組合。這兩種想法導致了兩種計算思路：

　　一是從幾何圖形角度出發：去掉中心一根，將六觚展開，可得到一個上底 6 根，下底 54 根的近似等腰梯形，再據此變形。二是以代數角度來看：六觚是一個 6 進制等差數列。

2.1.1　幾何法

　　幾何法比較直觀，其過程是：先將固定面積等分化，使面積和對應的數字達成一致。即將不同的圖形都分割成單位面積爲 1 的正方形。這種運算方式，如同將算籌拆散，重新拼合，缺少或多餘的部分採取相補之法來處理。

2.1.1.1　沈彤算法

　　沈彤將六觚展開後構成的梯形從兩側進行補足。即取原有梯形的一半，構成上底 3，下底 27 的直角梯形，其高爲 9。拼合在原有梯形兩側，變成一個長爲 60，寬爲 9 的長方形，見圖四。

圖四 梯形變形

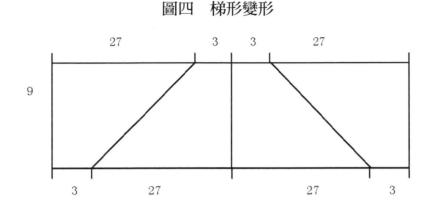

由於長方形的數據和六觚蘇林注「其表六九五十四」沒有建立關係，故此，堆疊 6 個這樣的長方形，6×9＝54，來構成長 60、寬 54 的長方形。即：

以外周 54 為實，外周 54 加上內周 6 為法，實乘法得出 3240。

這個結果對原有梯形擴展了 12 倍：首先 2 倍梯形成長方形，其次 6 倍長方形成為需要的大長方形，是為「倍六為十二」。因而，除以 12，得到 270 根。加上中間的一根，即 271 根。

2.1.1.2 王元啓逆算法

王元啓的逆演算法（總數求表數）採用「縱方」模型，即用長方形來求取六觚的表數。算法參見上文「語言說解」1.4.2。

這種幾何變形，出入相補的方法，古人慣用。《九章算術·方田》：「術曰：半周半徑相乘得積步。」晉劉徽注：「半周為從，半徑為廣，故廣從相乘為積步也。……以六觚之一面乘半徑，因而三之，得十二觚之冪。」〔註 24〕古人求取近似圓的方法，是以多次分割多邊形，最後拼合成一個長方形計算。著名的畢氏定理、趙爽弦圖也是以這一方式進行處理的〔註 25〕。《九章算術》產生於秦漢時期，漢人使用幾何法求解很有可能。清代沈彤以蘇林為東漢人，故以幾何法注解蘇注。

2.1.2 代數法

等差數列在《周髀算經》、劉注《九章算術》中都有記載，劉注《九章算

〔註 24〕 白尚恕《〈九章算術〉注釋》，第 35 頁。
〔註 25〕 曲安京《〈周髀算經〉新議》，西安：陝西人民出版社，2002 年。第 30～37 頁，第 148～150 頁。

術・均輸》第 17 問，即是用等差數列求公差的問題〔註26〕。等差數列求和法在南北朝時期的《張邱建算經》也有記載：「今有女不善織，日減功遲。初日織五尺，末日織一尺，今三十日織訖。問織幾何？答曰：二匹一丈。術曰：并初、末日織尺數，半之；餘以乘織訖日數，即得。」〔註27〕設總數爲 S，初日數爲 a，末日數爲 b，天數爲 n。公式爲 S＝〔(a＋b)×n〕/2。代入數字，a＝5，b＝1，n＝30，則 s＝90 尺。古法一匹等於四十尺，一丈等於十尺，故爲二匹一丈。

王元啓的算法也可用代數法推演：

「其內觚爲以六包一。外觚則每進加六」，換成算式來表示：

6＋(6×2)＋……＋(6×9)。

上式提取公約數 6，得到 6×(1＋2＋……＋9)。括弧內是一個步進爲 1 的等差數列，使用等差數列公式 S＝〔(a＋b)×n〕/2，代入數字爲 6×〔(1＋9)×9〕/2，得數 270，加上中心一根，總根數爲 271 根。

根據這一原則，可以推算六觚的總根數：

王注：「算法先審外觚若干。如外觚五十四，加內觚六，爲六十。以外觚五十四乘之，得三千二百四十。倍其內觚之六，以十二法除之，得二百七十。」

設外觚 a＝54，內觚 b＝6，層數 n＝9。代入公式得〔(54＋6)×9〕/2，本來已可得到根數 270，爲符合蘇林注：「其表六九五十四」之說，以內觚 6 和層數 9 之積爲外觚 54，故算式上下同時乘以內觚數 6，即：

S＝〔(a＋b)×n〕/2＝6×〔(a＋b)×n〕/(2×6)＝6×〔(54＋6)×9〕/(2×6)＝(6×9)×(54＋6)/(2×6)＝54×(54＋6)/(2×6)。得數 270〔註28〕，補入中心一根，爲 271。

這樣得到了一個新公式：

設外觚爲 a，內觚爲 b，公式 S＝a(a＋b)/2b。

2.1.2.1　正算法

已知 a＝54，b＝6,代入公式，得 54×60/12＝270。

〔註26〕白尚恕《〈九章算術〉注釋》，第 209 頁。

〔註27〕紀志剛《孫子算經、張邱建算經、夏侯陽算經導讀》，第 156～157 頁。

〔註28〕梯形的運算公式：上底 6 加下底 54，乘以高 9，除以 2。即 (54＋6)×9/2。就是按照等差數列進行運算的。

2.1.2.2 逆算法

已知 s＝270，b＝6，逆算求外觚 a。公式變形得 $a^2+6a＝2bs＝2×6×270$，是一個一元二次方程式，求得 a＝54。

2.2 「隋六觚」算法

「漢六觚」的計算由於受到算籌形狀的限制，結合不夠緊密，存在空隙。單根截面積和總根數的乘積與截面總面積之間誤差較大。此後，通過改變數量和形制的方法解決了這一問題。

到了隋代，算籌的捆紮方式已有兩種：一種叫乾策，用正策，是三棱形的算籌，名觚；另一種叫坤策，用負策，是一種四棱形的算籌，其名爲方。

「觚」即「六觚」，是一個由乾策 216 根所組成的六棱柱，其底面的組合方式爲：

兩個等邊三角形構成一個菱形，每兩層變成一個梯形。以六根廣二分的算籌爲底，用（6＋5）、（5＋4）、（4＋3）、（3＋2）、（2＋1）、1 的 6 層模式排列，變成一個等邊三角形，六個等邊三角形組成一個完整的正六邊形。如圖五所示，結合緊密，便於計算。

依據三角形的計算公式：每根算籌底邊長爲 2，高度爲 $\sqrt{3}$，面積是 $\sqrt{3}$ 平方分。每觚邊長 12 分（6 根算籌），高爲 $6×\sqrt{3}$ 分（等邊三角形，共 6 層），所得的面積是 $36×\sqrt{3}$ 平方分。一共使用 36 根算籌，再乘以 6（六個觚），得到 216。

圖五 隋六觚

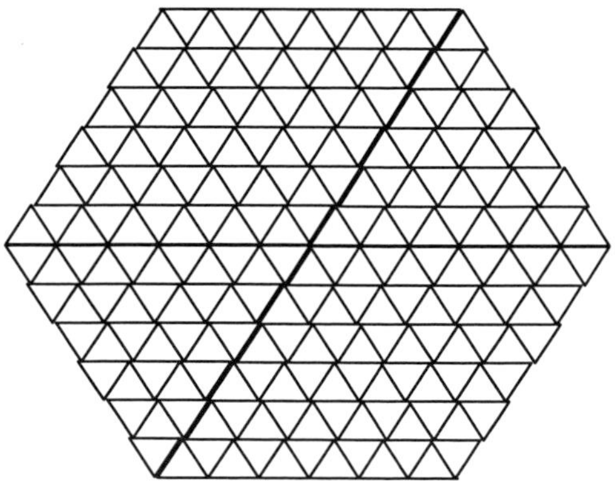

相對於「觚」的坤策「方」是一個由 144 枚四棱形算籌（邊長爲 2 分，長度爲 30 分）組成的底面爲正方形的長方體，其底面邊長爲 24 分（12 枚），底面積 576 平方分，每邊側面積 720 平方分。

四　夫推曆生律制器。規圓矩方，權重衡平，準繩嘉量，探賾索隱，鉤深致遠，莫不用焉。度長短者不失豪氂，量多少者不失圭撮，權輕重者不失黍絫。（956 頁）

「曆」字，四宋本、大德本、殿本均作「歷」。「推歷生律」下有「張晏曰：『推歷十二辰以生律呂也。』」字亦作「歷」，不作「曆」（中華本注中字亦作「曆」）。是古人於「推歷生律」下斷句的體現。王元啓《漢書律曆志正譌》「歷」字作「曆」，以「制器」連上讀，云：「按謂推曆、生律、制器三事皆本乎數。張以『推曆生律』四字爲句，又以曆象之曆解爲數所遍歷處，其說非是。」王先謙《補注》本正文及注「歷」字未改作「曆」，然亦云：「『制器』二字上屬爲句。」

按：正文及注作「歷」字是，改「曆」字非。此文當在張晏注下斷句，作：「夫推歷生律，制器規圓矩方，權重衡平，準繩嘉量，探賾索隱，鉤深致遠，莫不用焉。」所用的就是算籌。

班固《律曆志》引劉歆之文字可分成兩個部分，第一部分爲律，解釋「備數、和聲、審度、嘉量、權衡」五事；第二部份爲曆，從「曆數之起上矣」（973 頁）始。

律中五件事之關係是：從備數而得和聲。數自一起，而以黃鐘之數爲本。黃鐘之長度可分成九十等分，每一等分即基本長度單位「一分」；黃鐘指管容積 1200 黍，稱爲「一龠」，是爲基本容積單位；黃鐘管容 1200 黍之重量稱爲「十二銖」，銖爲基本重量單位。而律管之推算是依照「始於一而三之，三三積之，歷十二辰之數」之法則，即張注：「推歷十二辰以生律呂也。」後文云：「三統合於一元，故因元一而九三之以爲法，十一三之以爲實。實如法得一。黃鐘初九，律之首，陽之變也。」即清楚說明其源。其下才據「和聲」即黃鐘之律，以制定「審度、嘉量、權衡」之基本單位。此時，尚未涉及曆法之推算，故改「推歷」爲「推曆」，意爲推算曆法，無據。且「制器規圓矩方」者，「規圓矩方」乃對「制器」而言，把「制器」屬上讀也不太合適。

五　度長短不失毫氂。（956 頁）

師古曰：「度音大各反。」殿本作「大角反」，其下「物成孰可章度也。」
師古曰「度音大各反。」殿本亦作「大角反」。

按：當以「大各反」爲是。此處之「度」爲計量義，此義《廣韻‧鐸韻》音徒落
切，宕攝開口一等入聲定母鐸韻；各，《廣韻‧鐸韻》古落切，宕攝開口一等
入聲見母鐸韻。徒、大二字，均爲定母。故大各反與徒落反音同。角，《廣韻‧
入覺》古岳切，江攝開口二等入聲見母覺韻。由於語音之轉變，元代以後，
宕江合流，覺鐸通押，「大各反」發音之「度」在清代已可用「大角反」切音。
然就《漢書》顏注而論，當用唐音，故以「大各反」爲妥。

六　權輕重者不失黍絫。（956 頁）

孟康曰：「絫音（墨）蠡。」北宋本此處作「絫音蠡。」慶元本、殿本均
作：「絫音累蠡。」

按：當從北宋本。絫，《廣韻‧上紙》作力委切，上声來母紙韵止摄合口三等，累
爲絫之今字。蠡又音螺，落戈切，平声來母戈韵果摄合口一等。《集韻》絫、
蠡、摞均做「盧戈切」。究其本字，當爲摞。《廣韻‧平戈》：「摞，落戈切。」
與蠡音同，意義爲繫、捆。「墨」字當作「累」，《漢書補注》：「官本墨作累。」
顏師古所云：「孟音來戈反，此字讀亦音纍緤之纍。」即此。凡言「墨蠡」、「累
蠡」者，乃從師古注文添補而成。

七　皮曰鼓。（957 頁）

師古曰：「鼓者郭也，言郭張皮而爲之。」北宋本「郭」作「廓」。南宋
三本宋祁注曰：「郭景本作廓。」

按：當作「廓」，檢《異體字字典》〔註 29〕得《廣碑別字》及《中華字海》均有
字形廓，與「廓」字形近，即廓字。碑文爲南北朝齊人所立，則顏師古注文
作此字，有據。隋王度《古鏡記》：「辰畜之外，又置二十四字，周遶輪廓，
文體似隸」中「廓」已有物體外延的意思，師古用「廓」字，無不妥。

八　取竹之解谷生，其竅厚均者。（959 頁）

晉灼曰：「取谷中之竹，生而（孔外肉）〔肉孔外內〕厚薄自然均者，截

〔註 29〕「中華民國教育部」國語推行委員會編《異體字字典》台北：2003 年 5 月光
　　　　碟版。

以為箭，不復加削刮也。」北宋、蔡琪、白鷺、殿本均作「肉孔外內」，慶元、大德本作「孔外肉」。

按：當作「肉孔外內」。後文有「令之肉倍好者。」如淳注：「體為肉，孔為好。」南宋三本引宋祁注曰：「南本『為好』下有『肉者環之實，好者環之虛。』十字。」《爾雅‧釋器》：「肉倍好謂之璧，好倍肉謂之瑗，肉好若一謂之環。」郭璞注：「肉邊也，好孔也。」可知，肉、孔即竹子的表裡。

從製律管的角度考慮，竹管表面不能有疤痕，竹肉不可有粗細不均的情況，「孔外肉」指竹孔的外圍周邊，如果厚薄均等，則「不復削刮」。今天我們製造管樂器，在需要選用外部光滑均勻的竹子的同時，竹子內部也須經過打磨，以保持管徑大小一致及內膛的光滑。故此，用「肉孔外內」，以明「外肉內孔」的厚度均勻，不需要進一步處理。

不過，就正文而言，所云「其竅厚均者」並未提到竹肉。據《呂氏春秋‧仲夏紀‧古樂》：「取竹於嶰谿之谷，以生空竅厚鈞者，斷兩節間，其長三寸九分而吹之，以為黃鍾之宮。」「竅厚均」解釋為「竹孔寬度均等」較妥。制作管樂時，要求兩端口徑不能差別過大，所以，竅孔內徑厚度要均等。後人引本段晉注時，多直接修改為此意。如明倪震《鐘律通考》卷三引「晉灼曰：『取谷中之竹，生而內孔厚薄自然均者，截以為箭。』」清江永《律呂闡微‧稽古》：「晉灼曰：『取谷中之竹，生而孔外內厚薄自然均者，截以為箭。』」即是。故此，如注文作「孔外內」較貼合原文文意。

九　制十二箭以聽鳳之鳴，其雄鳴為六，雌鳴亦六，比黃鐘之宮，而皆可以生之，是為律本。（959頁）

「比黃鐘之宮」下南宋三本有宋祁注：「亦六下當添以字。」六本皆無「以」字。「律本」下南宋三本有宋祁注：「南本作『是為六律本。』」

（一）不須添「以」字。

按：《呂氏春秋‧仲夏紀‧古樂》：「次制十二筒，以之阮隃之下，聽鳳皇之鳴，以別十二律。其雄鳴為六，雌鳴亦六，以比黃鍾之宮，適合。黃鍾之宮皆可生之，故曰黃鍾之宮，律呂之本。」當是漢志此句所出。其意為：「制十二筒，聽鳳鳴十二，用來校合黃鐘之宮音。據黃鐘之宮而設定其他十一律，其音亦合鳳鳴。故以黃鐘之宮為十二律的基準。」《通志》所引：「其雄鳴六，雌鳴亦六，叶黃鍾之宮，是生六律六呂。」文意並同。

　　王念孫《讀書雜誌·漢書第四》「比黃鐘之律」條以此句文例與「以爲黃鐘之宮」句同，且舉《舜典》孔疏、《左傳·昭公二十年》正義、《文選注》、《白孔六帖》三十一卷〔註30〕、《呂氏春秋·大樂》（當做古樂）、《說苑·修文》、《晉書·律曆志》爲證明。宋祁亦當以此異文添補之。核諸文獻，其所用「以比」者，率有兩類：

　　其一，和《呂氏春秋》原文相似，作「以比黃鐘之宮，適合。黃鍾之宮皆可生之，而律之本也。」如《說苑》；

　　其二，後文語句刪改漢志文字：作「以比黃鐘之宮，是爲律之本。」如《舜典》孔疏、《左傳》正義；作「以比黃鐘之宮，皆可以生之，是爲律本。」如《文選·琴賦》注；作「以比黃鐘之宮也。」如《文選·七命》注；作「以比黃鐘之宮，皆可以生之，以定律呂。」如《晉書·律曆志》。此外，《冊府元龜》、《玉海》、宋劉恕《資治通鑑外紀》、元陳桱《通鑑續編》等書亦有類似引文。僅有《文獻通考》所引和漢志等，只多一「以」字。

　　「以比」當作爲「用以比附」之意。故《呂氏春秋》下文換用「黃鐘之宮」爲主語，以明以黃鐘爲宮音，則可生鳳鳴之聲，以爲十二律。漢志本條下師古注云：「比，合也。」以「比」作「依照符合」意，「而」猶「則」也。即以十二筩比附鳳鳴十二。符合黃鐘爲宮音，則鳳鳴之聲都可以產生。故此不可添補「以」字，否則主語變爲「鳳鳴」，即以十二鳳鳴爲黃鐘宮音，成爲律本。非爲以黃鐘爲宮音生十二律，可比擬十二鳳鳴，故爲律本。

　　故此，引文因《呂氏春秋》而補「以」字者，後文皆需去「而」字，以去其順承關係，而明主語爲黃鐘之宮。《文獻通考》更涉上述文獻而衍「以」字。有鑑於此，當從六本，無「以」字較爲妥當。

　　（二）「是爲六律本」誤。

按：前文雌雄鳳鳴，正應六律六呂。「律」可以代指「律呂」，如加「六」則不
　　能明十二律之義。《周禮·春官》：「典同，掌六律六同之和」鄭注引鄭眾說：
　　「陽律以竹爲管，陰律以銅爲管，竹陽也，銅陰也，各順其性，凡十二律。」

**十　十一月，乾之初九，……六月，坤之初六，……正月，乾之九三，
　　萬物棣通，族出於寅，人奉而成之，仁以養之，義以行之，令事物
　　各得其理。（961頁）**

〔註30〕《白孔六帖》三十一卷，文淵閣四庫本作「以此黃鐘之宮而皆可生之。」其
　　　　書第二卷《律呂》下「嶰谷之竹」條亦引此文，與漢志相同。

慶元本、蔡琪本、殿本有宋祁校語云：「九三當作九二。」白鷺本宋祁校語作：「九三當作九一。」

按：宋祁校「九三」爲「九二」是。白鷺本作「九一」者當爲「九二」之誤。

十二律分陽六律與陰六呂，比附爲乾、坤卦之六爻，本於「黃鐘生林鐘，林鐘生太族，太族生南呂……」陰陽相生之法則，並與十二個月對應。《律曆志》前文即云：「黃鐘……始於子，在十一月。大呂……位於丑，在十二月。太族……位於寅，在正月。夾鐘……位於卯，在二月。姑洗……位於辰，在三月。中呂……位於巳，在四月。蕤賓……位於午，在五月。林鐘……位於未，在六月。夷則……位於申，在七月。南呂……位於酉，在八月。亡射……位於戌，在九月。應鐘……位於亥，在十月。」據此，可得下表：

乾（陽六律）				坤（陰六呂）			
亡射	上九	九月	戌	中呂	上六	四月	巳
夷則	九五	七月	申	夾鐘	六五	二月	卯
蕤賓	九四	五月	午	大呂	六四	十二月	丑
姑洗	九三	三月	辰	應鐘	六三	十月	亥
太族	九二	正月	寅	南呂	六二	八月	酉
黃鐘	初九	十一月	子	林鐘	初六	六月	未

依序推之，太族爲陽六爻之九二。《周禮・春官・大師》云：「大師掌六律六同，以合陰陽之聲。」鄭玄注：「黃鐘初九也，下生林鐘之初六；林鐘又上生大族之九二；大族又下生南呂之六二；南呂又上生姑洗之九三；姑洗又下生應鐘之六三；應鐘又上生蕤賓之九四；蕤賓又下生大呂之六四；大呂又上生夷則之九五；夷則又下生夾鐘之六五；夾鐘又上生無射之上九；無射又上生中呂之上六。」適可爲證。

臣瓚將「棣」解釋爲「逮」。兩字《廣韻》均作「特計切」，《說文・辵部》：「逮，唐逮，及也。」似亦可通。周壽昌亦云：「棣即隸。《說文》云，及也。亦作逮。」〔註31〕

十一 冒茆於卯，振美於辰。（964頁）

師古曰：「茆謂叢生也，音莫保反。」南宋三本作「茆爲叢也。」蔡琪、

〔註31〕參見施之勉《漢書集釋》所引周壽昌注文。第2100頁。

白鷺本有宋祁注：「美或作羨。」

按：作「叢生」較妥。根據文例，十二地支之上皆爲同義連文（前字爲聲訓，後字爲義訓，詳見本文第一章第一節「清人對《律曆志》全面研究」的「研究特點」部分）。《說文‧丵部》：「叢，聚也。」多與「生」連用表示聚集生長。如《說文‧朿部》：「棘，小棗叢生者。」《司馬相如傳上》：「玫瑰碧琳珊瑚叢生。」

「美」當作「羨」，王念孫云《史記》、《後漢書》皆引此文作「振羨」，羨爲延長意。〔註32〕亦符合文例。

十二　玉衡杓建，天之綱也。（965 頁）

如淳曰：「杓音焱，斗端星也。」南宋三本均作「猋」。

按：作「猋」較妥，杓、猋《廣韻》均爲甫遙切，音同。《爾雅音義‧釋草》：「猋，《字林》：『弋劍反』，云火花也。」在古書中臨時用作「焱」，《六書故‧天文下》「焱」自注：「顏師古曰：『火無焱也。』與猋多互用。」如《蒯通傳》：「飄至風起。」師古曰：「飄讀曰猋，謂疾風，音必遙反。」《莊子音義‧外篇‧駢拇》「猋氏」：「必遙反，本亦作炎。」實際仍有所區別。《爾雅音義‧釋草》「猋」條下即云：「必遙反，又方瓢反，又方幺反，字從二犬，俗從三火，非也。」

十三　故以成之數忖該之積，如法為一寸，則黃鐘之長也。（965 頁）

孟康曰：「成之數者，謂黃鐘之法數。該之積，爲黃鐘變生十二辰積實之數也。」南宋三本有劉敞注：「故以成之數忖該之積，按：上言南呂任成萬物，然後成之數謂酉也。從酉除該之數，則得九矣。」

（一）「成之數」

按：孟康以「成之數」爲黃鐘之法數，是。後文「九三之法」即此。九三所得數字，是上文所云：「參之於酉，得萬九千六百八十三。」歷經辰數爲九，既符合「天地人三統各一化三」的說法，又符合上文所說「數者，一、十、百、千、萬」的計數要求，是爲成之數。在十二辰的計算中，天地人各據一統，各以三爲數（$1 \times 3 \times 3 = 9$），故 $9 \times 3^9 = 3^{11}$，成之數爲 3^9，該之積爲 3^{11}，兩數皆五數齊備之數。劉敞之說，恐非是。

〔註32〕王念孫《讀書雜誌》，211 頁。

（二）「如法爲一寸」

孟康注：「得一寸，則所謂得九寸也。言一者，張法辭。」清人王元啓以爲「爲」當作「得」，「寸」爲衍字。〔註33〕

按：四宋本、大德本、殿本、《補注》本文字均同中華本。王說不可據。此處正文及注均條不必刪改文字。

「成之數」爲 3^9，該之積爲 3^{11}。「忖」爲分割，《禮記‧玉藻》：「瓜祭上環，食中。」鄭玄注：「上環，頭忖也。」陸德明《釋文》：「忖，本又作刌，寸本反，切也。」

「如法爲一寸」，謂按此法而作一次分割，即以成之數分割該之積，即 $3^{11} \div 3^9 = 9$。9 寸乃黃鐘之長度。此處「寸」用同「忖」，爲動詞，分割義。後文「寸者，忖也」，可證。忖畢（切割完畢）即得黃鐘之長度，故黃鐘長度單位謂之「寸」。

孟康注：「得一寸，則所謂得九寸也。」謂一次分割，則得九寸之長度。前「寸」字亦用同「忖」。孟康注中既有「得一寸」之語，則證明正文有「寸」字。

十四　三分損一，下生林鐘（965 頁）

張晏曰：「黃鐘長九寸，以二乘九得十八，以三除之，得林鐘六寸。」北宋本此處作：「以一乘九」、「以二除之」。

按：北宋本誤。「三分損一」，指以三分黃鐘長度，損其一分，得六，爲林鐘長度，可用九乘以三分之二爲算。後文「三分林鍾益一，上生太族。」是指增加林鍾的長度的三分之一，以其長度乘以三分之四，得八，爲太族長度。餘皆類推。

十五　以子穀秬黍中者，一黍之廣，度之九十分，黃鐘之長。一爲一分，十分爲寸，十寸爲尺，十尺爲丈，十丈爲引，而五度審矣。（966 頁）

殿本齊召南考證：「隋志引此文作『度之九十黍，爲黃鐘之長。一黍爲一分，廷尉掌之。』」又云：「舊本附注：皇祐多，益州進士房庶言，嘗得古本《漢志》云：『一黍之起積一千二百黍之廣，度之九十分。』」慶元本亦有此條按語。

〔註33〕施之勉《漢書集釋》所引王元啓注文。第 2104 頁。

（一）「一黍之廣，度之九十分，黃鐘之長。」

按：本師王繼如先生認爲此處前三句，似可標點爲「以子穀秬黍中者一黍之廣度之，九十分，黃鐘之長。」「子穀秬黍中者」乃「一黍」之修飾語。「一黍」復限定「廣」字，「以……廣」乃作「度之」之狀語。度之而得九十分，則爲黃鐘之長。王元啓《漢書律曆志正譌》將「以子穀秬黍中者」下顏注移置「一黍之廣度之」下，是以此十三字爲句，以「九十分黃鐘之長」爲句，謂：「舊於『廣』字絕句者非。」「舊以『度之九十分』爲句者非。」此種句讀甚有見地，故采其言而就語法關係申說之，並略作調整。

（二）「一爲一分」

王念孫《讀書雜志・漢書第四》曰：「脫『黍』字。」

按：四宋本、大德本、殿本均無「黍」字。無「黍」字亦通。上文云：「以……一黍之廣度之，九十分，黃鐘之長。」「一」即爲數字之「一」，代表長度之基本單位，即是「一分」，此處含義乃是「一黍之廣」，並非「一黍」。《魏史・律曆志上》「以秬黍中者一黍之廣，即爲一分」，故「一爲一分」不誤。

十六　合龠為合，十合為升，十升為斗。（967 頁）

四宋本皆作：「十龠爲合。」又南宋三本注文曰：「宋祁曰：『舊本作十龠，杭本作合龠。予以後爲攷之，十當作合。』」殿本考證亦云「十」非是，並引《玉海》及《唐六典》證之。

按：「合龠」是。上文云：「本起於黃鐘之龠，……以子穀秬黍中者千有二百實其龠。」傳世「新莽銅嘉量」銘文云：「律嘉量龠，方寸而圜其外，庣旁九毫，冥百六十二分，深五分，積八百一十分，容如黃鐘。」龠即黃鐘的容積。黃鐘圍九分，長九寸，漢代的一分約等於 0.23 釐米，使用歆率（3.1457）計算出黃鐘半徑 0.329 釐米。據此推算，一龠的容積大約爲 7 立方釐米，即 7 毫升。

漢一升約等於今天的 200 毫升。如按照「十龠一合，十合一升」計算，一升約 700 毫升左右，相差太遠。合，聯合也。如《晁錯傳》：「合小以攻大。」「龠」甲骨文作「龠」，樣子如同一種編管樂器。馬敘倫以爲古龠只有兩孔，三孔之說蓋起於篆文之訛，高田忠周亦云：「從三口者多孔之意也，亦多略不過三之例耳。」而《說文・龠部》有云：「龠，樂之竹管，三孔，以和眾聲也。」加之前文所云起於黃鐘之龠，黃鐘之管顯然不是管身開有吹孔的樂器，這裡

當指三孔的編管樂器。〔註34〕故此，合龠即爲並和三龠之數，則一升約爲210毫升，較近漢制。

然而，據新莽銅嘉量的銘文知，一龠爲810立方分（約合9.85毫升），此數字和黃鐘的側面積相合（圍九分乘以長九寸：9×90＝810 平方分），如以810 粒黍排開，可得其容積。故將黃鐘律管周長九分當作面積九平方分來看待，用以符合天道（日法八十一分），和黃鐘實際容積並不相合。

劉歆爲求得數字上的一致，就根據黃鐘管容黍的理想容量（即以 9×90排列黍，管截面積容黍9，恰爲圓含方九宮之數，這一想法在新莽銅嘉量的制定準則上也有反映，即以 1 寸的正方形外接圓爲龠管的截面積，所謂「方寸而圓其外」），來確定黃鐘的容積。

按照「一黍爲一分」的計算方式，黃鐘容積爲810黍。而黃鐘之重爲1200黍。三龠的容積始能達到2430黍，爲兩黃鐘之重。其原因在於：穀子塡入空管中，由於存在空隙，不能密合，因此不能完全容納。而計算重量時，或可以粉碎穀物以實其龠，添補空缺。故此造成重量和容積所容之黍數不能吻合。

劉歆不能解決 810 分和 810 黍之間的差距問題，但是發現三倍黃鐘的實際容積（三龠）等於兩倍黃鐘所容黍的容積（二龠），三倍黃鐘所容黍的重量（三龠）等於兩倍黃鐘的實際重量（2400 黍）。故此不云「二龠爲合」，而說「合龠爲合」。藉以解釋「二龠」在容積上等於兩黃鐘所容黍之容積，而「三龠」在重量上等於兩黃鐘所容黍重量的問題。據此，以定量器制度，「二龠」爲「合龠」，遂成定論。

十七　其上爲斛，其下爲斗。左耳爲升，右耳爲合龠。其狀似爵，似麋爵祿。（頁967）

按：「合龠」當斷爲「合、龠」，宋陳暘《樂書》卷九十七及宋范鎭《東齋記事》卷二均以爲「龠」字當下屬，與「合」並在右，「合」上而「龠」下。其制度難定是非，然就文義而言，此器应具備所有的量度單位，使「斛、斗、升、

〔註34〕李玲璞主編《古文字詁林》第二冊，上海：上海教育出版社，2000 年，第 623 ～625 頁。關於龠是排管樂器還是吹孔樂器，存疑。樂聲認爲是一種編管樂器（參見樂聲《中國樂器》，北京：時事出版社，1982 年。第 84 頁），而日本學者林謙三則認爲漢代的龠已經是吹孔樂器，和笛子同類（參見〔日〕林謙三著錢稻孫譯《東亞樂器考》，北京：人民音樂出版社，1962 年，第 337～338 頁）。考慮漢書所承的度量衡仿之上古，故仍舊以古龠字字形論。

合、龠」皆不缺，故斷開較妥。今藏於台北故宮博物院之新莽銅嘉量右耳即分合、龠。（新莽嘉量圖參見本文第一章第一節「漢唐時期的字詞訓詁」部份）

十八　始於黃鐘而反覆焉。（968 頁）

臣瓚曰：「仰斛受一斛，覆斛受一斗，故曰反覆焉。」六本「覆斛」均作「覆底」。

按：「覆底」較妥。前文孟康注「其上爲斛、其下爲斗」云：「其上謂仰斛也，其下謂覆斛之底，受一斗。」其器正面爲斛，反面爲斗，「覆底」應是「覆斛之底」的簡稱。

十九　其道如底。（969 頁）

四宋本、大德本「底」作「底」，南宋三本有宋祁校語曰：「底」作「厎」。

按：作「厎」是。「厎、底、砥」古籍中常通用。厎爲磨礪義，《廣韻》作職稚切（旨韻）或諸市切（止韻），上聲止攝章母開口三等。底，《廣韻‧上薺》都禮切，上聲蟹攝端母薺韻開口四等。在古音上，章母歸端，兩字都屬脂韻，文獻中可通。

《說文‧广部》：『底，山居也。』《說文‧厂部》：「厎，柔石也。」段注：「厎者，砥之正字。」兩字意義並不相同。《集韻‧旨部》：「厎、砥，《說文》：『柔石也。』或作砥，一曰『厎：定也。』」作「軫視切」，而同書《集韻‧上薺》：「砥，厲石之尤細者。」作「典禮切」，已和「底」同。可知，宋代發音已經發生變化，但仍有區分，其時改「厎」爲「底」當爲常。然據此處所用意義而言，當用「軫視切」，用「厎」爲是。

宋祁注所用厎，是「厎」的異體字（見於《佛教難字字典》）。前文「其下曰斗」、「始於黃鐘而反復焉」下南宋三本有宋祁注云「底作底」。「底」又是「底」的異體字（見於《廣韻》），而「厎」亦是「厎」的異體字（見於漢太尉劉寬碑），故宋祁用「底」代「底」，以「厎」代「厎」，以便於區分「底」和「厎」（底）。〔註35〕

〔註35〕上述異體字均檢核「中華民國教育部」國語推行委員會編《異體字字典》。底和厎爲異體字，亦見於《漢語大字典》，湖北辭書出版社，四川辭書出版社，1990 年。第 70 頁。

二十　忖為十八，《易》十有八之變。（969 頁）

孟康曰：「忖，度也，度其義有十八也。黃鐘、龠、銖、兩、鈞、斤、石凡七，與下十一象為十八也。」

按：孟說不確。《漢書集釋》載王元啓曰：「謂以萬一千五百二十銖，忖為十八，而得六百四十銖，即《易》十有八變成六爻而得六十四卦之象也。」《補注》載錢大昕考據，兩說類似。〔註36〕

忖，分割義。以銖論，鈞（11520 銖）、石（46080 銖）都可以被 18 除盡。11520 是爲萬物之數，《易‧繫辭上》：「萬有一千五百二十，當萬物之數也」王弼注：「二篇三百八十四爻，陰陽各半，合萬一千五百二十策。」乾之策 216（36×6），坤之策 144（24×6），合計 360 策，乘以 384 爻（64 卦，每卦 6 爻），得出萬物之數（數字過萬）。46080 是四會萬物之數，即四時對萬物之數的影響變化。萬物之數是自然界的外在形式，即空間形式。四時是自然的時間形式。兩者相會構成自然界。《易》三變一爻，十八變而成六爻。故「忖爲十八」是「把 46080 銖分成 18 份」即六十四卦歷四時之數（640×4＝2560）。

二十一　四百八十兩者，六旬行八節之象也。（969 頁）

孟康曰：「六甲爲六旬，一歲有八節，六甲周行成歲，以六乘八節得之。」
南宋本有宋祁補注：「以六乘八節王本作八即。」

按：「八節」是。六旬爲六十天也，干支記日，以六十爲輪回，適有六甲（甲子、甲戌、甲申、甲午、甲辰、甲寅），孟注六甲爲六旬。一年三百六十日，有八節。60×6 則爲六甲周行成歲。以六乘八節，蒙上文知，六爲六甲，乘以八節，得四百八十。如以六乘八，則數僅四十八。

二十二　詩云：「尹氏大師，秉國之均，四方是維，天子是毗，俾民不迷。」（971 頁）

蔡琪、白鷺本有宋祁注：「南本『尹氏太師』下有『維周之底』一句。」今核對《詩經》原文，有「維周之氏」句，當補。

二十三　貞天下於一，同海內之歸。（972 頁）

師古注：「言途雖殊其歸則同。」六本「途」均作「塗」。

〔註36〕 施之勉《漢書集釋》，第 2107 頁；王先謙《漢書補注》，第 398 頁。

按：注文中引《易·繫辭下》：「天下同歸而殊塗。」「塗」通「途」，此處所引是
　　經文，詞句解釋也不當改字。故從六本，仍作「塗」爲宜。

二十四　銅爲物之至精。（972 頁）

　　南宋三本及殿本有注：「劉曰：『當云銅之爲物至精。』宋祁曰：『當去之
　　字。』」〔註37〕

按：不須改。《漢書集釋》載沈家本曰：「如文讀亦通。」〔註38〕《五行志中上》：
　　「今陛下棄萬乘之至貴。」《杜欽傳》：「誠臣子之至願。」句式同。

二十五　曆數之起上矣。傳述顓頊命南正重司天，火正黎司地，其後三苗亂德，二官咸廢，而閏餘乖次，孟陬殄滅、攝提失方。（973 頁）

　　「閏餘乖次」下三句，孟康均有注解：「以歲之餘日爲閏，故曰閏餘。
　　次，十二次也。史推曆失閏，則斗建與月名錯也。」「正月爲孟陬。曆
　　紀廢絕，閏餘乖錯，不與正歲相值，謂之殄滅也。」「攝提，星名，隨
　　斗杓所指建十二月，若曆誤，春三月當指辰而乃指巳，是爲失方也。」
　　北宋、蔡琪、白鷺本孟康注作「月差錯」。

按：「月名」較妥。《漢書補注》：「沈欽韓曰：『閏餘乖次謂不應閏而閏，宜閏而
　　失閏也。』」古曆採用陰陽合曆，以冬至日爲首，對代表太陽運行的二十四
　　節氣和代表月亮運行的晦望朔日進行調節，使每月都有一個節氣，一個中
　　氣。方法就是置閏來保証中氣的設置。失閏就會失氣，倘若不進行曆法調
　　整，就會有历法紀年、紀月和實際天象不吻合的情況，對全年紀錄產生影
　　響。「閏餘乖次」和「孟陬殄滅、攝提失方」並提，即指曆法錯失引起的年
　　月記錄錯誤。

　　秦漢間使用的顓頊曆即四分曆〔註39〕，以甲寅元始記。寅正，即指孟陬。
《爾雅·釋天》「月名」條：「正月爲陬」郭璞注：「離騷云：『攝提貞于孟陬。』」
「攝提」爲星名。《天文志》：「大角者，天王帝坐廷。其兩旁各有三星，鼎足
句之，曰攝提。攝提者，直斗杓所指，以建時節，故曰『攝提格』。」因爲攝

〔註37〕殿本作「劉云：『當爲銅之爲物至精。』和慶元本同，無宋祁注文。
〔註38〕施之勉《漢書集釋》，第2110頁。
〔註39〕參見饒尚寬《古曆論稿》烏魯木齊：新疆科技衛生出版社，1994年；張聞玉
　　　　《古代天文曆法講座》相關論述。

提星的位置和北斗柄的指向一致，所以可以用來指建時節，成爲每年始月之名〔註40〕。次，即《律曆志下》所載次度，和二十四節氣相對應。孟康的三條注文體系一致：由於失閏，導致曆法記錄和次度所對應的節氣相背離；寅正消失；攝提星所指的方位和曆法記月不合。

所謂「斗建」指「隨斗杓所指建十二月。」是客觀天象的表述，即「攝提」所指，相對的應該是曆法中的紀月。「月名」是十二個月的別名，「孟陬」即是。因而，此處用「月名」較爲妥當。〔註41〕

二十六　疇人弟子分散。（973頁）

如淳曰：「家業世世相傳爲疇。」

蔡琪、白鷺本下有宋祁校語曰：「南本『爲疇』下有『律年二十二傳之疇官，各從其父學也。』十五字。」

按：當補。殿本考證馮浩引宋祁注文與此同，僅「律」作「歷」字，云：「按：史記集解亦引如淳此條。但作『律年二十二』云云，蓋引漢律文也，宋祁所見之南本作『歷』亦誤。」今檢《史記集解‧曆書》有此注文，做「律年二十二」。蔡琪、白鷺本此注可證宋祁所見不誤，後人傳抄之訛也。

二十七　乃以前曆上元泰初四千六百一十七歲，至於元封七年，復得閼逢攝提格之歲。（975頁）

北宋本作「四千六百二十七歲」。南宋三本有劉攽注：「十七歲當作十一歲。」

按：「四千六百一十七歲」是。殿本齊召南考證曰：「太初元年實丁丑歲，《通鑑目錄》云：『太初元年強圉赤奮若。』丁丑是也。若甲寅則在元朔二年，前乎此二十四歲矣。《唐志‧日度議》云：『漢太初曆元起丁丑，命曰閼逢攝提格之歲，而實非甲寅。』可謂至確。蓋元封之六年，歲在丙子仲冬朔旦甲子冬至，復得上古曆元之甲寅耳。」王念孫曰：「今案：『四千六百一十

〔註40〕「攝提」也用於太歲紀年，代指寅年。《漢書‧天文志》：「太歲在寅曰攝提格。」然《漢書‧天文志》有云：「劉向亦曰：『三代之亡，攝提易方：秦、項之滅，星孛大角。』」此處「攝提」爲星名較爲恰當。

〔註41〕「差錯」在漢晉有連用，表示「紛雜，交互」的意思，如《漢書‧司馬相如傳下》：「紛湛湛其差錯兮，雜遝膠輵以方馳。」《爾雅》：「爽，差也。爽，忒也。」郭璞注：「皆謂用心差錯，不專一。」用在此處也不妥貼。

七歲』本作『四千五百六十歲』，此後人以三統曆改之也。」〔註42〕

據干支紀年，設若上元太初爲甲寅元，四分曆以 4560 年爲一個曆法輪回，可以復得甲寅元，其數須是 60 的倍數（王念孫據此）。但是四分曆的運行顯然是出現了錯誤，才會進行改曆，如果仍舊按照四分曆法推距上元，則據曆即可復得甲寅，不需要另行觀測。

考劉歆所算，以上元太初爲甲子年。下推 4560 年，第 4561 年爲復得甲子年，再加上 50 位干支，得到 4611 年後爲甲寅年。此演算法固然年份正確，但「復得甲寅」不可解。

太初年實爲丁丑歲，據此逆推上元太初，則爲 4584 年前爲「甲寅」，距之最近的甲寅年爲元朔二年（考證所云「前乎此二十四歲。」）故此，齊召南認爲紀年如何不重要，只要是朔日冬至同日，可以達到逆推的目的，即「復得上古曆元之甲寅耳」。新城新藏《東洋天文學史研究·東洋天文學史大綱》又有發揮，認爲是改「丁丑」爲「甲寅」。檢劾史文，干支紀年未有跳躍的記錄，似無所據〔註43〕。僅在計算點上採用了和上元太初類似的甲寅年情況進行推算，就稱之爲「復得」，說雖可通，但上元三統曆（4617）、四分曆（4560）皆可，不可明辨。

前三者在推算上，都採用了干支紀年法。古時對天象進行實際觀測時，先採用的是歲星紀年法。古人認爲歲星 12 年繞天球一周，一年歷一次，據此紀年。現代天文學觀測，歲星 11.8622 年即繞天球一周，時日久遠，即有差距。漢人已意識到這一問題，《律曆志下》有「推歲星所在法」，大致爲：「（今年數−上元元年）／1728（歲星週期），取餘數。餘數×145／144（歲星 144 年運行 145 次），取整數。以整數除以 12，取餘數，餘數加一即爲目前歲星所在。」〔註44〕

如果對曆法進行調整，必須找到一個適當的起始點。依據寅正，太歲須在寅，歲星在星紀，冬至和朔日同日。《律曆志下》云：「漢曆太初元年，……前十一月甲子朔旦冬至，歲在星紀婺女六度，故漢志曰歲名困敦。」元封七年除了太歲在子之外，其他條件都符合。漢人對歲星運行規律有新的認識，其比例爲 144/145。故 4617 年乘此比例，取整得 4585 年，除以 60，餘 25 年，

〔註42〕王念孫《讀書雜誌》漢書第四「四千六百一十七歲」條，第 212 頁。
〔註43〕饒尚寬《古曆論稿》，第 58～60 頁。
〔註44〕《漢書·律曆志》，第 1004～1005 頁。

以首年甲寅紀，其第 24 年爲丁丑年，25 年爲戊寅年。歲星依照殷曆（前曆）4617 年之運行週期（歲行 1 次），實際 4585 年走完（144 年行 145 次），即 4585 年行 4617 次。從星紀起（斗十二度至婺女七度），此時進入玄枵次（婺女八度至危十五度），正合太初元年實際天象（元封七年在婺女六度，歲星日行 145/1728 度，約 60 日行 5 度，太初元年正月已在玄枵次）。

太歲紀年對應歲星運行，故依據修訂的太歲紀年 4616 年（4584）後元封六年在丑，4617 年（4585）後元封七年（太初元年）在寅。《天文志》云：「古人有言曰：『天下太平，五星循度，亡有逆行。日不食朔，月不食望。』」漢人認爲古曆有度，是個理想的設定，而到了春秋戰國，人事變化無常使得天象紊亂，所以這個數字週期也就混亂起來，以至於造成曆法所推和實際天象不同，必須經過調整才能恢復。

元封七年十一月的天象和古曆相合，其首日（甲子）既是朔日，也是冬至。日月在建星（本應在牽牛初）、太歲在寅（以歲星實際運行來調整太歲紀年，其年以十一月爲歲首，故元封七年十一月後已是太初元年），就得到了太初年星度的新起點。故此，觀測天象的官員上奏「不能（以舊曆）爲算。」〔註45〕「閼逢攝提格之歲」，即據歲星紀年可復得古曆甲寅元，故曰復得「甲寅」〔註46〕，非是真實干支，不必附會。

二十八　日月在建星。（975 頁）

孟康曰：「建星在牽牛間。」南宋三本有宋祁補注：「建星在斗後十三度，在牽牛前十一度。當云在斗牛間，孟說非。」

按：宋祁說是。這裡所說是冬至點所在處。《天文志》：「日有中道……冬至至於牽牛」。所以太初曆冬至點應在牽牛初。孟康意爲「建星」就在牽牛宿中。

〔註45〕司馬遷爲皇家太史令，家學淵源，胡不能爲算。故此當是說明雖得曆法起點，但是天象有所差訛，不可用舊曆來算，所以下文云：「更造密度，各自增減，以造漢太初曆。」以至於需要「分天部」解決冬至點偏移，歲星失次等問題。《史記‧曆書》所載次序與《律曆志》不同。乃是劉歆爲《三統曆》張目，更其次序，以明所用殷曆之非，需要重新計算。可參見饒尚寬《古曆論稿》第 60～62 頁。史實如何，不易確定。但是就《律曆志》本文體系而言，此處解釋爲「不能按照舊曆計算」爲妥。

〔註46〕歲用以指年，本起於歲星。《說文‧止部》：「歲，木星也。越歷二十八宿，宣徧陰陽，十二月一次。」《爾雅‧釋天》：「載，歲也。夏曰歲，商曰祀，周曰年，唐虞曰載。」邢昺疏：「取歲星行一次。」故此可得通。

間有中間，內部義。《莊子‧人間世》：「則支離攘臂於其間。」《史記‧天官書》、《漢書‧天文志》均載「建星」在「南斗」之北，星圖中處於牛斗之間。

由於多至點每年在黃道上西移 50.2 角秒，此時已離開牽牛初，移動到斗二十二度，斗經度和建星相近，故志云「在建星」。〔註47〕孟康不明是理，故曲爲之說。

二十九　都分天部。（975 頁）

孟康曰：「謂分部二十八宿爲距度。」南宋三本「距度」作「之度」。有宋祁注文曰：「邵本之度作距度。」

按：「距度」是。《史記‧天官書》「唐都分其天部。」漢書音義曰：「謂分部二十八宿爲距度。」與此處同。

此句意爲：部署二十八宿作爲丈量天空的標準。〔註48〕以此觀之，「距度」、「之度」並通。「距」當解作「距離」，《律曆志》中「距」爲「距離」意多見。如：「追二十八宿相距于四方。」「距獻公七十六歲。」孟注取此義有據。「距度」指宿間相去的距離。「爲之度」指作爲天空劃分的標度。從古本爲是。

三十　先藉半日，名曰陽曆。不藉，名曰陰曆。（976 頁）

北宋本此處「藉」作「籍」。慶元本宋祁注：「景本藉作籍。」白鷺、蔡琪本作「藉作藉。」

按：當從北宋本，作「籍」。「籍」、「藉」《廣韻》均做秦昔切，常通用。「藉」另作慈夜切，用同「借」。《管子‧內業》：「彼道自來，可藉與謀。」尹知章注：「藉，因也。因其自來而與之謀。」「籍」也有借用義，《孟子‧滕文公上》：「助者，籍也。」趙岐注：「籍者，借也，猶人相借力助之也。」這種用法當音同「藉」，讀慈夜切。《洪武正韻‧去蔗》「籍」作詞夜切，正是長期通用的結果。故「籍」通「藉」，又用同「借」。北宋本用假借字，後六本以本字改之。

〔註47〕劉操南《曆算求索》，第 107～109 頁。
〔註48〕「分部」是部署、分派意。《史記‧平准書》《漢書‧食貨志下》均有：「使者分部護」。《食貨志下》又云：「分部主郡國。」

三十一　自漢曆初起，盡元鳳六年，三十六歲，而是非堅定。（978 頁）

六本均作「三十六歲」。王元啓《漢書律曆志正譌》云：「按自太初至此三十年，『六』字蓋因上文有『六年』字而誤衍也。」李銳《漢三統術》卷上亦曰：「自元封七年起盡元鳳六年，止三十年。此當云『三十歲』，『六』字衍。」

按：王、李說未確，中華本不改「三十六歲」爲「三十歲」，甚是，理由如次：太初曆之實行，雖在武帝元封七年（前 104 年，此年以行新曆而改元太初），然造曆非短時間所可成，本書《律曆志》云：「姓（姓射名姓）等奏不能爲算，願募治曆者，更造密度，各自增減，以造漢太初曆。乃選治曆鄧平及長樂司馬可、酒泉候宜君、侍郎尊及與民間治曆者，凡二十餘人，方士唐都、巴郡落下閎與焉。」其事非當年所能議就，推之可知。陳遵嬀《中國天文學史》第三冊第六編第二章云：「我國歷代曆法共有一百零四種，……每行用一曆，幾乎都經過一番的爭執和數年的測驗才能決定。」〔註49〕所說甚是。太初曆的論議，應當肇自元封之初。元封元年（前 110 年）至元鳳六年（前 75 年）適爲三十六年。謂太初曆之論議，始於元封，有《後漢書‧律曆志》爲證。

《後漢書‧律曆志中‧永元論曆》云：「昔太初曆之興也，發謀於元封，啓定於天鳳，積百三十年，是非乃審。」「發謀於元封」者，上已言之。「啓定於天鳳」者，乃王莽當政之事。天鳳六年，王莽下令推定曆紀。《王莽傳下》云：「（天鳳）六年春，莽見盜賊多，乃令太史推三萬六千歲曆紀，六歲一改元，布天下。」自元封元年（前 110 年）至天鳳六年（公元 19 年），前後共一百三十年。

李銳《漢四分術》卷上曰：「《前志》云：『自漢秝初起，至元鳳六年，而是非堅定。』銳案：自太初元年，至元鳳六年，正得三十年。此文『天鳳』當作『元鳳』，『百』字衍。」王先謙《集解》引之。李銳合後事爲前事，所說不可從。而中華書局本《後漢書》采其說而改正文（3033 頁，校勘記見 3049 頁），恐不審慎。

三十二　夫曆春秋者，天時也，列人事而（目）〔因〕以天時。（979 頁）

北宋本「因」作「固」。南宋三本、殿本皆作「因」，大德本作「目」。

〔註49〕陳遵嬀《中國天文學史》第三冊，第 1396 頁。

按：「固」是。《偏類碑別字‧口部‧固字》引〈唐王美暢夫人長孫氏墓誌銘〉，固
和囙爲異體字。而《廣韻‧平聲‧眞韻》：「因，託也，仍也，緣也，就也。
亦姓。《左傳》遂人四族，有因氏，俗作曰。」「因」和「曰」爲異體字。蓋
固、囙、因形近，而因、曰形近。遂有此訛變。〔註50〕

　　就字義而論，「固＋以某」的使用，《漢書》他處四見。《高帝紀上》：「沛
公曰：『始懷王遣我，固以能寬容。』」《賈誼傳》：「及欲改定制度，以漢爲土
德，色上黃，數用五，及欲試屬國，施五餌三表以係單于，其術固以疏矣。」
《趙充國傳》：「吾固以死守之，明主可爲忠言。」《韋賢傳》：「迭毀之禮自有
常法，無殊功異德，固以親疏相推及。」均強調「原本就認爲是某事或當作
某事」之意。

　　「因以」《漢書》亦多見，其義爲「借此來做某事」。《高帝紀上》：「因以
劫眾。」《禮樂志》：「因以篡位。」大德本作「目以」，可解釋爲用四季月份
標目。

　　三字似皆可通。但此處所言強調「天時是人事之本」。春秋曆術，以天時
起，必先書年時月，而人事列於其下，即後文所謂「定命」，故可解釋爲「排
列人事本來就應該用天時起首」。因此，用「固以」較妥，適從古本。

三十三　湯武革命，順乎天而應乎人。（980 頁）

　　顏師古注曰：「離下兌上，故云金火相革。此革卦象辭。」宋本皆作「离
下」、「象辭」。南宋三本下有宋祁注：「离當作離，象辭合作象辭。」

按：中華書局本是。檢核《周易注疏》，此句係出於象辭。查《異體字字典》可知
　　「離」有異體字作「离」《宋元以來俗字譜‧佳部》有載。故此宋本作「离」
　　爲常。

三十四　故因元一而九三之以為法。（980 頁）

　　孟康注：「辰得三氣，乃能施化。」慶元本「得」作「傳」。

按：「辰得」是。九三之法，即 3^9，每辰累乘三。慶元本用「傳」字，可以體現
　　這一累乘結果，每辰傳三氣，遞相用之，化成其數。「辰得」亦通，每辰得
　　三氣，所以可以變化，即遞乘之。據孟康注行文之例看，亦以「得」較好。
　　如《律曆志上》：「天地之風氣正，十二律定。」孟康曰：「律得風氣而成聲，

〔註50〕參見「中華民國教育部」國語推行委員會編異體字字典。

風和乃律調也。」與此同例。

三十五　天有六氣。（981 頁）

　　張晏曰：「六氣，陰、陽、風、雨、晦、明也。」南宋三本有宋祁注：
　　「南本『明也』下『孟康曰：「謂日也，日有六甲故有六氣也。」』十
　　五字。」

按：孟康以「天有六氣」對應「日有六甲」，而云「天有六氣」即「日有六甲」，
　　其說恐非。《漢書・律曆志》云：「天有六氣，降生五味。夫五六者，天地之
　　中合，而民所受以生也。故日有六甲，辰有五子，十一而天地之道畢，言終
　　而復始。」

　　此處所云「六氣」，是說自然界的氣息流動所產生的變化。這種變化可以
化養萬物，使之體現出各自的性質，也就是「五味」。《尚書・洪範》所云：「一、
五行：一曰水，二曰火，三曰木，四曰金，五曰土。……潤下作鹹，炎上作
苦，曲直作酸，從革作辛，稼穡作甘。」即此。

　　這一模式縱橫交集，在天地之中化合，以養育人類。人以曆法記日，故
需仿效天地之情狀：縱（經）以天干起首，紀日有六甲之數（每甲為天干數
10），即 6×10＝60；橫（緯）以地辰起首，紀時則有五子之數（每子為地支
數12），即 5×12＝60。縱橫相交猶如天地氣流之融合，故能終而復始。故天
有六氣，紀日乃用六甲，六氣生五味，就如每日又分十二時辰，始能構成時
間循環，生生不息。

　　孟康以紀日有六甲之數，故有六氣，因果互倒，其意不明，故不可取。
又《左傳・昭公元年》：「天有六氣。」杜預注：「謂陰、陽、風、雨、晦、明
也。」與此同。

三十六　以五位乘會數，而朔旦冬至，是為章月。四分月法，以其一乘章月，是為中法。參閏法為周至，以乘月法，以減中法而約之，則（六）〔七〕扐之數，為一月之閏法，其餘七分。（983 頁）

　　六本均作「六」，南宋三本「閏法」作「閏月」。

按：「六扐」不誤，「閏月」當作「閏法」。本節文字，在於說明置閏的原則，
　　即：「朔不得中，是為閏月。」《律曆志》提到「扐」共有兩處，一是「因
　　以再扐兩之」得月法之實。二是「六扐之數」，得一月閏法。

　　「扐」當指餘數。《易・繫辭上》：「大衍之數五十，其用四十有九。分而為二，以象兩；掛一以象三；揲之以四，以象四時；歸奇於扐以象閏，五歲再閏，故再扐而後掛。」韓康伯注：「分而為二，既揲之餘，合掛於一，故曰再扐而後掛。」孔穎達疏：「再扐而後掛者，既分天地，天於左手，地於右手。乃四四揲天之數，最末之餘，歸之合於扐掛之一處，是一揲也。又以四四揲地之數，最末之餘，又合於前所歸之扐而總掛之，是再扐而後掛也。」宋張載《橫渠易說》卷三：「奇，所掛之一也。扐，左右手四揲之餘也。再扐後掛者，每成一爻而後掛也。」宋司馬光《溫公易說》卷五：「左右手之扐，皆合於所掛之一。」明程敏政撰《新安文獻志》卷三十五引胡一桂《易本義啟蒙後論》：「夫子揲之以四，以象四時者，左手之策也。至右策不復言揲，但曰再扐而後卦，是亦未嘗數之也。」

　　卜算過程中，一變包括兩扐，即左右手揲後的餘數。這裡用「扐」代指一次計算過程。即孔穎達所說天之數一扐，地之數一扐。故此，「再扐」表示完成兩次系統的計算。《律曆志》求月法之實，附會於蓍草卜算：「是故元始有象一也，春秋二也，三統三也，四時四也，合而為十，成五體。以五乘十，大衍之數也，而道據其一，其餘四十九，所當用也，故蓍以為數。以象兩兩之，又以象三三之，又以象四四之，又歸奇象閏十九，及所據一加之，因以再扐兩之，是為月法之實。」換成數學公式為：〔（1＋2＋3＋4）×5－1〕，×2×3×4＋19＋1＝1196。

　　「因以再扐」即將這個公式再計算一次，因「再扐」而「兩之」，此句式和前文因「象兩」而「兩之」同。故不需四倍，只須兩倍之。《漢書補注》引錢大昕曰：「通法又即一扐之數」，將「再扐」解釋為 1196，等同於兩個通法之和，即將「再扐」釋為兩倍，「兩之」又兩倍，非是。下文「六扐」即三次「再扐」，三變而成一爻。

　　古代曆法陰陽合曆，需要通過朔策（月）和斗分（日）的調整來編製，反映為合朔日和中氣日，須求得太陽運行週期和月亮運行週期的公倍數，構成曆法上的循環。依據實際天象觀測，19 個回歸年和 235 個朔望月日數相等，每年應有 12 又 7/19 個月，以之除以 12，得 1 又 7/228，7/228 為每月所多餘，餘數為 7。

　　劉歆為了使其玄奧，故意從中氣的角度來進行求解。即以 19 年的中氣長度（235 個月）減去 19 年朔望月分數（228 個月），以其餘數除以 19 年朔

望月分數，可知每月所餘閏分。一年 12 月論，19 年當有 228 個中氣，而 19 年實有 235 個月，兩數互質，公約數為 1，難以處理。《漢書補注》引錢大昕云：「以理論之，四分章中之一得五十七。四分章月之一得五十八又四分之三，然則五十七個中氣所餘應有一月四分月之三也。」因此，變化成月法 2392 計算。2392 和 12 的最小公約數為 4，可以進行四分，得到通法 598，其法為中氣之法和月法的公約數。《漢書補注》所引李銳法：「此四分章中以乘月法，即如四分月法以乘章中，與四分月法以其一乘章月所得之中法分，粗細正等。」即此。一扐之數等於月法的一半。六扐就等於三個月法，即四分年積分，可知，六扐之數就是四分 12 個月積分的替換說法（朔望月年積分），為 12 中氣和 12 朔望月之公約數，故求每月之閏，必以其為法。

算法如次：

會數：(3 X 9) + (2 X 10) = 47。

章月：5 X 47 = 235。

月法：2392；四分月法為通法：2392/4 = 598

中法（四分 235 個月積分）：235 X 598 = 140530

閏法：19

周至：3 X 19 = 57 即 228/4 = 57

以乘月法（四分 228 個月積分）：57 X 2392 = 136344

以減中法而約之（即 235 月積分和 228 月積分之差，再除以閏法，即 19 年之數）：140530−136344 = 4186。4186/19

六扐之數：1196×6 = 7176

其餘七分：(4186/19)/7176 = 7/228（分子為 7 分）

這個過程，即用 19 年多出來的 7 個閏月的四分月積分（586×7）除以 19 年，再除以 12 個月的四分月積分，得每月的閏積分。即：「中（中氣之法）朔（月法）相求之術」。陳澧《三統術詳說》以為，「扐」即為「歸奇象閏十九」，「再扐」即為兩個閏法（38）。以此推算，六扐則為 228，與本推結果相同。〔註51〕錢大昭以一扐為通法（598），七扐為 4186。恰為 19 年中法和月之差，故改六扐為七扐，亦可推之。〔註52〕不過就語言角度而言，都不符合《漢書》本文描述的推算過程。（說詳見本文第一章第一節「清代對《律曆志》的

〔註51〕王先謙《漢書補注》，第 480～481 頁。
〔註52〕王先謙《漢書補注》，第 408 頁。

全面研究」的「清人研究中的一些問題」部份）

　　「約」爲減省之意。《文帝紀》：「漢興，除秦煩苛，約法令，施德惠。」師古注：「約，省也。」「之」爲代詞，代表前面的閏法。在曆算上，「約之」每作「以之爲除數」意。明邢雲路《古今律曆考》卷十五：「以四章因之，得二萬七千七百五十八不盡收，而爲五十九，是爲一蔀之日也。以通數約之，凡二十九日餘四百九十九。」明徐光啓《新法算書》卷一：「得四十九又二二五之二四三一，約之，爲一十一是二二五之一八一，以並四十九得五十九又二二五之一八一。」與此同。

　　「以」爲表示承接意義的連詞，於是。《尚書·金縢》：「秋，大熟，未獲，天大雷電以風。」《禮記·樂記》：「治世之音安以樂，其政和；亂世之音怨以怒，其政乖。」諸宋本前文「四分月法」下有「爲周至是乘月法」，應是涉「爲周至以乘月法」而衍。「是」亦有連詞義，表「於是」，如《書·禹貢》：「桑土既蠶，是降丘宅土。」王引之《經傳釋詞》卷九：「是，猶於是也。」

　　「則」亦爲連詞，猶「而」。《荀子·君道》：「人主不能不有遊觀、安燕之時，則不得不有疾病、物故之變焉。」《孟子·梁惠王下》：「竭力以事大國，則不得免。」

　　「法」有作爲分母，或除數之意。《律曆志》中用例很多，如：「如日法得一，則一月之日數也。」「太極上元爲實，實如法得一。」《律曆志下·紀術》中「見月法」、「見中法」也是此意。文意爲：「三倍閏法爲周至，於是乘以月法，於是消減中法來除以閏法。而六扐之數，是求一個月閏積分所用的除數，它的餘數是 7 分。」〔註53〕《西漢文紀》及《漢魏六朝百三家集》所引劉歆《移太常博士書》均作「六扐」，亦可作爲證明。

三十七　元歲之閏，陰陽災。（984 頁）

　　蔡琪、白鷺本下有注云：「監本、越本災作交。」

按：當作「災」。三統曆一元爲 4617 歲，實際演算法同殷曆，太初改曆以殷曆第二十蔀第二章首年爲開始，距離殷曆曆元（4560）結束提早了 57 年（19×3）。〔註54〕故多出 57 歲，成爲元歲之閏。後文有「經歲四千六百五十，

〔註53〕劉操南《〈漢書·律曆志〉算釋考辨卷一》有詳細算法，證明「六扐」爲「七扐」之誤。就演算法而言，並無錯誤，只是順序不同。參見劉操南《曆算求索》，第 133～135 頁。

〔註54〕饒尚寬《古曆論稿》的「劉歆《三統曆》評議」，第 63～80 頁。

災歲五十七。」即指此。而 57 年的災歲分爲陰陽〔註 55〕，所以稱爲陰陽災。

三十八　次六百，陽五。（984 頁）

孟康注：「七八爻乘八之數也。七乘八得五百六十歲，八乘八得六百四十歲，合千二百歲也。」南宋三本有宋祁注曰：「七八爻姚本刪八字。」

按：不當刪「八」字。「七八爻乘八」總言也，後即分別乘之。

三十九　凡四千六百一十七歲，與一元終。（984 頁）

蔡琪、白鷺本下有：「宋祁曰：『別本「凡」字上有「次五百三十七」六字，眾本參校合刪。』」

按：當刪。經歲：106＋374＋480＋720＋720＋600＋600＋480＋480＝4560。災歲：陽 9＋陰 9＋陽 9＋陰 7＋陽 7＋陰 5＋陽 5＋陰 3＋陽 3＝57。應是前文脫漏「四百八十」一次，而改者不明其義，按照 4617 年爲總年歲，增補 537年，以合該數。

四十　故善僖「五年春王正月辛亥朔」云云（984 頁）

殿本作「魯僖」，四宋本及大德本作「善僖」。《漢書補注》引杜預注：「魯君不能常修此禮，故善公之得禮。」王先謙曰：「官本作『魯』，據杜注疑『善』字是。」

按：「善僖」是。「善」爲意動用法，謂魯僖公五年所行之事甚善也。引文見《春秋左傳·僖公五年》，其正月（此用周正）辛亥朔日，適逢冬至，魯君祭太廟告朔並聽政，觀天象雲色，以防備災禍。此舉合於禮法，故以其行爲爲善。「僖」字當置於引號中，雖《左傳》文中未出此字，然引者心中當有此字方才通順。

「善」之意動用法，古籍常見。《公羊傳·僖公二十一年》：「公與爲爾奈何？公與議爾也。」何休注：「善僖公能與楚議，釋賢者之厄。」《公羊傳·定公十二年》：「孔子行乎季孫，三月不違。曰：『家不藏甲，邑無百雉之城。』於是帥師墮郈，帥師墮費。」何休注：「書者，善定公任大聖復古制，弱臣勢也。」

〔註 55〕《漢書·律曆志》第 984 頁。

四十一　是以《春秋》曰：「舉正於中。」又曰：「閏月不告朔，……何
　　　　以為民？」（984 頁）

　　顏師古注：「自此以上，皆左氏傳之辭。」蔡琪、白鷺本作「以下」

按：當作「以上」是。「又曰」所引爲《左傳‧文公六年》文。其後引《左傳‧僖
　　公五年》文，已標明出處，故無須注解。依照行文體例，無出處始注，「以下」
　　無所著落。故蔡琪、白鷺本誤。

四十二　故曰「制禮上物，不過十二，天之大數也」。（984 頁）

按：此文出自《左傳‧哀公七年》，文云：「周之王也，制禮，上物不過十二，以
　　爲天之大數也。」是謂天子之大禮，亦不過用十二牢而已。周天不過分十二
　　次，是用牢不可超過十二，不可超越天之大數也。故此文標點，當作「制禮，
　　上物不過十二」，「制禮」句，「上物」屬下讀。

四十三　如淳曰：「……《易》天之數曰：『立天之道，曰陰與陽。』繫
　　　　天故取其奇為災歲數。八十歲則甲子冬至，一甲子六十日，一
　　　　歲三百六十日，八十歲，得四百八十甲子又五日。五八四十，
　　　　為四百日又四分日之一。八十歲有八十分，八十分為二十日，
　　　　凡四百八十日，得七十甲子。八十歲合四百八十七甲子，餘分
　　　　皆盡，故八十歲則一甲子冬至也。」（987 頁）

按：此文標點錯訛甚多，文中復有錯訛之字，如此則不可卒讀。

　　此文謂每年爲三百六十五日又四分之一日，八十年遂有一整數之甲子，
於是可以復歸於甲子爲冬至。其說明八十年有整數之甲子，則分三段計算。
第一段，以三百六十日乘以八十，得二萬八千八百日，合四百八十甲子；第
二段，以五日乘以八十，得四百日；第三段，以四分之一日乘以八十，得二
十日。將第二段及第三段總計爲四百二十日，合七甲子。將此三段總計，則
爲四百八十七甲子。

　　故此文當校改並標點作：「八十歲則甲子冬至。一甲子六十日。一歲三百
六十，八十歲得四百八十甲子。又五日，五八四十，爲四百日。又四分日
之一，八十歲有八十分，八十分爲二十日。凡四百二十日，得七甲子。八十
歲合四百八十七甲子，餘分皆盡，故八十歲則一甲子冬至也。」文中，「凡四
百八十日，得七十甲子」，上句「八十」當作「二十」，下句「十」字衍。此

兩處王元啓《漢書律曆志正譌》朱一新《漢書管見》卷二、周正權《漢書補
注訂誤》（僅《律曆志》）皆已言之。

四十四　紀母（992 頁）

　　六本均作「統母」。《漢書補注》引李銳曰：「統母是紀母之誤，下推五星
　　日紀術可證。」

按：「統母」不須改。《說文‧糸部》：「統，紀也。」兩字都有絲緒，綱紀的意
　　思。《律曆志》以日月斗三辰爲三統，五星爲五行構建曆法系統〔註56〕。統
　　母包括日月運行資料和五星運行的曆算資料。五星運行資料是以日月運行數
　　據爲基礎的，比如歲星週期以日運行一年爲計算標準，見中分以中氣和歲星
　　週期爲計算標準。兩者之間互相對應，以保持天象、人事、曆法的統一，皆
　　可以稱爲「統母」，兩者一爲日月，一爲五星，故此兩提。

　　　　所謂「統術、紀術」，都是使用「統母」進行計算，「統術」爲據「統母」
　　推算日月運行狀況；「紀術」爲據「統母」推算五星運行的狀況，因此連推五
　　步也併入其中，對日月五星的「統母」資料都有涉及。由於其運算公式以日
　　月運行的軌道爲參照，確立五星所在位置。以此校核曆法推演，並對應人事
　　變化。即《律曆志》所云「三辰五星而相經緯也。」不僅僅是指五星的運行
　　情況。因此，不必有「紀術」，必有「紀母」。

四十五　金火相乘……積月十九，月餘三萬二千三十九。（993 頁）

　　四宋本均作「三萬二千二十九」。

按：中華書局本是。這裡的積月指的是金星多少月出現一次。由於 19 年實際月數
　　和太陽運行天數對等，無餘數。故取 19 年，以兩者公倍數爲算。算法如下：

　　金星大周：3456
　　十九年月數：19×12＝228（章中）；十九年閏月數：7
　　金星大周會和日月運行 19 年的實際月數：228×3456＋24192（見閏分＝7×
　　3456）＝812160
　　金星復數（金星大週期間可見到的次數）：2161（見中法）
　　19 年金星復數：19×2161＝41059（見月法）
　　金星幾月可見一次：812160/41059＝19……32039。19 爲積月，32039 爲月餘。

〔註56〕《漢書‧律曆志》，第 985 頁。

〔註 57〕

四十六 晨中分……積中十，中餘千七百一十八。（「十」一作「七」）
（994 頁）

　　六本均作「七」。

按：「積中十」是。此算求平均多少中氣晨見金星一次。《律曆志下》：「東九西
　　七乘歲數，並九七爲法，得一，金、水晨夕歲數。」金星大周用晨九夕七的
　　比例相乘，再除以九和七之和。可知晨見 1944 歲，夕見 1512 歲。依據這個
　　比例，晨中分即爲 9/16 乘以見中分（金星大周中氣數，一年 12 中氣：3456
　　×12＝41472）。以晨中分（23328）除以見中法（2161）即得積中 10,中餘
　　1718。〔註 58〕

四十七 土木相乘……積中十二，中餘千七百八十。（994 頁）

　　大德本做「積中十一」。南宋三本有宋祁注：「別本『十二』作『十一』。」

按：「十二」是。此算求土星平均多少中氣一見。土星大周爲 4320，以見中分
　　（4320×12＝51840）除以見中法（4175）可得積中 12，中餘 1740。

四十八 火經特成……見月法十二萬二千九百一十一。（「二千」一作
　　　　　「一千」）（995 頁）

　　慶元本、殿本作「一千」。

按：「二千」是。此條求火星大周和日月運行會合次數。以見中法（6469）乘以
　　19 年。得 122911。

四十九 水經特成……積中三，中餘三萬二千四百六十九。（996 頁）

　　四宋本及大德本「三萬二千」作「二萬三千」。殿本作「二萬二千」。

按：「二萬三千」是。此算求水星平均多少中氣一見。水星大周 9216。見中分
　　（9216×12＝110592）除以見中法（29041），得到積中 3，中餘 23469。

〔註 59〕

〔註 57〕 劉操南《曆算求索》，第 170～171 頁。
〔註 58〕 劉操南《曆算求索》，第 171 頁。
〔註 59〕 劉操南《〈漢書・律曆志〉算釋考辨卷二》，亦以此數爲「二萬三千」（參見劉
　　　　操南《曆算求索》，第 133～135 頁。）

五十　東九西七乘歲數，並九七為法，得一，金、水晨夕歲數。（997 頁）

白鷺本「西七」作「四七」南宋三本有宋祁注：「一本水作木。」

按：「西七」、「水」是。「東九西七」指兩星大周晨見和夕見的比例，運算參見第
四十四條。查五步即知，五星中水星和金星有晨見和夕見，木星只見於晨。

五十一　五步中「一見」、「一復」。（998～1000 頁）

六本均作「壹見」、「壹復」。殿本及南宋三本有劉敞注文曰：「三百九
十八日五百一十六萬三千一百二分者，通計上文見伏之日分也。今作
『壹見』字，疑後人妄改之，以下文金晨見伏夕見伏推之可知。」後
文各「一見」、「一復」後皆有注，類此。

按：「一、壹」並通。《周禮‧秋官》：「邦畿方千里，其外方五百里，謂之侯服。
歲壹見其貢祀物。」《儀禮‧聘禮》：「公於賓壹食再饗。」鄭玄注：「古文壹
皆爲一。」劉敞以爲「壹見」單獨表示五星出現的日分，不包括伏日，非是。
《漢書集釋》引錢泰吉曰：「木、土、火稱一見者，以見統伏也。金、水稱以
復者，以復該晨夕也。」盧文弨《讀史箚記》亦稱：「則前所云『見數、復數』
即一見一復之數，復者猶言再見也。」〔註60〕五星從見到伏屬於一次出現，
故此成爲一見。金、水二星有晨見和夕見，所以稱爲一復（復見）。

五十二　推天正，以章月乘（人）〔入〕統歲數。（1001 頁）

四宋本及殿本均作：「人統」，大德本作「入統」。錢大昕《廿二史考異》
曰：「人當作入。」〔註61〕後文「推冬至，以（算）〔策〕餘乘（人）〔入〕
統歲數」類此。

按：「入統」是。天正是三統曆之仲統。推算法爲以章月（235）乘以上元至今
年數（人統歲數）除以章歲（19），求積月和閏餘。由於三統曆各差一章 19
年。所以求地正須積月加一，人正須積月加二。三正以仲季孟爲序，構成
一元，滿元法則除去；不滿元法，滿統法再除之，故入統歲數即爲餘數，
便於計算。

五十三　推冬至，以（算）〔策〕餘乘（人）〔入〕統歲數。（1001 頁）

〔註60〕施之勉《漢書集釋》，第 2127 頁。盧文弨著，劉世珩校《讀史箚記》的「律
曆志條」《國學珍籍彙編》，台北：台北廣文書局，1977 年。
〔註61〕錢大昕《廿二史考異》，第 78 頁。

　　四宋本、大德本皆作「籌餘」。殿本作「算餘」。

按：「策餘」是。《統母》有「策餘」而無「籌餘」、「算餘」。策有蓍草意，籌有竹籌意，文意得通，故誤。後文「推五行，其四行各七十三日，統（歲）〔法〕分之七十七〔註62〕」。以周天（562120）除以五行，每行 112424，再除以 1539，得 73 又 77/1539。1539 即是統法，又是一統之歲。故六本皆作「統歲」，是數字同而通用。

五十四　求八節，加大餘四十五，小餘千一（百）〔十〕。（1001 頁）

　　北宋、大德本作「千一十」，南宋三本及殿本作「千一百」，有林文炳注：「當作小餘千一十。當云『求二十四氣，加大餘十五，三分其小餘千一十。』蓋傳寫顛倒漏一『分』字。」

按：「千一十」是。以中氣爲算，一年 12 中氣，每氣 15 日，則 360 日，八分之，爲大餘 45 日。策餘 8080，八分之，爲小餘 1010。循算，適從北宋本。林文炳所注非是，求二十四氣，即再次三分每節之大小餘。每節長度爲 45 又 1010/1539 日（以統歲爲法，是化成統歲週期的日分，便於取整），三分之爲 15 日。1010 三分之不是整數。故以 1010/1539 乘以 3 倍，得到 3030/（1539×3），三分之小餘仍爲 1010，而法由統歲變成元法。是爲「三其小餘」，後句「推中部二十四氣，皆以元爲法。」即指此。〔註63〕

五十五　推中部二十四氣，皆以元為法。（1001 頁）

　　六本均做「中部」。劉操南云：「中節二十四氣，局刻本如此。」〔註64〕

按：「中部」亦通。「部」在此作「分派、部署」意。前第三十條「都分天部」孟注：「謂分部二十八宿爲距度。」此處「分部」同義連文。《史記》、《漢書》中亦有他例證之。〔註65〕「部」也單獨作「分派」意，如《平帝紀》即有：「大司農部丞十三人，人部一州，勸農桑。」

據此，當斷爲「推中，部二十四氣。」即推算中氣所在（知中氣乃可置閏排曆），部署分派二十四節氣都用一元作法。「中」表示「中氣」，本志中常見，如後文「推星所見中次」、「推入中次日度數」。

〔註62〕南宋三本下有：「宋祁曰：『十七當作十四。』」循算非是。
〔註63〕劉操南《曆算求索》，第 219～220 頁。
〔註64〕劉操南《曆算求索》，第 220 頁。
〔註65〕參見第 135 條腳註。

五十六 「推五星見復……乘大統見復數」云云。（1002 頁）

北宋、大德本「大統」作「大終」。南宋三本有宋祁注：「景本『大統』作『大終』。」

按：「大終」是。此算目的在於求直至所求年最近一次見到五星的年份。演算法為用五星出現的大週期比率（如土星 1728 年出現 1583 次，即為 1583/1728）乘以所求年數。可以得到直到所求年所見的五星次數（定見復數）。餘數部分叫見復餘，見復餘大於見復數（即見數和復數），即五星已經走過一個見復週期，其出現就在前一年，如果兩倍於見復數，就出現在前兩年。比見復數小則為今年。

「終」有完結意，行星在天空中運行一周也叫終，《左傳‧襄公九年》：「十二年矣，是謂一終，一星終也。」杜預注：「歲星十二歲而一周天。」故此，「大終」就是五星運行大周天意（無餘數）。後文有「九終千五百三十九歲而大終」，指太陽運行的大周天，意義與此同。

五十七 推入中次日度數……中（次）〔以〕至日數，次以次初數。
　　　（1003 頁）

六本均作「中次」。

按：「中以」是。此處中為「中氣」，次為「次度」。中氣從至日（中氣日）開始計數，次度從最初次開始計數。上文「推星所見中次」云「中數從冬至起，次數從星紀起。」同此。六本當涉前「中次」而誤改。

五十八 推五步，……數起星初見（星宿）所在宿度，算外，則星所在宿度也。（1004 頁）

六本均有「星宿」二字。李銳《漢三統術》卷中云「『星宿』二字衍。」中華本即據刪。

按：有「星宿」是。此言「五步」之計算法，以五星在天空中初現之位置為始點（數起星初見星宿所在宿度），推算五星目前所處之位置。

《漢志》中定日月與五星之位置，以黃道二十八宿為座標，每宿度數不等，而自成起訖。一周天共為三百六十五又四分之一度，又平分周天為「星紀……析木」等十二次。於是有星宿跨越兩次者，如婺女宿八度後屬玄枵，八度前屬星紀。日月五星位置之標示法為「次－星宿－度數」，如「歲在星紀

婺女六度」，指木星在星紀（次）婺女（星宿）六度（婺女度數）。他如「歲
在大火房五度」、「歲在鶉火張十三度」、「日在析木箕七度」，均如此。

亦可將「次」省去，只出「星宿－度數」者，如「月在房五度」。

亦有將「星宿－度數」與「次－度數」結合以表示某行星之位置者，如
「歲在大棣之東井二十二度，鶉首之六度也。」謂木星在東井（星宿）二十
二度（東井度數），此座標亦即鶉首（次）六度（次之度數）。東井十六度前
在實沉，十六度後在鶉首，故東井二十二度，在鶉首之六度也。所謂大棣者，
即敦牂之歲，亦即午年。

此文云「數起星初見星宿所在宿度」者，是用上述之第二種表述法。謂
某行星初見於某星宿所在之某個宿度，以此數作為計算之始點。「星宿」指行
星所在某星宿，「宿度」指行星所在某星宿之度數。疑「星宿」二字衍者，是
認為「宿度」已表示某星宿某度數，但是和原意似有扞格。

五十九　次度。六物者，歲時（數）日月星辰也。（1005 頁）

六本均有「數」字。

按：不當有「數」。《補注》引錢大昕曰：「數字衍。」《左傳·昭公七年》：「公
曰：『何謂六物』對曰：『歲時日月星辰，是謂也。』」當知六物無「數」。《左
傳》前文云：「晉侯謂伯瑕曰：『吾所問日食，從矣，可常乎。』對曰：『不
可，六物不同，民心不壹。』」可知「六物」須齊同。故歲當指歲星、時指
冬至點（知冬至才能定四時）、日月即為日月運行，星指餘下四星，辰指斗
建。《律曆志》云：「斗綱之端連貫營室，織女之紀指牽牛之初，以紀日月，
故曰星紀。五星起其初，日月起其中，凡十二次。」又云：「宦者淳于陵渠
復覆太初曆……，日月如合璧，五星如連珠。」在曆法之起點，六物齊同。

《漢書補注》「次度」二字下引李銳曰：「此二字衍。」李說非是，本段
文字所說的是二十八宿所分的次度。「六物者」前無所承，後無所表。當連上
為：「次度六物者，歲時日月星辰也。」『度』為丈量計算義。十二次是六物
在天空中位置的計算標準，故有此義。《刑法志》：「鰥寡不屬逮者，人所哀憐
也。」句式與此類。

六十　三統曆干支（1008～1010 頁）

劉歆三統曆按甲子（仲統）、甲辰（季統）、甲申（孟統）編排，以孟統
紀事。其自注太初改曆前年號對應皆為孟統干支，太初改曆後年號對應

仲統干支。

（一）「甲申三統……丁丑」下自注：「文王四十二年」。北宋本做：「三十二」。南宋三本有注：「宋祁曰：『景本作三十二年。』」

按：「四十二」是，《律曆志・世經》有「文王四十二年十二月丁丑朔旦冬至。」

《補注》引錢大昕曰：「二十八」，錢注在於說明丁丑爲孟統第二十八章首日，非正其年數。

（二）「甲申三統……乙亥」下自注：「微二十六年。」北宋本此條在「壬申」下；慶元本作「七十二」，有宋祁注：「景本作二十六年。」蔡琪、白鷺本有宋祁注：「監本、越本作『微二十六年』在壬申下。」

按：中華書局本是。《世經》有「微公二十六年正月乙亥朔旦冬至。」

（三）二，癸卯……（二）〔三〕十八，甲午。四十七，壬辰。……六十五，戊子。

「二十八」六本均作「三十八」

按：「三十八」是。本條爲仲統各章首日干支，第二十八章爲丁巳。

北宋本「四十七」作「四十九」，南宋三本下有宋祁注：「別本作四十九」。

按：當作「四十七」，第四十九章爲壬子，季統第四十九章爲壬辰，或以爲前「二」字爲季統標目而誤。

北宋本「戊子」作「戊午」，南宋三本有宋祁注：「景本作戊午。」

按：仲統第六十五章首日當作「戊子」。

（四）癸亥……己未。丁巳

北宋本「己未」作「乙未」。南宋三本有宋祁注：「景本作乙未。」

按：當作「己未」。本條是孟統各章首日干支，循例，應是第二十章首日干支。

北宋本「丁巳」作「丁酉」。南宋三本有宋祁注：「景本作丁酉。」

按：當作「丁巳」。循例，應爲孟統第二十九章首日干支。

（五）三、癸未……五十七、庚子。

四宋本、元大德本均作「庚午」。

按：「庚午」是。劉操南亦云「庚午」是，中華本未出校。〔註66〕本條所列是仲統各章首日干支。

〔註66〕參見劉操南《曆算求索》第 250 頁。

（六）「癸卯……壬辰。庚寅。」自注：「成十二年。」

　　北宋本「壬辰」作「壬申」。

按：「壬辰」是。本條所列爲孟統各章首日干支。循例，應是第四十八章壬辰。或
　　涉仲統四十八章壬申而誤。

　　北宋本「成十二年」作「十一年」。南宋三本有宋祁注：「景本作十一年。」

按：「十二年」是。《世經》有：「成十二年正月庚寅朔旦冬至。」

（七）「四、癸亥」下自注：「初元二年。」

　　北宋本無此條自注。南宋三本有宋祁注：「景本闕『初元二年』四字。」

按：當補。《世經》有「初元二年十一月癸亥朔旦冬至。」此爲太初改曆後，以仲
　　統紀事。

（八）「癸未……壬申」自注：「惠三十八年。」

　　北宋本無此條自注。南宋三本有宋祁注：「景本闕『惠三十八年』五字。」

按：當補。此條爲孟統各章首日干支，《世經》有「惠公三十八年正月壬申朔旦冬
　　至。」

（九）「癸未……乙丑，季」自注：「商太甲元年。」

　　北宋本作「商太甲元年，楚元年。」南宋三本有宋祁注：「太甲元年當在
楚元三年上。」

按：中華書局本是。此處做「商太甲元年」是指復得商太甲元年首日。季統爲
　　丑正，商亦丑正，故列於其下。宋祁不明是理，以爲循舊例，王公紀年當
　　在孟統「乙巳」之後，自注：「楚元三年」之上。南宋三本有宋祁注：「景
　　本無『三』字。」今核北宋本「乙巳」下仍有「楚元三年」，可知北宋本當
　　是移宋祁所見「景本」下「楚元年」三字到「商太甲元年」後，而後人遞
　　修又去「楚元年」，而重補「楚元三年」四字於「乙巳」下。

（十）「壬寅……辛卯。乙丑。丁亥。」自注：「康四年。」

　　北宋本無「乙丑、丁亥」四字。南宋三本有宋祁注：「景本闕『康四年』
四字。」

按：當補四字。「康四年」北宋本在「辛卯」下有。《世經》有「康公四年正月丁
　　亥朔旦冬至。」

（十一）「七、壬戌……三十四，乙卯。……五十二，辛亥。」

　　殿本「三十四」作「二十四」。

按：殿本誤。本條是仲統各章首日干支，第三十四章爲乙卯。

南宋三本「辛亥」下有宋祁注：「改作辛巳。」

按：辛巳爲仲統十二章首日干支，此處爲第五十二章，循算「辛亥」是，不當改。（詳見本文第一章第一節「宋代的版本校勘研究」部份。）

（十二）壬午……己巳。」自注：「定七年。」

北宋本作「定十一年。」南宋三本有宋祁注：「景作十一年。」

按：「七年」是。《世經》有：「定公七年正月己巳朔旦冬至。」南宋本有宋祁注：「定公七年當作十年。」〔註 67〕據《世經》，成公十二年正月朔旦冬至，距定公七年七十六歲。成公在位十八年，其子襄公在位三十一年，襄公子昭公在位三十二年。〔註 68〕據算式：（18-12）＋31＋32＋7＝76 年。故定公七年復得朔旦冬至日。「十一」當是刻寫「七」字分離爲「十、一」所致。〔註 69〕

六十一　則為距伐桀四百五十八歲，少百七十一歲，不盈六百二十九。（1014 頁）

南宋三本有宋祁校語曰：「景本無『二十九』三字。」

按：兩說並通。前文有：「故傳曰殷『載祀六百』。」而據三統曆所推，應是 629 年。古人指歲多有虛指。458 不滿 600，可稱不盈六百。

六十二　明日壬辰，晨星始見。（1015 頁）

師古注：「晨，古晨字也。其字從臼。臼音居玉反。」慶元本作「居六反」。

按：「晨」字當從「臼」，不從「臼」。南宋三本有宋祁注：「姚氏校晨作晨，從臼。臼改作臼臼。」（此處疑有衍文及訛字。當作：「姚氏校晨作晨，從臼。臼改作臼。」）

臼，《廣韻·上有》作「其九切」，上聲。居玉切和居六切所切字均屬入聲。《龍龕手鏡·門部第八》有：「閶，居六反，閑閶也」，可知「臼」音居六反，與臼不同，當改。

〔註 67〕此處如按景本「成公十二年」作「十一年」，「定公七年」作「十一年」。故宋祁推爲「十年」

〔註 68〕《漢書·律曆志》，第 1020～1021 頁。

〔註 69〕《三統曆》干支情況可參見饒尚寬《古曆論稿》的「《殷曆》與《三統曆》章部對照表」，第 76～80 頁。

六十三　乃以庶國祀馘與周廟（1016 頁）

師古曰：「截耳曰馘，音居獲反。」南宋三本有宋祁校語：「姚氏校截作
截。」元大德本作「䣝耳」。

按：宋祁校語當做「姚氏校截作䣝」。《說文·戈部》：「䣝，斷也。從戈、雀聲。」
《玉篇·戈部》：「䣝，在節切，齊也，治也，斷也。今作截。」《廣韻·入
屑》：「䣝，《廣雅》云：『盛也，斷也。』或作截。」「䣝」是「截」的古字，
今宋本作「截」，姚氏以爲本字應是「䣝」字，故出此校語。

結　語

　　《漢書·律曆志》所記載的內容，在今天看來，有很多不符合現代科學，甚至於牽強附會的地方。這裡的原因大約有三個。

　　一是漢人對於客觀自然的認識，並不能超越當時的科技和經濟發展水平。其所有的分析只能建立在當時的實際觀測數據之上，有所偏差在所難免。如歲星超次問題，漢人雖然有所發現，但是其具體數據有誤。從而據此推算出來的木星所在就不可能正確。

　　二是制曆者在思想認識上，信奉「天人合一」的觀念。而自然世界的變化並不能如人想像的那樣完全一致。爲了使自己的認識能夠和天道統一，在具體操作之中，也會忽略科技發展實際情況和自然規律。

　　如《國語·周語下》記有伶州鳩所述伐紂天象，《漢書·律曆志》對此加以考證，以證明曆法的實際有效性。其中有「星在天黿」一句表明水星當時走在玄枵次初。此時水星進入和太陽會合期，故云「晨星與婺女伏。」（婺女八度爲玄枵次初度，算法參見第三章「五星運行位置對曆法的參照作用」部份），在太陽的光芒之中，根本不能見到水星。因此只能推算得出。而距漢代千餘年前的周武王時期，是否具有這樣的觀測水平和計算能力，都不可得知。由此可以知道，這只是《國語》的作者根據當時的天文測算水平逆算出的天象，以造成符合自然規律的理想狀態。制曆者或明知其非，但是爲了證明的需要，也就照此引證。〔註1〕

　　三是受到政治環境的限制，制曆者有著自己的政治觀點和傾向，甚至還

〔註1〕　張培瑜《試論〈左傳〉〈國語〉天象紀事的史料價值》，《史學月刊》2009年第1期。

要符合統治者的要求，這些人爲因素不可避免地參加到曆法修訂的實際活動中，如「八十一分法」的確定和選用，不僅僅是符合曆法推算的需要，同時也是因爲這個數字符合黃鐘之律，黃鐘色尚黃，和黃帝同色，應和了漢武帝與黃帝俱登仙的主觀願望。

不過，僅就《漢書‧律曆志》自身體系來說，其邏輯的縝密性，體系的完備性都是很值得參考和注意的。尤其使用公式化的計算方式來推演天象和曆法，簡化了程序，突破了傳統的逐步逐年推算的模式，可謂開一代風氣。而總集漢代天文觀測朝野成果，對五星數據的大量採用、上元大週期的設定、月食週期的併入，都打破了傳統頒曆僅討論日月運行週期的情況，使得天文學研究初具雛形。這些模式都爲後來的律曆研究者們提供了範本。

在思想上，《漢書‧律曆志》力圖從客觀自然世界找出規律，以數字來描述客觀事物之間的關係，使人類的行爲活動符合天地自然之道。雖然囿於上述原因，產生了一些附會之辭，但是其從數算出發，以天文觀測數據爲演算基礎，爲宇宙（天道）思想提供了具體的依託，不能不說其研究的出發點也是本著客觀求實的態度的。對於《漢書‧律曆志》的研究必須結合當時的實際情況，利用現代科學成果和科學的研究手段，對文獻內容進行理解和闡釋。既不要脫離現實來假想文本的內容，也不要忽略文獻記錄和當時的認識程度只討論客觀存在。這是我們在參考這些資料的時候，需要認眞考慮和區別對待的。

參考文獻

1. 〔漢〕班固，漢書〔M〕，北京：中華書局，1962。

2. 〔漢〕班固，漢書〔M〕，北京：北京圖書館出版社，據中國國家圖書館藏北宋刻本影印，2003。

3. 〔漢〕班固，漢書〔M〕，北京：北京圖書館出版社，據中國國家圖書館藏宋蔡琪家塾刻本影印，2003。

4. 〔漢〕班固，漢書〔M〕，北京：北京圖書館出版社，據中國家圖書館藏宋嘉定十七年白鷺洲書院刻本影印，2003。

5. 〔漢〕班固，漢書〔M〕，北京：北京圖書館出版社，據中國國家圖書館藏元大德九年太平路儒學刻明成化正德遞修本影印，2005。

6. 〔漢〕班固，漢書〔M〕，北京：北京圖書館出版社，據北京大學圖書館藏宋慶元元年建安劉元起刻本影印，2006。

7. 〔漢〕班固，漢書〔M〕，光緒癸卯冬十月五洲同文書局石印本。

8. 〔漢〕許慎，説文解字〔M〕，天津：天津市古籍書店，1991。

9. 〔漢〕司馬遷，史記〔M〕，北京：中華書局，1959。

10. 〔秦〕呂不韋撰，〔漢〕高誘注，呂氏春秋〔M〕，文淵閣四庫全書本，冊848，上海：上海古籍出版社，1987。

11. 〔漢〕劉安撰，〔漢〕高誘注，淮南鴻烈解〔M〕，文淵閣四庫全書本，冊848，上海：上海古籍出版社，1987。

12. 〔漢〕王充，論衡〔M〕，文淵閣四庫全書本，冊862，上海：上海古籍出版社，1987。

13. 〔漢〕徐岳，數術記遺〔M〕，文淵閣四庫全書本，冊797，上海：上海古籍出版社，1987。

14. 〔晉〕王弼注，〔唐〕孔穎達疏，周易兼義〔M〕，明嘉靖中福建刊本。

15. 〔晉〕郭象撰，莊子注，〔M〕，文淵閣四庫全書本，冊1056，上海：上

海古籍出版社，1987。

16. 〔劉宋〕范曄，後漢書〔M〕，北京：中華書局，1965。

17. 〔梁〕沈約，宋書〔M〕，北京：中華書局，1974。

18. 〔宋〕羅泌，路史〔M〕，文淵閣四庫全書本，冊 383，上海：上海古籍
出版社，1987。

19. 〔明〕來知德，周易集注〔M〕，上海：上海古籍出版社，1990。

20. 〔明〕邢雲路，古今律曆考〔M〕，文淵閣四庫全書本，冊 787，上海：
上海古籍出版社，1987。

21. 〔清〕梅文鼎，曆算全書〔M〕，文淵閣四庫全書本，冊 794，795，794，
上海：上海古籍出版社，1987。

22. 〔清〕莊亨陽，莊氏算學〔M〕，文淵閣四庫全書本，冊 802，上海：上
海古籍出版社，1987。

23. 〔清〕王先謙，漢書補注，〔M〕，北京：中華書局，1983。

24. 〔清〕王念孫，讀書雜誌，〔M〕，南京：江蘇古籍出版社，1985。

25. 〔清〕王引之，經傳釋詞，〔M〕，長沙：岳麓書社，1984。

26. 〔清〕趙翼，廿二史劄記〔M〕，上海：商務印書館，1937。

27. 〔清〕錢大昕，廿二史考異，續修四庫全書〔M〕，第 454 冊上海：上海
古籍出版社，2002。

28. 〔清〕錢大昕，三統術衍〔M〕，清嘉慶刻本。

29. 〔清〕陳澧，三統術詳說〔M〕，光緒廣雅書局刻本。

30. 〔清〕李銳，漢三統術，李氏遺書〔M〕，清道光三年儀征阮氏刻本。

31. 〔清〕成蓉鏡，三統術補衍，叢書集成續編〔M〕，冊 79，台北：新文豐
出版公司，1988。

32. 〔清〕成蓉鏡，漢太初曆考，叢書集成續編〔M〕，冊 79，台北：新文豐
出版公司，1988。

33. 〔清〕董祐誠，三統術衍補，叢書集成續編〔M〕，冊 79，台北：新文豐
出版公司，1988。

34. 〔清〕汪曰楨，歷代長術輯要、古今推步諸術考，叢書集成續編〔M〕，
冊 79，台北：新文豐出版公司，1988。

35. 〔清〕朱一新，漢書管見〔M〕，拙庵叢稿本。

36. 〔清〕王元啓，漢書律曆志正譌，二十五史補編〔M〕，上海：開明書店，
1937。（本書所收《漢書律曆志正譌》僅一卷，缺《律曆志下》部份）

37. 〔清〕周壽昌，漢書注校補〔M〕，清光緒十年小對竹軒本。

38. 〔清〕周正權，漢書律曆志補注訂誤，二十四史訂補〔M〕，書目文獻出

版社，1996。

39. ［清］阮元校刻，十三經注疏〔M〕，北京：中華書局，1980。

40. 數理精蘊，文淵閣四庫全書本，冊800

41. 施之勉，漢書集釋〔M〕，台北：三民書局，2003。

42. 劉操南，曆算求索〔M〕，杭州：浙江大學出版社，2000。

43. 劉操南，古代天文曆法釋證〔M〕，杭州：浙江大學出版社，2009。

44. 饒尚寬，古曆論稿〔M〕，烏魯木齊：新疆科技衛生出版社，1994。

45. 饒尚寬，春秋戰國秦漢朔閏表〔M〕，北京：商務印書館，2006。

46. 張聞玉，古代天文曆法講座〔M〕，桂林：廣西師範大學出版社，2008。

47. 白尚恕，《九章算術》注釋〔M〕，北京：科學出版社，1983。

48. 曲安京，《周髀算經》新議〔M〕，西安：陝西人民出版社，2002。

49. 曲安京，中國科學技術史綱·數學卷〔M〕，瀋陽：遼寧教育出版社，2000。

50. 紀志剛，孫子算經、張邱建算經、夏侯陽算經導讀，〔M〕，武漢：湖北教育出版社，1999。

51. 馮時，星漢流年──中國天文考古錄〔M〕，成都：四川教育出版社，1996。

52. 陸思賢、李迪，天文考古通論〔M〕，北京：紫禁城出版社，2000。

53. 陳遵媯，中國天文學史，第一冊〔M〕，上海：上海人民出版社，1980。

54. 陳遵媯，中國天文學史，第二冊〔M〕，上海：上海人民出版社，1982。

55. 陳遵媯，中國天文學史，第三冊〔M〕，上海：上海人民出版社，1984。

56. 張岱年，張岱年學術論著自選集〔M〕，北京：首都師範大學出版社，1993。

57. 張汝舟，二毋室古代天文曆法論叢〔M〕，浙江：浙江古籍出版社，1987。

58. 黎翔鳳撰，梁運華整理，管子校注〔M〕，北京：中華書局，2006。

59. 張培瑜，三千五百年曆日天象〔M〕，鄭州：大象出版社，1997。

60. 劉洪濤，古代曆法計算法〔M〕，天津：南開大學出版社，2003。

61. 劉坦，中國古代之星歲紀年〔M〕，北京：科學出版社，1957。

62. 李玲璞主編，古文字詁林〔M〕，上海：上海教育出版社，2000。

63. ［日］林謙三著、錢稻孫譯，東亞樂器考〔M〕，北京：人民音樂出版社，1962。

64. 唐作藩，上古音手冊〔M〕，南京：江蘇人民出版社，1982。

65. 陳垣，校勘學釋例〔M〕，北京：中華書局，1959。

66. 楊伯峻，春秋左傳注〔M〕，北京：中華書局，1981。

67. 林申清，宋元書刻牌記圖錄〔M〕，北京：北京圖書館出版社，1999。

68. 周大璞，訓詁學初稿〔M〕，武漢：武漢大學出版社，2002。

69. 宣煥燦，天文學史〔M〕，北京：高等教育出版社，1992。

70. 文淵閣四庫全書（電子版）〔DB〕，上海：上海人民出版社，1999。

71. 紀昀、永瑢等編，景印文淵閣四庫全書，〔Z〕，台北，台灣商務印書館影印，2008。

72. 許嘉璐主編，二十四史全譯〔M〕，上海：世紀出版集團‧漢語大詞典出版社，2004。

73. 宗福邦、陳世鐃、蕭海波，故訓匯纂，〔M〕，北京：商務印書館，2003。

74. 王彥坤，歷代避諱字彙典〔M〕，鄭州：中州古籍出版社，1997。

75. 「中華民國教育部」國語推行委員會編，異體字字典，台北：2003 年 6 月光碟版。

76. 漢語大字典編輯委員會，漢語大字典〔M〕，武漢：湖北辭書出版社，成都：四川辭書出版社，1990。

77. 北京圖書館編，中國版刻圖錄〔M〕，北京：文物出版社，1961。

78. 尾崎康，正史宋元版の研究〔M〕，東京：汲古書院，1989。

論 文

1. 朱政惠，海外學者對中國史學的研究及其思考〔J〕，史林，2006 年第 4 期。

2. 鄒大海，李儼与中國古代圓周率〔J〕，中國科技史料，2001 年第 2 期。

3. 王怡，三分損益法——中國古代最早確定樂音數學規律的方法〔J〕，山西大同大學學報（自然科學版），2007 年 1 期。

4. 彭玉鯨，天體－地球－生物的一種自相似律－對數螺線〔J〕，吉林地質，1999 年第 3 期。

5. 張培瑜，試論《左傳》《國語》天象紀事的史料價值〔J〕，史學月刊，2009 年第 1 期。

6. 吳全蘭，論劉歆的宇宙觀〔J〕，中華文化論壇，2007 年第 1 期。

7. 王繼訓，漢魏宇宙觀之評述〔J〕，理論學刊，2007 年第 7 期。

8. 劉次沅，史記《甲子篇》曆譜及其與《太初曆》的比較〔J〕，陝西天文臺臺刊，1997 年第 6 期。

9. 蔡運章、戴霖，論楚簡《太一生水》的宇宙生成模式〔J〕，四川文物，2004 年第 2 期。

10. 許殿才，《漢書》研究的回顧〔J〕，歷史學，1990 年第 2 期。

11. 斯琴畢力格，太初曆再研究〔D〕，內蒙古師範大學 2004 年碩士論文。

12. 馬清源，《漢書版本之再認識》〔J〕，版本目錄學研究第 5 輯。